林漢仕著

文史哲學集成

易傳廣玩

文史哲出版社印行

國家圖書館出版品預行編目資料

易傳廣玩 / 林漢仕著. -- 初版. -- 臺北市：文史哲, 民 88
面： 公分. -- (文史哲學集成 ; 411)
參考書目：面
ISBN 957-549-251-x(平裝)

1.易經 - 研究與考訂

121.17 88016326

文史哲學集成 ⑪

易傳廣玩

著者：林漢仕
出版者：文史哲出版社
登記證字號：行政院新聞局版臺業字五三三七號
發行人：彭正雄
發行所：文史哲出版社
印刷者：文史哲出版社
臺北市羅斯福路一段七十二巷四號
郵政劃撥帳號：一六一八〇一七五
電話 886-2-23511028．傳眞 886-2-23965656

實價新臺幣 五四〇元

中華民國八十八年十一月初版

ISBN 957-549-251-X

易傳廣玩林漢仕序

際茲讀書風氣日益式微，學術研究類的出版事業像王老五過年，一年不比一年。在台灣，只此數人，我、文史哲出版社仍然樂意爲彼梓刻珍著，俾使流通嘉惠讀者，你林漢仕在此數人之中。這是台北市出版人彭正雄先生說的。彭先生自嘲天下第一傻蛋，出版冷門書，何日可回收成本？亦嘲林漢仕易傳廣玩作者，以二三百萬字的大著，一本一本將心得奉獻讀者，不能有一毛的收入，仍然樂此不疲，眞是天下不是蠢蛋不聚頭！彭先生自謂出版學術研究論文，應從三方面著眼；不是有其一定的賣點，就是負文化使命，否則，就算賣個人情。我不知道本書出版是否如彭先生言：替老祖宗文化遺產各盡一分心力？

《易傳廣玩》本當繼《易傳匯眞》後鋟版，究竟人算不如天算，身旁最親密的戰友突罹四肢僵硬腫疼症。一世紀之久受人侍候，老天要我轉換角色，不是嗎？結縭三十多年，猶記得就是昨天的事，在苗栗銅鑼鄉的牛背山上二人夜遊——一個新來的中學老師，帶著一個當地小村姑，背後不曉跟著多少對好奇的文中小女生們的眼光——我與柑子互相依偎著一步一步上山，談今世情，說今生愛，只有無盡甜美，沒有一絲畏葸。在五十年代的台灣社會，小百姓們尚享有「免於恐懼的夜遊自由。」群星圜繞在上，腳下亦星星點點閃鑠著萬家燈火。你儂我儂，在盡情編織未來美夢。夜深沉、露華濃，還有幾許涼意。送柑子回文中宿舍，好像沿路有好多好多無數關懷的眼神，從四方八面以我倆為焦點在凝聚。不是嘛：第二天就有大大小小的朋友同學七嘴八舌的來要糖吃。頂著師大剛畢業，三十出頭，教學熱誠，用功向上，中年成熟，算得上小白臉文傴傴的，而且還能來上一口標準的當地客家話。校長要我陪「太子」讀書，教務、訓導、人事各部門主管，甚至學生也在積極的作冰人推薦介紹。每日上課，教室外面總會不時出現一群一群奇奇怪怪的婆婆媽媽姊妹隊在探頭指手劃腳，下課準就有人來耳語說：「林老師，對方十分滿意啊！明日相親如何？」三十幾年的王老五生涯，看樣子快結束了。面對廿一、二歲的小姑娘們，個個要得，不敢挑、不能挑，秀柑就這樣經由大哥大嫂的同意我們夜遊，柑子亦同意婚後繼續談戀愛——我以為頗富創意的建議，她選定了我，我也選定了她，六禮齊備，她幫我生了三個寶寶，我幫她完成高中、專科、大學一貫教育，拿到人文系文學士學階，她又幫兒女一一完成大學或研究所學業，兒女優秀，今後諒能各自光大自家門楣。

秀柑大哥吳德謙氏當時擔任文中訓育組長，每日在訓導處劈劈拍拍，用粗籐條落到趴在長條板凳上男女同學的屁股上的聲響不絕，被鞭的同學心服口服，爬起來還要謝謝老師，一鞠躬然後退席，沒有家長來校抗議或示威索賠，只有感激學校栽成自家子女，並為子女出錯惹老師生氣道歉。鄉村風氣純樸，如今已不可同日而語了。

三十幾年來，秀柑相夫教子上毫無瑕疵，本身亦以身教言教帶大子女，也教育自己。學而優則仕，參加國家高等考試乃一捷徑。基於知妻凡事求好、求圓滿而病耳軟，一聞人過終身不忘故，一旦居官，將多樹敵，所以未敢全力支助她，非戰之罪也！適巧此時卜局長達海公來舍，見我家徒四壁而食指浩繁，遂介紹秀柑作一公家機關約雇人員，旋裁編爲點工，論日計酬。卜局長從前也幫助過林漢仕我入讀師大。今年過年，以局長之尊，還親來家送吳秀柑一個大紅包，囑買補品養身。柑子工資雖少，其不忮不求，澹泊名利，比年還隨其女在台大旁聽陳教授瑞庚書法講座，勤練基本工夫，使每一點畫皆見其來龍去脈，勤練常至深夜二點才罷。更發憤研究佛藏經典，除金山禪寺佛學講座，印儀學苑佛學進修爲常客外，又在佛光山台北道場擔任義工知賓。我的一點佛學常識，即是分自秀柑氏的餘唾。九八年十一月十日，吳氏經病魔緊縮其箍，萌蘗多時的肩手肘膝的疼痛終於爆發開來。平常家事一肩挑，同事喻彼爲牛，我亦稱她爲中國力道山。行動不便，穿衣褲褻衣需要幫手。我們從骨科、神經外科、胸腔內科、腎臟科、婦科、家醫科皆看遍。骨質密度不及常人的一半。然而心臟超音波，X光報告都正常，血液、大小便、腎功能、甲狀腺、膽固醇、血糖、三脂甘油酸值亦無異樣，我感到手足無措了。天天跑醫院卻找不出病源，幸榮總常敏之醫師（心臟內科）建議試看免疫性類風濕科，並介紹高德亨醫師試診。高醫師一睹病情，立刻叫住院，至此始確定是疾無誤。高醫師稱：目前無特效藥，復原機率不大，用藥物控制使關節不變型如斯而已，囑家屬要先作心理準備。於是辭去工作，七個月後領到輕度殘障手冊。

柑子生病，老爺我的角色立刻成爲二十四小時中傭（中國傭人）看護，早晨報紙先呈太太過目，午晚電視新聞，我在廚房收拾殘局。飯菜有剩不忍棄置，留著自己吃，煮中藥得先嚐苦澀程度及其冷暖，進奉菜肴果實也要先知鹹淡，讓「如夫人」用得安心，太太比我小十來歲，我不叫她太太或名字，常以小媽（馬）子戲稱，小媽子也者，年齡比我小也，這是暱稱，有時也稱她叫阿扁、小姑、小妹。當面戲呼她爲「如夫人」，她會立刻抗議，兒女也瞪大眼睛看媽媽反應。角色轉換了，心理需要調適，不只自己心理要調整，病人心理也要調整，她生病、脾氣大，她不可能改，我可以改。兒女的心理也要調適。身體本不硬朗的我，知其莫可奈何得安之若素啊！我決定用愛心、耐心、包容心二十四小時膩在秀柑身旁，不讓她脫離視線。生活需要同步，隨時有說不定的緊急情況要送醫院。家居時一切生活細節的照顧：像買不到高牀，自己動手做，將現有者加高；三更半夜叫肩冷膝痠，要立刻送上熱水或電熱袋；一晚上平均有六次要喝水及上廁所，要立刻應聲起來攙扶幫忙；復健用器如轆轤的按裝；門把的加大；熱敷肩腿煮好開水隨時備用；其他如三餐的準備，碗盤的清潔，桌椅的擦拭，浴廁的清理，地板保持乾淨及每日一大堆衣服清洗與晾晒，忙得分秒必爭。秀柑鼻下長疣，腿上長瘤，要半哄騙半強迫才肯去開刀。（極可能腿上的瘤就是病竈）心律不整，在家作二十四小時運動心電圖。有時還要冒充針灸師，幫太太針上二三十針和拔火罐。小媽子一高興，想夜遊台北市，叫了部計程車往仁愛路直走，到了市府又叫原車開回出發地，司機覺得有點莫名奇妙。三月杜鵑紅，秀柑的心也被電視炒熱炒紅了，想看陽明山花季的熱鬧，爬不上公車，同樣只好以計程車代步，結果發現，耳聞不如目見，每天散步在花海中的台大椰林大道兩旁杜鵑更俏麗。小媽子一天又高興起來，發願一步一數的要數透臺大椰林大道上高可及天的大王椰子株數，一棵二棵共三九六棵，不包括圖書館前及小椰林道上的椰樹。上市場買菜，太太在家留守，足不出戶竟然能從煮出來的菜色、味道，數說所買的菜不是購自她所指定的菜販！神啊！難怪祖父林學鳳少年習武拜師後，師囑取大河中深可及胸的水泡茶，第三次才滿足師父口味。因爲祖父不會游泳怕水，頭二次只取自膝與肚臍，經師父阿正伯怒斥後才硬著頭皮至深水中取水。東坡先生也謂取三峽中段的水煮茶最好，其友以下段水冒充而能立辨其謬，大概從帶泥土味或茶葉沉浮中可知端倪。小媽子病情好點時會露一手廚房家務，晾晒衣服，炒盤菜，擦塊地板，我們發現小媽子做得有稜有角，有板有眼，跟我做的一比，好太多了，而她卻做了三十多年，第一次被我們注意到。端午節我以茶當酒敬我聰明又能幹的小妻子「如夫人」小妹小媽子說：「希望早日還政於民。」人民既是頭家，人民又是主人，小媽子恢復了健康，家事國事天下事請小媽子全部攬下，親自「垂簾聽政」，歌頌我們偉大的人民小媽子。柑子哈哈大笑點頭，並輕聲說：「但願如此。」

生活權利消失了，生活變得沒有目標，管他甚麼文化使命，目前只要「西線無戰事」就好！（平安）。不想自救亦無從呼救，孔老夫子自信天不欲喪斯文，匡人其如予何！我也抱著天不欲喪斯文，老婆子類風濕病其如予何！心甘情願，心安理得處處有禪機，時時得安祥。有一天我對愛人柑子小媽說：年老就得走，有朝一日我去西方極樂世界後會回來庇佑妳健康快樂長壽！沒想到一向忌諱死這個字的她竟然抓住我的手連聲大叫「不要，要去一同去，不要把我單獨留下來。」可見類風濕疾病的痛苦，打敗了她的信心。今日她最愛聽到的竟然是：希望我們倆人同時往生極樂世界哩！勇哉秀柑！（按她面貌慈祥，活像一尊菩薩，確實係長壽相）

妻的病情穩定多了，能抽出一點時間就利用一點時間，謝絕一切應酬，結果對易傳整理的工作，可能仍然無法一氣呵成，渾然無缺。剩下的十七卦，也將利用最零星的時光，作一最完美的「零存整付」，希望這一近乎三百萬字的「大作」，默默的由上天交由一個高中老師單獨去完成的經典傳注，能儘早和大衆見面。

本書《易傳廣玩》共收六卦（坎、離、損、益、既濟、未濟），有其可玩性，譬如未濟初六濡其尾，吝。程子以其終未濟爲可羞吝。好比說我程頤終未登相位爲可羞吝！孔子七十四卒爲可羞吝！死生有命矣，富貴於我如浮雲，何羞吝之有啊！卦本未濟，何獨責初六未濟可羞吝？蓋或時有不可邪！又九二曳輪，貞吉。卦爲未濟，猶有人尙未成功，尙未成功，沒有成就不代表失敗，成功是目標。尙未成功則仍須努力，既成功則須以「止於至善」爲幟志，曳輪是結網之退，有所爲也，識時務的俊傑不會錯失見可，行可，際可，時可的機變，功豈唐捐耶！

又坎上六係用黴纆，寘于叢棘，三歲不得，凶。

上六失道，以爲天下才无過己者，遂輕天下的人，以爲无才可用，爲人察察求備于一人，難怪王佐願與草木同朽！九五獨夫自有其優越條件，然而以一人的才智，何如千百人同心！故一交上六即見敗運連連，被拘提押送牢獄，是自作自受呀！

又離六五出涕沱若，戚嗟若，吉。林漢仕案：六五君位，柔居尊，虛明，歷三的末習于勞苦，四的剛愎自用遭棄逐，人生歷練漸臻純熟，知處柔處下乃利器，「知其雄，守其雌」，和光同塵，此柔弱所以勝剛強呀！智者用術不著痕跡。五的出涕沱若，非婦人懦主的哭泣哀求表順，大概和俗話「扮豬吃老虎」相近，大智的弱主啊，可有這種才智？

又損卦卦辭：損，有孚，元吉……

減損下民以奉君上。人情財色名食睡五欲，以財居先，宋朝鄭汝諧說：損指賦稅力役。孟子說：輕於十一爲貊道，重於十一是大桀暴君，井田制度就是堯舜仁政之一。減損人民賦稅，政府部門運作又不受影響，百官有司更盡責，人民得到的是更安定。善戰、善政，苟有用我者，期月而已的政客，常借孔子的話來唬人，速成心態，視「百姓足君孰不足」爲迂濶腐儒老調，可惜呀！李光地謂陽實益陰虛。大概說陽實（男子生殖器）放在陰虛（女子生殖器）中，陽似損，陰似益。果眞陽損陰益了嗎？不知道這叫做和諧！不敵視藏富於民的政治，孔聖人嘆損益王者事，自損即自益，治民的長官，可知禍福同門嗎？

又益卦卦辭：益，利有攸往，利涉大川。

林漢仕案：治大國若烹小鮮，運用之妙在取與之得當，拿捏得準，易其所難多僨事，雖其所易又畏首畏尾。損益兩卦就是論與取之道，能做到人不厭其與取，惠而不費，利國亦利民，利上亦利下，執政者可有「烹小鮮」的能耐？知難行易亦知易行難啊！聖人的嘆，眞不誣呀！

詳細內容，還請讀者諸君細看書中卦爻辭的清晰臚列排比，感謝佛主也感謝耶穌，能讓我抽出一點時間來繼續完成其他未完的十七卦，阿彌陀佛！

原籍廣東蕉嶺長潭鄉倉樓下　**林漢仕**（南生）恭序一九九九、七、三十

客居台灣台北市溫州街七九號三樓之一

易傳廣玩　目　次

䷜

坎（水水）

習坎，有孚，維心，亨。行有尚。

初六、習坎，入于坎窞，凶。

九二、坎有險，求小得。

六三、來之坎，坎險且枕，入于坎窞，勿用。

六四、樽酒簋。貳用缶，納約自牖，終无咎。

九五、坎不盈，祇既平，无咎。

上六、係用徽纆，寘于叢棘，三歲不得，凶。

䷜ 習坎，有孚，維心亨。行有尚。

彖曰：習坎，重險也。水流而不盈，行險而不失其信，維心亨，乃以剛中也。行有尚往，有功也。天險不可升也，地險山川丘陵也。王公設險以守其國，險之時用大矣哉。

象曰：水洊至習坎，君子以常德行，習教事。

荀爽：陽動陰中，故流；陽陷陰中，故不盈。（集解）又陽不失中，中稱信。

王肅傳象：守險以德，據險以時，成功大矣。

干寶：水荐至。孫堂注案釋文引作薦，釋言荐，再也。小爾雅荐，重也，詩正義薦荐字異義同。

陸績傳象：水性趨下，不盈溢崖岸也。月水精，滿則虧，不盈溢之義也。（集解補）陽處中爲坎主，臣得君而安其居，君得明臣而顯其道。傳象：洊再習重也。君子以常習教事，如水不息也。（集解）

王弼：坎險之名也。習謂便習之。

孔疏：險難之事非經便習不可以行。案坎卦名特加習者，習重也，謂上下俱坎，重疊有險。行險先習其事乃得通。

司馬光：坎以常德習教事何也？水德無方圓曲直、高下夷險而不失其平。故君子以常德行水之流也。習不止成大川；人之學，習不止成大賢，故君子以習教事。

張載：坎取其險，重襲之其險乃著。味以坎達。坎陽卦，離陰卦、二氣交、性也。非此二物則无易。

程頤：陽實在中，爲中有孚信。維其心誠一故能亨通。至誠可以通金石，蹈水火，何險難之不可亨？行有尚謂以誠一而行則能出險。尚謂有功。不行則常在險中矣！

蘇軾：坎險也，水之所行而非水也。水能習行於險。水雖无常形，工取平焉，信未有若水者。水志行，是水之心，至柔而能勝物。維不以力以心。尚，配也。方圓必配之。

張浚：八卦坎獨曰習，安行不息，習坎險可出矣！陽中有孚爲心亨，心以剛中亨。行有尚、往有功也。

張根：濟險之道當如此。

鄭汝諧：八卦皆重，獨坎加習，文王所加也。水雖險而習水斯无入不自得！

朱震：水流動，陽也；其靜，陰也。陽陷陰，加習盡險象。水流物阻然後盈，就下不盈，不盈者中。五應二、信也。君子動不過似之。故辭有孚。心者中也，二五也。初之五陽得位而亨。水流至險，无所不通、君子濟難、剛中、心亨，往有功。王公守國家、立法度推明二五反復習坎義。

項安世：在六子先故加習字以起後例，不以初經三畫卦同義。坎象卦取水（多），爻義爲險（重）。不盈謂不滿不止。德行常修則邪念不能入其中，教事洊習則衰俗不能亂其守。君子設險治身也。

李衡：坎險陷，習便習。剛在內有孚也。陽不外發心亨也。引薛：習爲用坎之人。引陳：不得已用法制兵刑之事，愼故加習。引介習重也。「行有尚」引注內亨外闇，內剛外順，以此行險，行有尚也。引正義：事可尊尚。引伊：謂止不行則陷險也。

楊萬里：乾一陽交二陰中生水，亦陷陰中，故爲坎陷險，習重也，習吉是也。上下重坎故曰習坎。陽動水流，陷中未出故曰不盈。中實故孚信、剛在中，心象故曰心亨。險惟行則濟故曰往有尚。習坎上疑脫一坎字，八卦无複名。

朱熹：習重習，坎險陷。其象爲水。陽陷陰中，外虛中實，上下坎是重險，中實爲有孚、心亨之象。以是而行，必有功矣。

趙彥肅：水得火而溫，陰從陽也；火得水而滅，未燼火去矣。君子道長，小人從化；小人黨盛，君子去之。此剛柔之辨。

楊簡：習坎，重險也。遇險而不失其信，其心亦亨。道心不昏而常明，雖歷十百千萬而不亂，有盛德也。心無體故常亨。常求濟其險，故曰行有尚。險不出何功之可尚？

吳澄：重習坎陷。陽陷陰中。兩坎相重，陷又陷，險又險者也。習義在爻，不在重卦。四柔孚于二剛。中剛心，二柔象纏，係繼不解。孚縻係此故亨。四配合於上（九五）也。

梁寅：上下皆坎，習坎也。二體皆中實，有孚也。二五陽，身雖陷而心自亨，遯世无悶，樂天不憂。有孚矣，心亨矣，雖在險，豈終陷於險乎！

來知德：維繫。有功嘉尚。誠信安命，此心有主，脫然无累而心亨矣！動察明勢，取理而行，出險有功，所以行有尚。二五中實有孚，陷坎中、剛中自若、維心亨象。

王夫之：習、仍也。內明外暗，體剛用柔，坎坷不平象。蒸氣涓滴含坎性，盛大則江海險難踰。特剛中之象著其有孚。維心亨者，以剛中惇信之心，行險而變動不居者，則行可有功而足尚，君子貴坎者此，孟子謂有本也。

折中引胡瑗：險難重疊，聖人特加習字。引呂大臨曰：習坎更試重險。引薛溫其曰：以習爲用，言用坎之人也。引鄭汝諧曰：習乎險難，斯能無入不自得也。引李舜臣曰：坎實誠、離虛明、寓誠明之用，古聖人心學。引胡炳文：陽明心亨之象。引章潢：心在身中，一陽陷二陰內，所謂道心惟微者。引吳慎：坎中實有孚則誠立，心亨明通，發習坎義至矣！

李光地：坎其德爲陷爲險，二體皆坎，是重險。習須依古註訓便習，習之不已以至便熟也。有實德習之本，心亨通見習之效，中實道不窮，無入不自得，故行則有尚。

毛奇齡：習者重，郭京增坎字名，習坎義，陋矣！此本憂危卦，六爻少吉，初上尤凶。然四无咎何也，以中象有孚維心亨也。三四中，大傳自二至五爲中，下互震，上互艮，震行艮高山居上，所謂行有尚者。生憂患死安樂也。

李塨：重坎上下皆水而險見焉。兩岸坤土，二五中剛通其間，流不息，未嘗盈山夾谷、瀉爲陷險，就下流濕，未嘗失信、孚也。是心亨、維語助。坎尚行，浩然行之。

孫星衍：釋文坎亦作埳，京劉作欿，引集解孟喜自冬至……月三十，消息十二而歲，須初坎離二十四氣，坎以陰包陽，二月凝固，主內群陰化從。離陽包陰，八月衰，群陰承之。引劉氏曰水流行不休故曰習。

丁晏：釋文坎本作埳，京劉作欿。莊子埳井之蛙。詩坎坎伐輪兮。古坎埳欿通用。案☵古坎字，容齋稱習上脫一坎字，未必有脫文。又水洊至，古荐洊通、瀳、臻、溱、荐、疑亦通用。

姚配中案：坎險之世，禮或不行，素位而行，心知禮意則亦无於禮者之禮也。動中矣，故維心亨，下坎失正，行之離上成既濟，行有尚。

吳汝綸：坎在六子之先，故加習以起例。習者重也。坎義險，陷，勞。王云剛在內有孚也。陽不外發心亨也。外雖有險，苟處之心亨不疑，則雖難必濟矣！

馬通伯引劉表曰：水流不休曰習。引李舜臣曰：坎中實爲誠，離中虛爲明。寓誠明之用，聖人心學也。引彭中甫曰：險難之際，心不亨則先自亂。案：坎言心，心用莫大於光明。

丁壽昌：習釋文重也。本作埳作欿，險也，陷也。未必脫文也。虞：習，常也。孚信謂水朝海，月行天，習坎爲象。蘇蒿坪曰坎體剛中，有尚之象。

曹爲霖：思菴葉氏曰習坎重險也。智者無所用謀，勇者無所致力。君子於此亦維心亨焉耳！百折不回！六爻不得一吉，維心亨者不怨尤！孔孟生衰周，蘭荃無下種處！

星野恒：重習險陷，一陽陷于二陰之間，其德爲險，能由地中行無盈溢之患，故曰有孚。二五剛中故心亨有功可嘉，故曰維心亨，行有尚。

李郁：坎險也，險能陷人，亦能藉險自衛；坎難，勇者向前，怯者自縮。習熟乎難，奚足畏哉！九五卦主。習重也。九五心，二五剛敵剛，宜求亨，五上行二應故有孚。

于省吾：坎本作埳、劉作欿、險、陷也。按歸藏有欽卦，說文段玉裁引伸欿然如不足謂欽，欽欿雙聲疊韻，憂心欽欽即憂心欿欿。史記索隱坎又作欿是其證。

胡樸安：坎陷，坎非水，陷下積水故爲水。習疊假借。劉表云水流不休。習坎，水流不休，互疊相次。非一坎也。孚信、蓄水爲禦而民信而心亨通，設險行爲可嘉尙也。

高亨：余疑卦本名坎，不名習坎。衍習字。孚罰，心疑作止，與心形近故譌爲心。筮過此卦，罰中止不行。亨享，尙借爲賞，筮遇此卦出門可得賞。

李鏡池：習坎、重坎，坎中有坎。尙助。把俘虜關在坎穴，好語勸說，或酒飯款待，使甘願當奴隸。行有尙謂途中遇到幫助。占行旅屬附載。

徐世大：習慣安於獄阱：俘虜被羅網，心通，走更好。

屈萬里：坎，釋文：京劉作欿，說文亦作欿。行有尙。尙，助也。井，郭沫若古金文以爲刑字。蓋古人有罪投之陷穽以囚之，故囚字从人在井中，而井字亦孳乳爲刑字。

嚴靈峯帛書：習（贛），有（復），（嶲）心，亨，行有尙。

張立文：贛借爲坎，音近相通。習，重也，陷阱連陷阱，或陷阱中有陷阱。坎，歸藏作犖，勞也。嶲假爲維，音近而通。維心即維繫人心。譯：習坎，有誠信才能維繫人心，作事亨通，行爲莊重。

金景芳：習坎就是重坎，習就是重，象解釋是對的。陽居陰中就是陷。此卦上下卦都是坎，所以叫習坎。水是流的也是一種信，盈就不流了。心是亨而身還是險的。

傅隸樸：習坎，習與襲通，重疊義；一爲閑習、精練。坎爲平、爲坎壈困窮。習坎靠誠信，剛正是要素，故曰有孚。心開朗故維心亨，這才是應付險難可貴之道。尙，可貴。

徐志銳：郭京認爲習上脫一坎字。程頤習，重也。坎水，坎陷，一剛陷二柔中，又兩重險，唯學會游泳才能入險出險，所以稱習坎。

朱邦復：身在險中，心有誠信，鎭定不懼，亨通有功。

林漢仕案：習坎，六十四卦唯一卦名上加字者，故各家見解不同，茲輯其說於后：

象：習坎，重險也。

象：水洊至習坎。

干寶：水荐至。孫堂注引作薦。再也重也。薦荐字異義同。

陸績傳象：洊再習重也。習教事如水不息也。

王弼：習謂便習之。

孔疏：卦名特加習者，習重也。行險先習其事乃得通。

司馬光：習不止成大川；習不止成大賢，故君子習教事。

張載：重襲之其險乃著。

蘇軾：水所行而非水，水能習行於險。

張浚：八卦坎獨曰習，安行不息，習坎，險可出矣！

鄭汝諧：獨坎加習，文王所加，習水无入不自得。

朱震：加習盡險象。王公立法推明反復習坎義。
項安世：加習字不以初經同義。坎象水多，爻爲險重。
李衡引：習便習。習重也。習爲用坎之人。
楊萬里：上下重坎故曰習坎。八卦无複名，疑脫一坎字。
朱熹：習重習，上下坎是重險。
楊簡：習坎，重險也。
吳澄：重習坎陷。陷又陷，險又險。習義在爻不在重卦。
梁寅：上下皆坎，習坎也。
來知德：習、重習也，坎埳。上坎下坎故曰重險。
王夫之：習、仍也。坎坷不平象。蒸氣坎性、江海險難踰。
折中引：險難重重，聖人特加習字。又習乎險難。
李光地：習須依古註訓便習。習之不已以至便熟也。
毛奇齡：習者重。郭京增坎字，陋矣！此本憂危卦。
李塨：重坎，上下皆水而險見焉。
孫星衍：釋文坎作埳、京作欿。引劉氏：水流行不休曰習。
丁晏：古坎，埳欿通用。荐洊瀳臻溱𣨼疑通。未有脫文。

吳汝綸：加習起例，習者重，坎義險陷勞。
馬通作引：水流不休曰習。
丁壽昌：習、重也，常也。埳欿陷險也。未必脫文。
曹爲霖：習坎重險也。
星野恒：重習險陷。
李郁：習熟乎難，奚足畏！險能陷人、亦能藉險自衛。
于省吾：坎埳欿險也。歸藏作欽、欿欽雙聲疊韻，史記索隱坎又作欽是其證。
胡樸安：習，疊假借，互疊相次，非一坎也。
高亨：余疑卦本名坎，不名習坎。衍習字。
李鏡池：習坎，重坎。坎中有坎。
徐世大：習慣安於獄阱。
屈萬里：坎陷穽，井古刑字。古人有罪投之陷穽囚之。
金景芳：習就是重。陽居陰中就是陷。上下皆坎叫習坎。
傅隸樸：習與襲通，重疊義。一爲閑習、精鍊。坎爲平。
徐志銳：郭京習上脫坎。學會游泳才能入險出險。所以稱習坎。
依卦辭例，先卦名，冉釋義，六十四卦僅此一例，他如履，履虎尾；否，否之匪人；同人，同人于野；艮，艮其背不獲其身。必先卦名然後就卦名文字之義釋卦義，今坎卦，依例當曰坎，習坎。鄭汝諧謂獨坎加習，文王所加。楊萬里謂疑脫一坎字。丁宴丁壽昌皆云未有脫文。嚴靈峯所輯帛書卦辭習贛。張立文以贛借爲坎。則習字古即有之。今依例不參與有無「習」字之辯說，祇就「習坎」其義，輯其說以見一斑：

習坎：重險。　水洊（再）至習坎。　習謂便習之。　習重也。　重襲。　翟水。　重習坎陷。

習，仍也。　習之不已以至便熟。　水流不休曰習。　常也。　習熟乎難，奚足畏。　坎欽欿同。

習，疊假借。　習慣妥於獄阱。　襲通，重疊義。

依上義可編成「常常習慣深水者，熟能生巧，故能敬愼於水而不畏也。」然吾嘗聞習水者常溺水。豈習有未精、技有未熟矣？蓋或輕之蔑之也乎？習之謂重，襲，常，仍，疊，皆謂習之頻仍一再也，坎陷與深水大原則同爲水深處，然陷埳欿，險於深水，面深水，女有戒心。不期而遇之欿陷，常使人措手不及。而習字之義，上羽毛蓋指雛鳥之已長成，下日，說文下白，魯實先氏訂正爲日，其日鳥日習乎飛也。詩經尸鳩篇不曰「尸鳩在桑，其子七兮，淑人君子，其儀一兮，其儀一兮，心如結兮。」尸鳩旦下，暮上，日日如是，不久即飛行善如其父母矣！是習者日日練習也。徐志銳故云「學會游泳才能入險出險。」前言曰「善泳者溺於水。」蓋學藝未精也。猶之張起鈞教授言《大學》八目乃不成熟之作品。从格物致知，無法達到誠意正心也。知識分子多作姦犯科。如秦檜者，人謂不可和金，檜曰女曹知故事，吾獨不知！是明知故犯，知識反爲行惡者之大嘴，行姦之辯護。張故曰研究事物，獲得知識、不能過渡到誠意正心也。吾猶記得當年曾面折先生云：「五穀不熟，不如荑稗。」引孟子語以正張師，先生沉默不語。其學道未臻佳境也，否則何爲孟子又云：「人人可爲堯舜耶？」執是故：學會游泳而不精於水、如水滸傳之浪裏白條張順者，亦多爲水溺也。故徐志鋭之謂正乃死之徒乎！水性水文水中物，水環境，日習猶恐未足。學而時習之，庶有功。至今水之爲用，舍老子攻堅莫勝於水，柔勝剛且不說，水刀切割數寸厚鋼板，身體開刀，以水槍水刀效果更佳，水之爲用，又在研究坎陷之外一章也。水之於人體百物，缺水則生存無望。今日星際探險，看彼星球有無水之成份即可斷彼星球有无生物，水之爲用大矣哉！

其次卦辭言「有孚，維心亨。行有尚。亦輯而比較之如下：　彖謂孚信，維心亨乃剛中，有尚爲有功。　荀爽云：中稱信。　程頤：陽實在中，爲中有孚信。維心誠一故能亨通。尚謂有功。　蘇軾：水取平，信未有若水者。水行是水心、至柔能勝物，不以力爲心。尚，配也，方圓必配之。　張浚：陽中有孚爲心亨，往有功也。　朱震：水就下不盈者中，五應二、信也。君子動不過似之，故辭有孚。心者中也。　李衡引：剛在內有孚。陽不外發心亨也。　楊萬里：中實故孚信，剛中心象故亨，險維行則濟故往有尚。　朱熹：中實爲有孚、心亨之象、以是而行必有功矣。　楊簡：遇險不失信、心亦亨，求濟其險故行有尚。　吳澄：四柔孚于二剛，中剛心、孚縻故亨。　梁寅：二體中實，有孚也。身陷心自亨，遯世无悶，有孚矣。　來知德：陷坎中，剛中自若，維心亨象。　王夫之：剛中象著有孚，維心亨者，行有功足尚。　折中引坎實誠，離虛明，寓誠明之用。坎中實有孚則誠立心亨明通。李光地：有實德本，心亨習之效，故行則有尙。毛奇齡：本憂危卦，以中象有孚維孚心亨。震行艮高山居上，行有尙。李塨：就下流濕，未嘗失信、孚也。維語助，是心亨。坎尙行，浩然行之。姚配中：動中故維心亨，下坎失正行之離上成既濟，行有尙。吳汝綸：外雖險，苟心亨不疑，雖難必濟。馬通白：坎言心，心用莫大於光明。丁壽昌：孚信謂水朝海，月行天，坎體剛中，有尙之象。曹爲霖：維心亨者不怨尤，孔孟生衰周，蘭荎无下種處。星野恒：地中行无盈溢之患，故有孚。二五剛中故心亨有功可嘉。李郁：五上行二應故有孚。胡樸安：蓄水爲禦而民信而心亨通，設險可嘉尙。高亨：孚、罰。心疑作止，形近譌爲心，罰中止不行，尙賞、出門得賞。李鏡池：尙助，俘虜願爲奴，途中遇幫助。張立文：維心即維繫人心，譯作有誠信才能維繫人心，作事亨通，行爲莊重。金景芳：水流也是一種信，盈就不流了，心是亨而身還是險的。傅隸樸：靠誠信，剛正有爲，心開朗故維心亨，這才是應付險難可貴之道。尙，可貴。

易學之所以玄，從八方覓裙帶關係入手皆是捷徑，如王肅之謂：「守險以德，據險以時，成功大矣。」與坎卦何涉？蓋坎「險」也，行有尙也。劉玄德據荊州豈以時，閱雲長守險失荊州豈無德？陸績之月水精，滿則虧，不盈溢之義。從坎水到月、水精，而論及滿招損，星野恒之水由地中行無盈溢之患。論治水鑿溝渠河道矣！水之導也非壅塞至患。蘇軾之「水能習行於險。」是水也江海蒸氣無非水，山河大地動植物亦無非水，女午餐牛肉湯麵亦水，水與水無所謂險阻，涓滴與海洋，類也。人體絕大比例是水，然此水附著支持另一生命體，此水未釋放還原前，有生命之水體，視河海水爲險也，故曰人非水何由配水之能習行於險如水者？童話小說也！其他如論孟之論水有本有源，盈科後進，與坎險皆无涉也！水能生人亦能殺人，運用之妙在心也。折中引章潢云「所謂道心惟微者。」向道之心微妙莫測，豈論坎卦「維心亨」？　是皆引伸八紘八達道馳騖迷留者也。　有孚，易家解作孚信，高亨謂孚、罰也。所以孚信者中實也。　維字，李塨以爲語助。觀各家維字未單獨釋其義，豈通惟心亨乎？曹爲霖謂維心亨者不怨尤。是維惟唯之可通用也。　尙謂有功。尙，配也。王夫之謂行有功足尙，是尙解作有功外，另又加足尙一字同句二解也。高亨以尙爲賞。心作止，李鏡池以孚爲俘虜，尙爲助、張立文以維心即維繫人心。眞是一門多竅也，猶以凹凸鏡觀人，極盡變化能事，皆是人也，故收羅並存，由識者擷取。　本卦語釋似可謂：日日研習坎險及其周邊理論與實務，誠信專一，卓然有得，則心廣體胖，其理論與實務以能實行爲上。（坎水，海洋大於陸地，海洋亦佔地球水量百分之九十七以上，冰河佔百分之二點一五，河川及湖湖不及零點零五，懸浮水地中水亦不及百分之零點柒。所習坎水者究竟是何所指？今人以水刀可切割數寸鋼版。規模大者，攻堅莫勝於水，規模小者如水刀，坎水之无形，柔弱，其用无窮矣！天下賴以生。）

初六日日研習坎險及其周邊事務，多變化之水文，深入窞陷及流砂，容易致命凶失之處，初如潛龍，履霜，入于坎窞蓋深入探討前人經驗也。九二雖失位陷二陰中，然不失中，身處重坎，尋求出路，天必助自助者，聖人許以小吉。六三一坎接一坎，又將入坎窞，戒勿用出坎，无凶咎事也。六四仍處艱難，故樽酒簋食，副以粗糙樂器，自牖下結好九五，席終未出差錯故无過咎。九五欲望大，蓋人生高峯期，痛惜其量小爲求備於一人，想爲天下得人，難矣！得位得中故无咎。上六坎未遭凶，它罪遭留置，五花大綁送牢獄，三年不得昭雪翻案，凶失矣夫！張根言坎君道也，其逐鹿有所失也夫！

初六、習坎，入于坎窞，凶。

象曰：習坎，入坎，失道，凶也。

京房：習欿，欿，險也；陷也。（釋文）

王肅：窞，坎底也。

干寶：窞坎之深者也。江河爲災則泛濫平地，入于坎窞，是水失道；刑獄枉濫无辜，是法失道，故曰入坎窞凶矣。

陸績：坎水能深陷於物。處坎之險，不可不習，故曰習坎。便習之習，後可履險而不陷沒。

王弼：習爲險難之事也。最處坎底，入坎窞者也。處重險復入坎底，其道凶。上无應援可以自濟，是以凶也。

孔疏：處坎底，上无應援，是習爲險難之事，无人應援故入於坎窞而致凶，失道不能自濟。

司馬光：初者事始，聖人之教人禁其始，防其微，故坤初六履霜堅冰至。震初六震來虩虩。皆原始要終。人于險始有恐懼心，及幸濟，狃爲常至失身。聖人于險初戒其將來之禍。入坎窞者坎中坎也。

張載：比二，无出險之志，故云入于坎窞也。

程頤：柔居坎險下，柔无援，處不當非能出乎險，唯益陷於深險耳。窞坎中之陷處，更入坎窞，其凶可知！

蘇軾：六爻皆以險爲心，大不能容，小不能忠，无適而非寇、相與同患然後相得不叛。居坎世可同處患不可同處安。君子習險將以出險，習險而入險，爲寇而已。

張浚：陰居重坎下迷不知復，以習於惡故凶。失正道也。傳曰小人行險以僥倖，初六之謂。

張根：才不足故。

朱震：本臨之六五自外入初，歷兩次坎。習，重也。窞，坎底也。正道可出險，初不正、反入重坎之底，失道而凶。

項安世：重坎下又不正，更入于窞，其失道昏愚所致也。

李衡引子：柔居重險之始，質弱无才，不知濟險之道。

楊萬里：初居坎最下故爲窞，初一爻穴象。初六陰柔小人設險陷君子不遺餘巧。然穽人者必自穽，給陷善類，未有不自陷而凶者，故宦盛黨錮興，黨人死宦者滅。

朱熹：陰柔居重險之下，其陷益深，故其象占如此。

楊簡：習坎，重險也。居險能出險，得其道。今不能出險而又入坎窞，失道故也。故凶。初六居下習坎有入窞之象。

吳澄：在重坎之下故曰習坎。坑，坎中小穴，旁入者曰窞。坎柔畫水旁兩岸，其耦象岸側小穴，故曰入于坎窞。

梁寅：坎中小穴謂之窞，險又險也。六柔，居重坎下故爲入坎窞象，凶孰甚焉。

來知德：窞，坎中小坎。坎體本陷，而又入于窞，陷中陷也。初陰居重陷下，陷益深，終于淪沒，凶可知也。

王夫之：據卦成象言一爻得失。陰柔入潛伏之地，將避險，而不知其自陷也。

折中案如張浚說以習於惡，習坎兩字纔不虛設，時俗所謂機深禍轉深者。

李光地：習坎將以出坎也。初六非能習坎者，小人自謂能，習之愈熟，陷愈深，故中庸曰人皆曰予智，驅而內諸罟獲陷阱之中而莫之辟也。習坎，入坎之謂，卦初發戒！

毛奇齡：習坎者以上下言之則重又在下也。窞，坎又坎也。習坎、兩次之重，坎窞，坎兌之複，失道失處險之道也。

李塨：初在重坎下是習坎，乃入坎之窞焉，是失尚行之道，故凶。中剛健直尚可出險，兩岸陰土，反見險陷，故初與三有窞象。

姚配中案：入坎窞則不能行故失道凶。不得之正也。君子常德行習教事，習坎以濟坎者也，習坎入坎非所以濟坎，乃愈以入坎，以非法爲法，入愈深，出之益難矣！

吳汝綸：窞者，坎之中又有坎焉，是此爻之象也。

馬通伯：窞，坎中小坎也。失位在下，所謂小人下達者。坎行有尙，不行而入，失水之道。

丁壽昌：坎窞坎中有坎，又窞坎底，又云旁入。張紫巖曰陰居重坎，下迷不知復，以習于惡故凶。失正道也。蘇蒿坪曰初與三皆以耦畫居坎下，有坎窞之象。

曹爲霖：金谿陳氏曰自其道失，非獨時窮也！誠齋傳曰捨正道而陷善類，未有不自陷而凶者也。

星野恒：以陰柔處重險之下，入坎窞之中，故凶。地處重險，才亦柔微，戒之于豫。

李郁：坎下爲穴，謂窞。初習坎，轉陷入焉，是故凶矣！

胡樸安：習是練習，練習防禦之事，即大象習教事。窞坎中小坎。練習防禦，失道陷坎中小坎，其事凶也。

高亨：習當讀爲襲，襲坎者坎中又有坎，窞讀爲臽，即坎，𡙇爲陷，高下也，從高墜下也。坎中坎而陷焉，其出難矣！

李鏡池：窞，上穴下臼坑，雙重坎坑，進入坎坑中，下面還有坑。窞入重坎中，是非常危險的。

徐世大：初入囚阱時恐懼，糟了。即以習坎爲俘名。

屈萬里：釋文王肅曰：窞，坎底也。按坎窞今魯西俗曰科窞，低窪處也。儀禮士喪禮：甸人掘坎于階前。坎即坑也。

嚴靈峯帛書：初六，習（贛），人（贛）（閻），凶。

張立文：人與入古爲假借字，閻假爲窞，陷阱中小陷阱。入贛（坎），通行本作入於坎。譯：初六，陷阱中有陷阱，入墜入陷阱中則凶。

金景芳：初在重險之下不能出險了。程傳其凶可知。

傅隸樸：初六練習涉坎竟陷溺在坎中之窞，上不得六四應援，故其結果便凶了。又坎中小坎，潭中有潭，下層潭水具有吸力，容易把游泳的人陷下去。

徐志鋭：剛爻可出險，初柔爻陷入，无力出險，故言習坎入坎。初柔逞強，沒學會游泳就泅大河，入水即沉，故言凶，失道言違背習坎入坎規律。

朱邦復：險中有險，凶。

林漢仕案：習坎，卦辭解作重險，水洊至習坎，便習，重習，重襲，習水，（頻）仍，常也，水流不休曰習，習熟乎難，習疊。坎欽欿阱刑獄。習坎句義：日日研習坎險及其周邊理論與實務。也可譯作常常習慣多變化之水文，熟能生巧，故能敬愼水而不畏懼。更可譯作：時時研習刑事案件。（屈萬里謂陷阱，井孳乳爲刑字）入于坎窞。蓋其研習水文周邊項目之一乎？初六，在乾爲潛龍，在坤爲履霜，堅冰至。故其習坎，在坎險普遍課程中應屬初級，游泳更在其先，窞阱漩窩及流砂，即使能泳，未必能敵水中漩窩及流砂陷阱，初六所謂「入于坎窞」，應指修習坎險課程，先輩經驗之傳授也。謂坎窞之入多凶，囑初六小子不可輕忽。大河易渡，暗流難防也，若遇急漩，如何擺脫漩流下轉圈套，若不知地形流砂，偶值之何如擺脫下吸力道，人陷如何施救？尤要者，察之於事先，以不窞入爲上也。其初六爻辭之意乎？雖然，仍得輯先賢傳釋，排比其意，共同賞析之：

象：習坎，入坎，失道，凶。

京房：習欿，險也，陷也。王肅云坎底。

干寶：江河泛濫入坎窞是水失道。刑獄濫是法失道。

陸績：便習後可履險不陷。

王弼：習爲險難，坎底道凶，上无應援可自濟，是以凶。

孔疏：无人應援故入坎窞致凶，失道不能自濟。

司馬光：聖人禁始防微有恐懼心，戒將來禍。

張載：比二，无出險之志，故云入坎窞也。

程頤：柔居險下，益陷坎窞，凶可知。

蘇軾：六爻以險爲心，无適非寇，習險出險，入險爲寇而已！

張浚：重坎迷不知復，習惡故凶，失正道行險儌倖也。

張根謂初六才不足。朱震云失道而凶。

項安世：重坎下又不正更入于窞。失道昏愚所致。

李衡引：質弱无才，不知濟險之道。

楊萬里：初六小人設險陷君子紿善類，未有不自陷凶者。
朱熹：陰柔居重坎之下，陷益深，象占如此。
楊簡：居險不能出險而入坎窞，失道故也。六居下入窞象。
吳澄：坎柔畫水旁兩岸，其耦象岸側小穴故曰入于坎窞。
梁寅：窞險之又險。六柔居重坎下，入坎窞象，凶孰甚焉。
來知德：初陰居重陷下，陷益深，終淪沒，凶可知也。
王夫之：陰柔入潛伏地，將避險，不知其自陷也。
折中引張浚：習於惡，時俗所謂機深禍轉深者。
李光地：習坎將以出坎也，初六小人，習愈熟陷愈深，卦初發戒。
毛奇齡：失道、失處險之道。習坎以上下言之，兩坎之重。
李塨：初在重坎下是習坎。失尙行之道故凶。
姚配中：以非法爲法，入愈深，出益難矣！入窞不能行故凶。
馬通伯：失立在下所謂小人下達者。坎行尙，入失水道。
丁壽昌引：下迷習惡失正道。初與三耦畫居坎下有窞象。
曹爲霖引：其道失，非獨時窮。
星野恒：地處重險，才亦柔微，戒之于豫。

李郁：坎下爲穴，謂窩，初轉陷入是故凶矣！
胡樸安：習練習。練習防禦，失道陷小坎，其事凶也。
高亨：襲坎中坎，從高墜下，出難矣！
李鏡池：進入坎坑中，下面還有坑，非常危險。
徐世大：初入囚阱時恐懼。習坎爲俘名。
屈萬里：坎窞，今魯西曰科，低窪處也。坎即坑。
張立文：陷阱中有陷阱，人墜入則凶。
傅隸樸：練習涉坎，竟潭中有潭，下層水具吸力！
徐志銳：初柔无力出險，初逞強違背習坎規律入水即沉。

水濫、刑濫，一水失道，一法失道。初六習坎，未必巧遇江河泛濫，刑獄失道。象謂入坎失道，乃謂失處險之道。若夫日日時時學習如何遇坎窞常識，一旦不期坎陷加身，其反射動作必有一定程序而不亂。上无應援是險全賴自濟。依易卜生主義，在能自渡下方渡人。習者習自渡也，故習者宜知各類坎陷來龍去脈及其性質。司馬光謂「戒將來禍。」防微杜漸，有恐懼心則必戰兢以求，假定可能狀況。驚慌者入水必沉，何必窞坑。若坎陷如黃龍洞，如蝙蝠洞，入則其中歧路多，上不見天日，女之出，命也，則不能習。亦非不能習，蓋準備工夫需萬无一失庶可行也，今之所謂習坎者，迨險經之淺者。流砂暗礁惡魚，水毒，皆習之範圍。張浚藐視初六迷不知復，習惡故凶。司馬光謂坤初履霜堅冰至，王夫之謂陰柔入潛伏之地。知柔知弱而又顫慄遇事，能戒之豫，即小人亦將免於生毫末即蒙夭折，合抱之木其成矣！坎八正卦也，正北方之卦，萬物所歸也，其不舍晝夜爲勞，於時爲冬，萬物閉藏成終也，而所以成始也。故習坎非習惡，張浚以習坎爲習惡、楊萬里以初六設陷紿善類，又未免太抬高初六必爲趙高，魏忠賢之流，能从小即看大，看老？多數易家如朱熹楊簡之謂初六居重坎下，入坎窞益深。然坎卦並未止於初六，尚有九二六三……知初六並未入死胡同陷阱絕路也。「習坎將以出坎」亦爲易家共見，然李光地謂習愈熟，陷愈深。漢仕不以爲是！馬通伯之謂小人下達，小人徇欲，日益沉淪污下。初六失道，蓋指陽位陰居乎？胡樸安云練習防禦。高亨云從高墜下。徐世大云初入囚阱恐懼。習坎爲俘名。高亨以坎孳爲陷，陷即高下，故謂從高墜下。徐世大以坎陷、陷即陷阱、阱即古囚犯人之牢房、故謂初入囚阱。初如潛龍，初如履霜，幼嫩者也，即有機心亦不夠深，初六才不足也，質弱无才，避險恐不及，何如紿善類陷君子？習坎非爲出坎，若身陷坎中始習如何脫險、無乃太晚乎？臨渴挖井，應非爻意！初六不謂習坎乎？「入于坎窞」乃功課也，所習項目之一也，又非眞從事入于坎窞探險也，理論課也，爲師者設問入于坎窞如何減低錯失，如何自救？如何救人？坎窞中潭中有潭，下層水其漩力特強，一步失全盤輸。司馬光故謂聖人防微恐懼心，亦婆子叮嚀深意也夫？張載謂比二，二剛中，五亦剛中，敵應，二包袱少故求小得，小得者小吉也。繫辭不云「吉凶者得失也」乎！故比二，初不當有凶失之爻辭。初无應援，又幼嫩稚氣，習坎險或心有未專，故聖人以較深入及迫切課題責求初，厚植其遇事解題之能力也！故曰初六日習坎險課爲事、非以親入坎窞蒙其災而謂之習坎，蓋能避入坎窞之錯失而知其可畏也。

九二、坎有險，求小得。

象曰：求小得，未出中也。

荀爽：處中，比初、三未足爲援，雖求小得，未出于險中。

王弼：履失其位，上无應援，未能出險，與初三相得，故可以求小得。初三未足以爲援故曰小得也。

孔正義：坎有險，履失位，上无援，未得出險之中。以陽處中，初三來附、初三柔弱，未足大援故云求小得也。

張載：險難之際，弱必附強，上下俱險，求必見從，故求則必小得。然二居險中而未困也。

程頤：當坎時陷二陰中，乃至險，然剛中之才可小自濟，不至益陷于險、求小得也。剛足自衛，中則動不失宜。

蘇軾：險，九五。小，六三。二以險臨五，欲求五焉可得哉！所可得者六三、二者未出險中相待而後全故也。

張浚：居二陰中有險，陰蔽陽也。學問未躋於聖賢，事業未大於國家，利澤未加於天下，皆九二求小得義。

張根：五在上故。

鄭汝諧：二五雖相應，皆陷於險，二才小求有得，求五相濟於險而未能出中也。

朱震：剛中陷二陰，居坎而上又有險者，求五必應，艮手求，陰小故小有得，未出險，其剛纔足以自濟。易傳曰君子處艱難而能自保者，惟剛中而已！

項安世：二剛中然无應不能自拔，猶在坎中。二以柔自居，无出險之志。故二爲求小得，未能出中者也。

李衡引子：行險得中，二柔附之，雖小求得，未出險中。引陸：用刑雖深，未出文外，可以小得。引石：初三俱柔，不得牽攀出險。引介：二未能出險，三揜、可求比初。

楊萬里：以剛毅德，行中正道，逢二陰之有險而陷其中，此君子不幸。惟勿以剛競，以順求、庶小濟可。小得，未出二陰中故也。

朱熹：處重險未能自出，故爲有險之象。剛得中可求小得。

趙彥肅：陽實在中，得而非失。有險未平，未光大也。

楊簡：二在險中，所求僅小得。

吳澄：坎險，坎之中畫也。二變柔，小謂陰，一陽陷於二陰之中，惟變爲陰小則可有得也。

梁寅：二剛中而陷重險中，五亦險中不應，是未能出險者，然心亨、中德不失、尙可求小得、但不能大有爲耳。二非才德不足，時命使然，不足爲其病也。

來知德：九二有險，止于險而已。欲出險而未能。雖剛中有孚，維心險中，求小得而已！出險大事未能。

王夫之：剛居柔，雖中未能固剛，如水在源，遠達多阻，憂危甚矣！內卦失位，二雖中而未亨。

折中引陳仁錫曰：求小不求大，原不在大，涓涓不已，流爲江河，如掘地得泉，不待溢出外然後爲流水也。案：陳說極是，凡人爲學作事，小得始，涓涓有原乃行險之本也。

李光地：有剛中之德，涉險方始故曰坎有險，惟有孚實之積，如水盛滿，始於涓涓，先求小得，有可大之基。

毛檢討：此險中也，雖未出中而初有失，反可求得，特小耳，二自觀來、觀巽上九爲坎中、巽多利故有小小得。

李塨：二在險內，似无所得，求則小得矣！以其未出中道，二中位，陽實有得象。

姚配中案：地險山川丘陵，二在艮下坎中有險，雖據陽終不能出，二有伏陰，故求小得，謂不能升五自化之正也。

吳汝綸：九二未能出險，爲六三所揜，可以求比于初而已。

馬通伯引陳仁錫曰：求小不求大，涓涓流爲江河。案：二爲泉源，因未出中，故求小得，盈科後進。未出中，未盈科也。得者，得水洊之道。二得謂得道。

丁壽昌：蘇蒿坪曰舊謂坎爲謀有求象，變坤爲小，中實有得象。

曹爲霖：陳氏曰僅可小得，未出險中也。如元兵陷長安，端宗即位福州，少延宋祚，其象類此。

星野恒：陷二陰中故曰坎有險，未可遽得出，然才剛中，苟有所求，可小有得。不可躁動以廢前功。

李郁：二在坎中，故曰有險。五非應，往求初，得位，初柔小，故求小得。須與初易位

胡樸安：坎有險者，因坎設險爲防禦也。求小得者尚未大備、僅小得。有隍無城，設險未出坎中。

高亨：說文險，阻難也。坎中有險，有求不易，僅可小得，故曰坎有險，求小得。

李鏡池：大概坎中有魚，明知危險，得冒險下去，小得指打到魚，與大得獵得野獸相對。

徐世大：阱裏邊還有險，暫時安棲，找點小地方使心安。

嚴靈峯帛書：九二，（贛）有（訦），求少得。

張立文：訦假爲險。訦、枕同聲系、古相通。險、檢同聲系、古相通。枕、檢古義同。故險檢枕訦古相通。譯。九二，墜入陷阱有危險，只求小得。少與小通

金景芳：沒有出坎，但剛中有孚，所以求能得到「小得」。

傅隸樸：剛居陰位，入險不得外援，與九五不相應，初與三與二比附，可免像初六陷入坎窞，得含有免義。

徐志銳：九二居下卦中位，是陷入險中，上還有一坎，困陷重坎之中，還未得亨通。只能小得，不能大獲。

朱邦復：在險中，僅可求小得。又九二剛得中，陷于二陰之中，雖不能出險，尚能自濟。

林漢仕案：求小得。小得少小得，或得少也。有人以小爲陰，陽爲大，陰自然小、小得謂陰得。得什

歷，易家只古求可小得，不能大獲！漢仕以爲繫辭中明言：「是故吉凶者失得之象。注：「由有失得故吉凶生。」疏：「有失有得，積漸成著乃爲吉凶也。」」是小得在積漸成著中將成吉凶。

九二陽居陰失位、陷二陰中。然不失中（荀爽言）。象以剛中行有功許之。程頤以陽實爲有孚信。九二不失中，有孚信，陷二陰之中，求可得。試觀九二所求者何？

象：求小得，未出中也。

荀爽：處中比初。雖求小得，未出于險中。

王弼：與初三相得故求可以小得。初三未足爲援也。

孔疏：陽處中，初三來附，柔未足大援故云求小得也。

張載：上下俱險，求必見從，故求則必小得。

程頤：剛中之才可小自濟，不至益陷于險，求小得也。

蘇軾：小、六三，所可得者六三。相待而後全故也。

張浚：學問未躋於聖賢，事業未大於國家，利澤未加於天下，皆九二求小得義。

鄭汝諧：二才小求有得，求五相濟於險而未能出中也。

朱震，求五必應，艮手求，陰小故小有得。

項安世：剛中无應，柔自居无出險志、故二爲求小得，未能出中者也。

李衡引介：二未能出險，二三捔，可求比初。

楊萬里：勿以剛競，以順求，庶小濟可，小得。未出中故。
朱熹：剛得中可求小得。
趙彥肅：陽實在中，得而非失。
楊簡：二在險中，所求僅小得。
吳澄：二變柔，陰小則可有得也。
梁寅：中德不失，尚可求小得，但不能大有爲耳。
來知德：雖剛中有孚、維心險中求小得而已。出險未能。
王夫之：剛居柔雖中未剛，內卦失位，雖中未亨。
折中引：凡人求學作事，小始得，涓涓有原乃行險之本也。
李光地：如水始涓涓，先求小得，有可大之基。
毛奇齡：險中，初有失反可求得，特小耳。
李塨：險內似无所得、求則小得矣！陽實有得象。
姚配中：二有伏陰故求小得，謂不能升五自化之正也。
馬通伯：二爲泉源，因未出中，故求小得。盈科後進。未出中未盈科也。得者得水洊之道。二得謂得道。
丁壽昌：坎有求象，變坤爲小，中實有得象。

曹爲霖：小得如元兵陷長安，端宗即位福州，少延宋祚。
星野恒：才剛中，若有所求，可小有得。
李郁：往求初得位，初柔小故求小得，須與初易位。
胡樸安：因坎設險防禦，尚未大備，僅小得。
高亨：坎中有險，有求不易，僅可小得。
李鏡池：坎有魚，小得指打到魚。與大得野獸相對。
徐世大：阱裏找點小地方使心安。
張立文：墜入陷阱有危險，只求小得。少與小通。
金景芳：所以求能得到「小得」。
傅隸樸：初與三與二比附，可免陷入坎窞。得含有免義。
徐志銳：二陷險中，上有一坎未亨通，只能小得。
從上四十餘說中，所謂求小得之義明指者僅蘇軾之所可得者六三。　鄭汝諧之求五相濟於險。朱震求五必應，陰小故小有得。折中小得爲有本有原之涓涓小流。　李衡引求比初有得。　馬通伯謂九二得水洊之道。　曹爲霖謂小得如端宗即位福州，少延宋祚。　李郁謂須與初易位，求初得位。李鏡池之得魚。　傅隸樸之得含免義，小得即小免陷入坎險。　求小得有所指者計有：
1.得六三。（蘇軾）

2.求六五相濟。（鄭汝諧）

3.陰小、有得（朱震）

4.小原流。九二得水洊之道。（折中，馬通伯）

5.比初或與初易位。（李衡引，李郁）

6.南宋端宗即位福州，少延宗祚。（曹爲霖）

7.得魚（李鏡池）

8.含兔義（傅隸樸）

此外尚有一大部份未說實者。如：象之求小得，未出中也。荀爽之雖求小得。雖小求得乃李衡引子。所求僅小得，趙彥肅言，未指實者可有包羅天地，亦可以縮小爲蠅頭針尖小事！張浚云：學問未躋於聖賢，事業未大於國家，利澤未加於天下，皆九二求小得之義。睽諸九二言坎有險，無大礙！求則有小得也。以其位柔而剛居，又得中，雖有險可奈我何！

求得實指者儼然我言之有理也。然有如蘇軾者謂「二以險臨，欲求五焉可得哉！」漢仕以爲指實不如虛說之耐人尋味也。

九二以剛居柔，雖失位陷二陰中，然不失中。剛中行有功，陽實有孚信。九二雖處重坎有險，尋求解決之道，可小吉也。九二不甘坐以待斃，多方尋求出險，天无絕人之路，敢作敢衝敢大膽嚐試，天助自助者，求小得乃聖人許女之願必有小吉也。嗑興乎動來！

六三、來之坎坎，險且枕，入于坎窞，勿用。

象曰：來之坎坎，終无功也。

鄭玄：木在手曰檢，在首曰枕。（險作檢且枕）

王肅本險且枕。（釋文）

干寶：坎十一月卦。失位喻殷執法失中。來之坎坎者，斥周人觀釁于殷也。枕安，險且枕者，言安忍以暴政加民而无哀矜之心。淫刑濫罰，百姓无所措手足，故曰來之坎坎，終无功也。（集解）

陸績：枕閑礙險害之貌。

王弼：處兩坎之間，出居亦坎故曰來之坎。枕枝不安之謂。出則應无之處則无安，故險且枕，來之皆坎，徒勞而已。

孔疏：履非其位，兩坎之間，出之皆坎、出无應，入于窞，出入皆難。勿用者不出行。若出行終必无功徒勞而已。

張載：前之入險，退來枕險，入窞與初六同。

程頤：坎陷時柔居，不中正，其處不善，進退居皆不可，下入險，上重險，退進皆險，居亦險，枕謂支倚，益入於深險耳。三所處之道不可用也，故戒勿用。

蘇軾：之，往也。枕，所以休息也。來往皆坎，來生往敵，遇險於外，休息於內，故曰險且枕。六三知不足自用，故退入坎附九二，相與爲固而已。

張浚：小人才險，不度德量力，欲有爲於坎險者曰來之坎。三不修德，易行險。枕，安也。入于坎窞謂顛沛末流。小人小有才，中懷險、外若君子，勿用，深疾之辭。

張根：水自上下，而三以柔當其衝，能有濟乎！

朱震：柔不中，履非其位，往上坎極，五艮木礙之，險且枕。陸希聲曰枕閡礙險害之貌而來處三則在上坎之底入于坎窞也。來坎往亦險、終无濟功。故終勿用。三下之終也

項安世：之往。坎坎伐檀、勞貌。先儒稱來往皆險，非也。上險不可升，居則枕不能安，退又入坎窞，才不剛，位不正，時不利，不安位，有志往，戒以勿用也。

李衡引牧：二承己爲枕，乘剛，非所安，來之重險入坎窞。引介：來則乘剛，之則无應，苟安以止則入于窞。

楊萬里：六三柔處強位，此小人欲猖狂，妄意見用徼功者，聖人曰勿用何也？退則入險，進則犯夫重險，進退皆險故曰坎坎。枕倚也。倚奸險求濟，祇益其險也。

朱熹：柔不正，履重險之間，來往皆險，前險後枕，陷益深，不可用，其象占如此。枕倚著未安之意也。

楊簡：六三來則入坎，之亦入坎，之往也。來之坎，坎無功也。六三自枕于坎，不獨枕險，又入於坎窞，三陰險不中，失道所致。小人陷此，聖教一切勿有所用，則所謂失道之心熄，庶乎免矣。

吳澄：來之如國風知子之來之；論語修文德以來之。來謂招之，之指六三。九二招六三來，來則陷于坎坎中。五一坎、二又一坎故曰坎坎。居三枕九二險上，處不安。初、三坎之耦畫，謂之坎窞，初下坎之內，三上坎之內，故皆曰入，戒勿用，用則凶，悔吝也。

梁寅：坎坎猶乾乾。來之下坎，之上亦坎也，以下險枕上險，是謂險且枕。六四坎下小穴、三將入、進退皆險，又不中正，无可爲者矣！戒勿用，得无慎哉！

來知德：來之，來往也。下上坎繼，坎坎之象。中爻震內艮止，枕象。頭枕乎險，初三不正入坎窞，无所用也。前遇險、後枕險、入於坎窞，占者勿用可知。

王船山：之，往也。坎坎，坎而又坎也。險且枕、下險承之。入于坎窞，上進入險也。二險相仍，柔不能決，來往險中，徒勞無能爲也。

折中引朱子語類：來之謂下來之往，進退皆險也。引王申子曰：下卦險終，上卦險又至，且聊爾，枕息，能如此，雖未離險，亦不至深入坎窞中，陷益深，勿者止之之辭。

李光地：居重險間，來往皆險，惟剛德處之有出險之道。三陰柔曰勿用者，皆險遇窮也，惟有守靜勿用而已。

毛奇齡：升六五移來之坎，逼重坎，坎之又坎，安之有如枕，入于初之坎窞。坎坎勞貌，勞而无功矣！

李塨：居下坎終，上坎卦又來，是來之坎坎也，誠險矣！姑且安枕待之，雖无功不至于凶，若入坎窞焉何用乎！

孫星衍：鄭康成：木在手曰檢，在首曰枕。　陸績曰枕閡礙險害貌。引釋文險古文鄭本作檢。枕，九家作玷，古文作沈。

丁晏：釋名枕、檢也、檢，項也。是枕通檢。散文通，對則別。

姚配中案：枕當作沈。水就下，三上下之交，上卦之入由三，故來之坎坎，上坎來與三並入坎窞，故來之坎坎，險且沈入于坎窞也。三當升，今入初故勿用。坎水下降故來之坎坎。

吳汝綸：來之勞之也。坎坎喜也。三若將出險，故勞來而喜，然外險又至，故有檢枕入窞之象。險、鄭作檢，木在手曰檢，在首曰枕。

馬通伯釋文枕、古文作沈。引王引之曰：用，不可有所施行也。案：坎坎言水泛濫衝突也。沈，沒也。隄防沈沒。水以動爲功，坎以靜爲功，坎屢遷水決，入坎窞故无功。三入坎其陷廣，勿用勿變也，三四不可變陽以塞其行。

丁壽昌：險，古本檢，本在手曰檢，本在首曰枕。案枕亦通檢。正義險與枕爲二事。本義前險後枕。枕止也，艮止。蘇蒿坪曰變又互坎故曰坎坎。

曹爲霖：思菴葉氏曰英雄無用武之地，氣數盡，有功得乎？當無可奈何之時，徐圖出。以險爲枕，不遽出也，欲出必无功！文天祥曰立君存宗社，存一日則盡一日臣子之責，何功之有！此所謂來之坎坎終无功也。

星野恆：坎坎謂下二爻，枕，支倚。前有二坎，不可退，後坎體枕于上，不可進，陰不中正處兩坎間，故云入于坎窞，戒其勿用。時不可，才不中，三有將出之勢，故戒。

李郁：內外之際上下坎故曰坎坎，枕，倚也。三已入坎變剛乘剛，是陷于險，復倚險也。雖剛奚用故勿用也。

胡樸安：（上坎動詞，下坎名詞）練習防禦之人繼續來，臨坎爲防禦練習。枕、臨也，臨險以守。雖有來人臨險以守，終不能有功。故象終无功也。

高亨：來之坎句，來此坎也，之猶是。坎險且枕句，枕讀爲沈，窞陷，坎險且深，入于坎中而陷焉，筮遇此爻，不可有所施行。

李鏡池：之至。枕沈。深坑積水多就有魚，坎坑水深，下去就入重坎，非常不利。反映了漁獵時代的生活。

徐世大：坎坎鼓聲，祭祀找犧牲，俘虜生死俄頃，恐懼中枕入坎窞。

屈萬里：來之猶來往，坎以，檢枕之聲也。形容聲音。險且枕，釋文險，鄭向本作檢。枕，九家作玷。干寶作按，按檢且枕是，險玷按皆形聲之誤。

嚴靈峯帛書：六三，來之（贛）（贛），（噞）且（訦）。人（ ）（贛）（閻），（ ）（ ）。

張立文：贛假爲坎，來之坎坎謂一坎接一坎。噞險同聲系古相通。訦枕古相通。有臨險，止、深等義。譯：

六三來到坎連坎地方，面臨危險應停止行動，墜入阱中不能復出了。

金景芳：來也好，之也好統統都是險，進退皆險，聊且在這休息休息，不要再動，暫時等待好了。

傅隸樸：柔居剛位，行履失道象徵。來是險，往也險，陷重險中。坎坎即重險。枕王注枝，支通，將陷在下托著。叫枕。如枕木。險且枕，險且危，暫且鎮定故曰勿用。

徐志銳：六三處下終又臨上坎，是渡一險又來一險，與其无功招禍，莫如无功自保，所以不言凶。

朱邦復：重險之地，唯有隨遇而安，掙扎無用。

林漢仕案：來之坎坎。抑：來之坎，坎險且枕。句讀之離斷各大家不同，茲再輯說如后：

象：來之坎坎，終无功也。（象以坎坎句）

干寶：來之坎坎者，斥周人觀釁于殷也。（干寶亦坎坎句）

王弼：處兩坎間，出居亦坎故曰來之坎。（王以來之坎句）

張浚：小人才險，欲有爲於坎險者曰來之坎。（浚來之坎句）

項安世：之往。坎坎伐檀，勞貌。（項同象坎坎句。）

楊萬里坎坎，楊簡來之坎。吳澄坎坎。梁寅以坎坎猶乾乾。來知德、王船山、毛奇齡，姚配中，吳汝綸皆以坎坎句。吳並以坎坎，喜也。姚謂上來與三並入坎窞，故來之坎坎。高亨特標明來之坎句，來此坎也。徐世大以坎坎，鼓聲。屈萬里坎坎，檢枕之聲。張立文謂坎坎爲一坎連一坎，傅隸樸曰坎坎即重險。

坎坎之意共得十二說：

終无功也。（象）斥周人觀釁于殷。（干）

處兩坎間。（王）

小人才險，欲有爲於坎險者。（張浚）

坎坎伐檀，勞貌。（項）

坎坎猶乾乾。（梁寅）

坎坎，喜也。（吳汝綸）馬通伯則謂水泛濫衝突。

上來與三並入坎窞。（姚）

來此坎。（高）

坎坎，鼓聲。（徐）

坎坎，檢枕之聲。（屈）

一坎接一坎。（張立文）

坎坎即重坎。（傅）

來之爲言出入，張載云之入險，來，退來枕險。程頤云進退。蘇軾謂來往。之往也。楊簡曰：六三來則入坎，之往亦入坎。吳澄謂來爲招之，之指六三。吳汝綸謂來之勞之也。勞來而喜也。高亨云來此坎，之猶是。李鏡池之至。張立文來之坎謂一坎接一坎。金景芳云來也好，之也好。是來之坎坎：出入。入退。進退。來往。入入。九二招來之，之特指六三。又言招來而喜者六三將出險也。來此，來至，之猶是，之至。一次接一次。來也好，去也好統統是險。

是出入，入退，進退，來往，入入，其義一也，即坎之來，坎之去皆坎。坎連坎也。「來往皆險」項安世以爲非也。高亨等則單向行，謂來到此坎也，謂三之行程到此也。言來之坎坎者謂招來坎坎，喜也，三將出險故勞之來之。不圖外險又至。

來之坎坎即來往坎連坎，來往皆是坎。或謂來往皆一片茫茫泛濫也。出入進退之鼓聲，檢枕聲；往來乾乾小心樣子；皆謂六三、來之坎坎，或來之坎也。

坎險且枕；或險且枕。入于坎窞、勿用。

干寶：枕安，險且枕者：安忍暴政加民无哀矜心也。

王弼：枕枝不安之謂。　程頤：枕謂支倚，益入深險耳。蘇軾：枕所以休息。遇險於外，休息於內故曰險且枕。張浚：枕、安、入于坎窞謂顚沛末流。　項安世謂上險不可升，居則枕不安，退又入坎窞。　李衡引二承三爲枕。　楊萬里：枕倚奸險求濟，祇益其險。　朱熹謂前險後枕。枕倚未安意。　楊簡：自枕于坎，又入坎窞。　吳澄：枕九二險上處不安。　梁寅：下險枕上險是謂險且枕。

來知德：頭枕乎坎，不正入坎窞，无所用。　王船山：下險承，上進險，二險相仍，往來徒勞。

折中引：下險終上險至，且聊枕息。　李光地：惟剛德有出險之道，三四柔守靜勿用而已。　毛奇齡：安之有如枕。　李塨：姑且安枕待之。　孫星衍引：險、檢、枕、玷古文作沈。　丁晏：檢、項也，枕、檢通。　姚配中：枕當作沈，上坎來險且沈于坎窞。　丁壽昌：枕，止也。　曹爲霖：以險爲枕，不遽出也。　星野恒：枕、支倚，時不可，才不中故戒。　李郁：枕、倚也，復倚險也。

胡樸安：枕、臨也。臨險以守。　高亨：坎險且沈句，坎險且深也。　屈萬里：險且枕，是干寶按檢且枕。險玷皆形聲之誤。　金景芳：聊且在這休息休息。　傅隸樸：將陷在下托著叫枕、如枕木。險且危，暫且鎮定。

徐志鏡：渡一險又一來一險，與其无功招禍，莫如无功自保。

坎險之險字，鄭玄就作檢且枕。並謂木在手曰檢，在首曰枕。丁晏以爲鄭玄木在手爲檢之不合理、不能與在首匹敵、故謂檢，項也，是枕通檢矣。查字書無檢或險作項解者。劉熙釋名釋牀帳第十八有：枕，檢也，所以檢項也。丁前輩爲檢作一妥善安排。坎險且枕者坎檢且枕也。然文義並未因此而妥，蓋九家易枕作玷，孫星衍，姚配中曰玷、古文沈、或當作沈。是爻句爲坎險且沈矣。今帛書作噞且訦。張立文謂與險且枕古通。噞今字作嗛，猛也。訦，信也。以帛書今解，則來之坎坎，噞且訦，猛且信。坎坎水來威猛且信也。

依傳統易家意：1.來往泛濫坎水。2.進退坎連坎。雖險且安心。坎險中聊且枕（止）息。　以險爲枕，不遽出。險且危，暫且鎮定。　項且沈矣，更入于坎窞。

全爻可能之句譯：

1.進退坎水，雖險且安心，暫且止息，待機而動，不圖竟又陷入坎窞，一切徒勞无功。

2.一坎接一坎，水淹至項將沈沒，不幸更入于坎窞，沒辦法可用。

3.坎坎水來，猛且信，又將入于坎窞，辦法想盡終無功。其象占如此也。

4.坎坎而來，上險不可升，居險枕不安，退又入坎窞，如何是好。戒勿用出坎，无凶咎事也。爻文无吉凶悔吝，有人以爲事已至此，其凶可知。漢仕以爲句末著「勿用」，則天意自有安排也，必无吉凶悔吝事，易家雖荒唐，臨險難多著文聊且休息休息。處進險，居險，退亦險之惡劣環境，仍以晏安枕息有所待，其莊子之謂「知其莫可奈何而安之若素」乎？聽天由命也！「匡人其如予何！」「洪水其如予何！」乎！

六四、樽酒簋，貳用缶，納約自牖，終无咎。

象曰：樽酒，簋貳，剛柔際也。

京房作樽酒簋句貳用缶句　內約自牖，內自約束。（晁氏）

鄭玄：六四承九五，又互體在震上，爻長在丑，丑上值斗，可斟象，斗上建星似簋，貳，副也。建星上弁星，形如缶。天子大臣以王命會諸侯，主國尊于簋，副設元酒而用缶也。

陸績：內約自誘。（詩正義牖與誘古通用，故以爲導。）

王弼：重險履正承五，五亦得位，剛柔各得所，承比明信顯著，雖復一樽之酒，二簋之食，瓦缶之器，納此至約，自進於牖，可羞於王公，薦於宗廟故云終无咎。

孔正義：履得其位承五相承比明信顯著，雖一樽酒二簋食，納此儉約之物，從牖薦之，可羞王公，可薦宗廟故終无咎。

張載：四五俱得險陽之正。險阻之際，近而相得，誠素既接，雖簡略於禮，无咎也。上比於五，有進出之漸故无凶。

程頤：柔下无助，非能濟天下之險者。以其高位，大臣唯誠信於君，開君心，莫如燕享，以質實一樽酒，二簋食，瓦缶質。約結君，牖通明以況君心。毛訓牖亦開通之謂。

蘇軾：樽酒簋貳用缶，薄禮也。納約自牖，簡陋之至也。同利者不交而歡，同患者不約而信。四非五无與爲主，五非四无與蔽。餽薄禮，行簡陋終不相咎者，四五之際也。

張浚：卦體二陰一陽爲罇簋，三四陰虛居中，坎水承爲缶，陰虛爲牖、，互艮止手爲納、納中道曰約。古訓后從諫則聖。因君心之明感入，險難以濟，咎必終免。

張根：初脫內難，行禮而已！不求其豐焉。

朱震：自初至五有震坎艮坤。坎震酒、艮鼻，震足，坤腹，樽簋形。有酒。貳副之燕饗禮。三四坤土爲腹，缶也。坤闔戶，坎艮穴，通光、牖也。約者交相信，四五易後四應初，五應二，納約也。四五比承誠信，終无咎。終謂上六不動。

項安世：簋缶牖咎古韻爲協。六四與九五交成解九四，故亦剛柔之際，義无咎。六四順承剛，以禮爲險，以防苟合、尊酒、簋食、缶醴、席戶牖間，以納其結約之好，重剛柔交，慮夫婦之終也。下三爻出險之通，上三爻言設險之道。

李衡引陸：坎萬物之歸，主幽政、祭象、牖通幽，約誠行篤故祭受福。引石：出險上攀五尊、君臣接也。引昭素：以素質納約之誠牖幽暗處，有闇合神明之義。

楊萬里：六四（外水），九二（內水），必相交以禮，相示以質，相通以信則難可濟，終无咎矣。樽酒簋貳、禮也。用缶、質也。納約信也如盟誓之約。自牖內外通也。二四非應而交際，古語同舟遇風，胡越相應如左右手，其二四之謂與！

朱熹：晁氏曰先儒讀樽酒簋句，貳用缶句，今從之。貳益之也。九五尊位，六四近之，險時剛柔相濟，故有但用薄禮益以誠心進結自牖象。牖非所由之正，室所以受明。始雖艱阻，終得无咎，其占如此。

趙彥肅：陰陷陽至四變，重卦也。二五剛挾柔，三乘剛，不若四至順。承陽履陰，无險情通。樽酒簋貳，情寓此也。器用缶，尙質素也。納約自牖，无隱情也。險變順故要其終。

楊簡：酒養陽，食養陰，酒奇，簋貳陰。四柔五剛，剛柔交際，君臣相親，一德一心，從君心之所明者納誠以咎之則君臣一，終無咎，險可濟矣！牖明通之象。

吳澄：坎爲酒，二三四五有尊簋缶象。尊盛酒，簋盛食，缶盛酒。貳，虞曰副也。朱子曰益也。澄案缶，酌器，爲尊之副、尊酒不滿，酌酒益之也。自牖出往納其歡好相結之約，比近相得，雖不甚好，義理无害，故无咎。

梁寅：一樽酒，二簋食，樽用瓦缶、質素也；獻君薄物，尙誠實而不尙浮侈也。室暗而牖明，君心暗而性偏長，臣順其長導入其要約之言，質實取信，委曲納忠，盡吾之誠心而已！

來知德：四變離、中虛，尊象。坎水、酒象。震竹、簋象。缶瓦器。一尊酒、貳簋食、梁瓦缶、菲薄至約物，艱難之時，不由正道。四柔正近剛君，其勢易合，故簡約相見，險終无咎矣。

王船山：貳句，缶句。樽盛酒，簋盛黍稷。貳閒也。非禮。缶陶器，與樽簋皆瓦也。納物嫌約自牖。四居柔當位，承五。溪出合流大川象，相孚情篤，雖不中禮，江海不擇細流，是終得无咎。坎內卦險，水險於源也。

折中引崔憬曰：居多懼地，比五承陽，修潔進忠則无咎。引郭雍曰：孚、坎德、一樽酒至微物，虛中盡誠，通交際之道。引潘夢旂：言不事多儀，雖自牖納約，終无咎。引何楷：貳，副也謂樽酒副以簋也。案何氏得之。

李光地：近君至險，惟極其誠素，約至約交神明，喻人臣謙讓不盈、自薦於君，克保其終，雖危无咎也。

毛奇齡：此行尚時，出乎險者，宜有宴衎酬酢、飲食相歡、處險者不得已也！樽酒簋副亦燕禮、險者儉也。用缶爲約也，陳牖下者約之又約。貳與副同。

李塨：四陰位以簡約爲敬，故樽酒貳副簋，擊缶烏烏，納牖下以接五剛，附禮雖薄，其情孔諧，又何咎？

孫星衍：釋文酒句，貳句，缶句。舊讀簋句，缶句。自牖陸作自誘。禮記疏爻辰在丑，上值斗，斗上有建星之形，似簋貳副也，建星上有弁星，形又如缶。（詩疏）

丁晏：內納古今字。牖誘古今字。又羑古文誘，故崔憬又有羑里之說。

姚配中：方曰簠，圓曰簋，宗廟當用木。離曰體圓，巽木器。考工記簋，瓦器。祭於室，奠牖下，四得位，神享之，故无咎，謂不之初也。

吳汝綸：樽酒簋三字句。簋缶牖咎爲韻。貳副也。納虞作內。牖道也。納約自牖者，內自約敕以從道也。

馬通伯引王引之曰：缶可爲尊，缶代簠，以缶爲簋也。案：樽酒句，酒缶牖爲韻。人命終形藏，聖人立廟收魂，春秋祭祀，順事陰和神人，四以柔際之鬼神歆饗，有孚，維心亨也。

丁壽昌：釋文樽酒句，簋貳句，用缶句。舊讀簋句，缶句。納一作內約束，牖與誘古今字。貳當讀爲二，不當下讀。王注二簋釋之。象明指婚禮言。

曹爲霖：來氏曰世故多難，雪夜幸其家以嫂呼臣妻者不爲瀆。葉氏曰四臣位附五，有出險意，樽酒簋貳無繁文之飾，有巷遇之誠。子瞻曰四非五無與爲主，五非四無與爲臣。信約交歡之謂也。

星野恒：簋簠，貳益之，缶瓦器，貳以缶言朴實少文也。牖、室中通明處。居柔近君當濟險之任，當質實不浮，如酒食不用彫鏤，而用樽簋之朴，明處開導，納約自牖，柔濟剛致君道而終無咎也。

李郁：坎酒食，當險宜茹苦含辛，以奢爲戒，一樽貳簋享之薄，缶器之窳，納約自牖、室之陋，恭儉乃得无咎也。

于省吾：王引之謂以缶爲尊，又以缶爲簋。謂一樽之酒，二簋之食是也。納本作內、約本應作勺、謂自牖納勺以挹酒也。舊讀約爲省約，誤。

胡樸安：練習防禦畢而宴會也。酒一樽、肴貳簋，皆匋器也。納此至約，自進於牖。宴會時強弱互相交際終无咎也。

高亨：樽酒簋讀，貳副也，約疑衍，謂樽酒與簋其副皆用缶。納自牖謂獻其酒食自牖，此疑嫁女之祭。女歸外姓故室外牖下祭。巫遇此爻依祭法祭可終無咎。

李鏡池：樽，酒器，簋貳，二碗飯。缶，貴族用銅製。酒食自窗戶送進取出。把俘虜關在窖中，酒食從窗戶送，結果俘虜服從做奴隸，所以說无咎。

徐世大：一瓶酒，二簋食，祭後享俘虜，用繩子吊進窖洞，唔，倒不壞。

屈萬里：正義謂一樽之酒，二簋之食，用瓦缶之器，以繩繫酒食，自牖納入，六三入于坎窞，此猶在坎窞中也。納內。約、繩也。缶可爲尊也又可以缶爲簋也。

嚴靈峯帛書：六四，（奠）酒，（巧）（迹），用缶。（人）（葯）自牖，終无咎。

張立文：奠假爲樽，以樽盛酒。巧借爲簋。迹通行本作貳，迹貳義同相通。缶即盆。葯借爲約訓小，訓取。帛書入葯，通行本入納。牖如今之天窗。譯：六四以樽盛酒，二簋黍稷，用盆盛食物，送入取出自天窗，沒有災患。

金景芳：一瓶酒，添加簋，（貳是添加的意思。）而且用瓦器來盛。用東西很簡約，牖是明處，自牖從明白處去說服他，就无咎。引折中姜寶說以貳用缶句非矣！

傅隸樸：陰處陰位得正，近君不與初應，一心奉君，譬喻饗君一樽酒，佐一簋餚，兩器皆瓦製，儉約的飲食誘導表達事君的眞誠，尙何咎？牖通誘、納作結解。
徐志鋭：女子祭神只能走窗戶，不允許走正門。四柔爻陰性，爻辭講女子敬神之事。四與五比，用最簡樸瓦缶裝酒飯，從窗戶納入獻九五，以結陰陽合好求得保護。
朱邦復：節儉自約，終無咎。又自進牖下陳列簡約事物。
林漢仕案：本爻句讀數種，各皆言之成理，茲錄如下：
京房作：簋句，缶句。項安世：簋缶牖咎古韻爲協。
王弼：一樽酒，簋二之食，瓦器。從牖薦之。
王船山：貳句，缶句，納物嫌約自牖。
馬通伯以酒缶牖爲韻。即：樽酒，簋貳用缶，納約自牖。
六四仍在險中抑已出坎窞？鄭玄云天子大臣以王命會諸侯，主國尊于簋，副設元酒而用缶。則六四時已不在窞中也。又因其禮薄而誠信，蘇軾云：同利者不交而歡，同患者不約而信。屈萬里直判「此猶在坎窞中也。」
又鄭玄之丑上值斗，可斟象。斗宿也；建星似簋；天弁星似缶。從宋蘇頌渾象圖斗二十五度下方可見。只是意象，无特殊意義。
本爻依京房易離斷句讀。四組釋經並陳：
鄭玄：貳，副也。天子大臣會諸侯，主國尊于簋，副缶。

王弼：履正，承比明顯，雖一樽酒二簋食，納至約可羞王公。
張載：四比五近相得，誠素接，雖簡禮故无凶。
程頤：下无助，開君心莧如燕亨，樽酒簋食瓦質，約結君，牖通明，況君心。
蘇軾：餽薄禮，行簡陋，四非五无主，五非四无蔽；同利不交而歡，同患不約而信也。
張浚：后從諫則聖。因君心之明感入，險難以濟。終必无咎。
朱震：約者交相信。四五比承誠信，終无咎。
項安世：尊酒簋食缶醴，戶牖間納結約之好，重剛柔交。
李衡引：出險上攀五尊，君臣接也。素質納約闇合神明。
楊萬里：樽酒簋貳禮也，用缶質也，納約信也。二四非應而交際，如同舟遇風，胡越相應如左右手。
二四之謂也。
朱熹：貳，益之也。牖非所由之正，室所以受明，占如此。
趙彥肅：四至順，納約自牖，无隱情。險變順故要其終。
楊簡：酒養陽，食養陰，君臣相親，牖通明象君心明。
吳澄：二三四五有尊簋缶象。缶酌器，尊之副，比近相得，雖不甚好，義无害咎。
梁寅：樽用瓦缶，獻君薄物。室暗牖明，臣導君要約盡誠而已。
來知德：四變離尊象，坎酒，震簋，菲薄至約，其勢易合。

王船山：樽酒簋黍稷，貳閒也。四承五雖不中禮，得无咎。
折中引：貳副也，謂樽酒副以簋也。不事多儀，自牖納約无咎。
李光地：近君險，惟誠約交神明。自薦於君，克保其終。
毛奇齡：出乎險宜有酬酢，險儉也，牖下約之又約也。
李塨：擊缶烏烏，牖下接五剛，禮薄情諧，又何咎。
孫星衍：牖陸作誘。釋文酒句，貳句，缶句。
丁晏：內納古今字。又羑古文誘，崔憬有羑里之說。
姚配中：方簠圓簋，考工記簋瓦器。祭室奧牖下，神享之。
吳汝綸：牖道也。納約自牖者，內自約敕以從道也。
馬通伯引：酒缶牖爲韻。四柔際之鬼神歆饗，有孚維心亨也。
丁壽昌：納作內約束、牖誘、貳二，不當下讀。象指婚禮言。
曹爲霖引：無繁文之飾，有巷遇之誠，嫂呼臣妻不爲瀆。
星野恒：朴實少文，明處開導，納約自牖，柔濟剛而无咎也。
李郁：當險宜茹苦含辛，以奢爲戒。器窳室陋，恭儉无咎。
于省吾：一樽酒二簋食，約應作勺。自牖以勺挹酒。
胡樸安：練習防禦畢而宴會也。

高亨：約疑衍。樽酒簋、其副皆缶，獻酒食自牖，嫁女之祭。
李鏡池：簋貳二碗飯，酒食自窗戶進出，俘虜服從做奴隸。
徐世大：一瓶酒二簠食、祭後享俘虜，用繩子吊進窖洞。
屈萬里：此猶在坎窞中也。約繩、缶可爲尊爲簋。
張立文：樽酒簋黍盆食、送入取出自天窗，沒有災患。
金景芳：貳是加添的意思，自牖明白去說服他就无咎。
傅隸樸：一樽酒一簋餚、兩器皆瓦製。儉約誘君以眞誠。
徐志銳：女子敬神事，瓦缶裝酒飯從窗戶獻九五，結好求保護。
四種句型爲：
　樽酒簋，貳用缶，納約自牖，終无咎。
　樽酒，簋貳，用缶，納約自牖，終无咎。
　樽酒簋貳，用缶，納約自牖，終无咎。
　樽酒，簋貳用缶，納約自牖，終无咎。
　從上四十大家之表述，句型有四，句義可歸納爲：
　1.天子大臣會諸侯，主國尊于簋，副缶。
2.四比五相得，不約而信，簡約結好。雖不中禮无咎。

3.二四非應如同舟遇風，相應如左右手。納約信也。

4.二三四五有尊簋缶象，近相得，雖不甚好，義无咎。

5.離尊坎酒震簋，菲薄至約，其勢易合。

6.自薦於君，克保其終。

7.羑里之說。

8.內自約束以從道。

9.當險宜以奢爲戒。

10.婚禮、嫁女祭

11.給俘虜酒飯。

12.樽簋皆瓦製，儉約誘君以眞誠。

13.練習防禦畢而宴會也。

貳有數說：鄭玄：貳，副也；貳，益也；貳，閒也；貳，二也；貳是加添的意思；貳，兩（器）皆瓦製。

牖：誘古通。羑，古文誘。謂牖通明者則謂窗戶本義也。

約亦有十二說：納約、約結、約信、要約、至約、儉約，結好，約交，約之又約、內自約束，于省吾則以約字應作勺，謂自牖以勺挹酒。屈萬里云約、繩。

從爻義進程，三尙在險中，又入于坎窞，四宜仍在艱難之際，絕非鄭玄之以王命會諸侯，王弼之羞王公，薦宗廟之時也。來知德云世故多艱，非但君擇臣，臣亦擇君，進麥飯不爲簡，雪夜幸其家以嫂呼臣妻不爲瀆。則知仍在艱難中也。屈萬里故曰此猶在坎窞中。

羑里之說，謂納約自牖，牖通誘，羑，古文誘，謂文王（西伯）被崇侯虎譖而囚羑里。因囚而演易八卦爲六十四卦。閎夭因費仲而獻美女文馬等物而獲釋故事。蓋亦謂在囚猶在坎窞中也。

缶，表粗簡，因其瓦器盛物也，來知德李塨等則謂擊缶烏烏爲樂器，此其異也。

其句譯，漢仕以爲可以如斯：

1.六四仍處艱難，故樽酒簋食，副（益，間，加添）以瓦缶盛物，結好自牖下，席終未出差錯故无過咎。

2.六四以樽酒簋食，副以粗糙樂器，自牖下結好九五，高明之善補過法也。

九五、坎不盈，祇既平，无咎。

象曰：坎不盈，中未大也。

孟喜作禔既平。（說文）京房作禔既平，禔音支。（釋文）

鄭玄：祇當爲坻，小邱也。（釋文）

王弼：坎主无應，未能盈坎者也。不盈則險不盡。祇，辭也。盡平乃无咎。明九五未免於咎也。

孔疏：坎主无應輔可以自佐、險難未盡。祗辭也，謂坎難既得盈滿而平乃得无咎，未平仍有咎也。

張載：險難垂出而下比於四，不能勉成其功，光大其志，故聖人惜之曰，只既平无咎而已矣！不能往有功也。

程頤：九五在坎中是不盈也，祗音柢，抵也。平則出矣！九五剛中居尊，然下无助，二陷險中，居君位不致致天下出險則有咎。必祗既平乃得无咎。

蘇軾：祇，猶言適足也。九五可謂大，有敵不敢自大，故不盈，所以納四。盈者人去，不盈者人輸，不盈適所以使之既平也。

張浚：剛中險主，執德之常，僅能免咎，中未大耳。九五得位得中而陰猶蔽之，曰坎不盈，祗既平、无咎。

張根：未能虛心屈己禮才賢自輔，僅能濟難而已。

鄭汝諧：二陷下，五陷上，在下陷深故險，在上亦未出陷故不盈，祗抵也，若抵於既平則可无咎，以其中之未大而有所陷也。

朱震：本臨初九，往五坎中不盈，五比四係狹，相易，中存大毀是水不盈，適至平而止，剛正，大中未大、幾可出險，聖人惜之曰祇既平，无咎而已。祇適足之辭。

項安世：九五无重坎，獨處陰无應，如水力適與坎平，未能流出坎，故曰中未大也。五居大位安其位，无出險之志，不能盡設險之道，九五君道爲險者也，道不大故无可言者。

李衡引牧：坎陰中則水盈不流。祇大、水漲大既平則復流，无咎者雖滯務出。引介：所謂大則過中，趨時施行矣。引薛：王者任刑法不能滿，恭行乃能平直。

楊萬里：五剛中履尊，九二剛陽以佐，然僅无咎者，陷上六、六四中未出如水不盈未平也。二五君臣皆陷於二陰。

朱熹：九五雖在坎中，然以陽剛中正居尊位，而時亦將出出矣。其象占如此。

趙彥肅：坎不盈，水在中也。祗既平，已盈科也。

楊簡：九雖得中，陽德不陷於險，有平險之功，坎不盈，祗適平而已！雖無咎，功未大由其中未大也。得道固有大小深淺不同也。

吳澄：二坎險、流水深，五不盈謂水不滿。盈則岸平。五剛中居尊位，然下无助，餘皆陰柔，人君安能獨濟天下之險。

梁寅：九五陽剛中正，一同德，四至誠輔導，終能出險者也。時方艱，難遽濟，如坎水未盈未至平，若盈則平，平則无咎矣。坎盈後進，坎止爲信，行爲功。

來知德：祇、水中小渚。坎水不滿，尚有坎也。平則盈出險矣！祗既平，逆料之辭，言將來必平，无咎，由險而太平也。

王船山：剛中得位，處下游，所謂江海百谷王，有盛大流行之德，危石巨磧皆所覆冒，險失其險，持之有道，進而有功，何咎之有！

折中引朱子語類：衹當抵字解。引俞琰：坎不盈，以其流也。不盈則適至於既平。引何楷：衹，適也。猶言適足於平而已。案俞氏，何氏說是。蓋不盈，水德也。

李光地：五卦主居尊位，天下之最險者，人心易盈，水德無虛滿，但至平而已。居尊若此，高而不危，何咎之有？

毛奇齡：五雖中仍未出險，水必盈科而後進，內坎終外坎來既是未盈也。又兌澤瀦水此不盈，但已平耳！平停亦止，盈則行、平則停。二不出中，出則必以大而行也。

李塨：剛中，出險之材，上六陰，斷岸，坎水未盈，但既平耳。不盈何以行？然既平則盈不遠，可得出，故曰无咎。

姚配中：坻謂水中小丘可居者，坎水艮山，陽陷陰中，故不言山而言坻，五在艮上故既平謂不險也。

吳汝綸：衹辭也。衹既平无咎，王注五字爲句。然平自與盈韻，言盡平乃无咎。明九五未免於咎也。

馬通伯引語類：平則是得中。引惠士奇曰：大盈若沖，其用不窮。引胡遠濬曰：水流固與源平也。既，盡也。終平不盈歟！案：二水源，五歸墟處，五中未大，百川歸之而不盈者。

丁壽昌：衹鄭云當爲坻，小邱也。京作禔，安也。俞石澗曰坎不盈，以其流也。象水流不盈是也。至于既平故无咎。

曹爲霖：誠齋傳九五剛中履導，又有九二陽剛大臣以佐，僅能无咎者，陷上六六四中未出也。如唐代宗陷藩鎭，惟郭子儀可出，然子儀自陷朝恩讒波之中，君无咎而已！

星野恒：坎汙下，盈則平出，爻尊位，下不應無助故云坎不盈，然陽剛中正，苟持久則可致平无咎！
李郁：水盈則溢，坎上不溢乎下故曰不盈。與二相對，等量齊觀，故祗既平耳，得正故无咎。
胡樸安：水流不休，非水不能盈坎，坎不能盛多量之水也。而坎四周隄已平矣！以坎未浚深大之故！坎形狀无咎也。
高亨：坻，地上小丘，易祇借爲坻。坳下坎雖未盈，突起之坻則已平，此裒多益寡，損有餘補不足，漸臻平均之象，自可無咎。
李鏡池：從漁獵到農業。漁獵時代挖陷阱捕獸，農業時得填平。爻說陷阱沒填滿，小山頭卻鋤平了。耕種沒問題。
徐世大：坑不盈者未有俘囚加入而略舒適，地弄得平寬，祭祀已過，不再有恐懼，處地暫安，心放了一半。
屈萬里：祇，但也，止也，適也。禔祇通用。坎不盈言未盈溢，但平於坎耳。
嚴靈峯帛書：九五，（贛）不盈，（塭）既平，无咎。
張立文：塭假爲坻。塭爲堤誤。堤坻音近而通。祗祇坻禔支脂二部音常相轉通用。帛書塭爲堤誤，借堤讀爲坻，謂陷坑未盈，隆起坻則平復。譯：九五，陷下的坎坑雖未盈滿，隆起的高地則已平整，沒有災患。
金景芳引俞琰說：坎不盈，以其流也。不盈則適至于既平故无咎。程說與象傳異。蓋不盈水德也。有源之水不舍晝夜，二五剛中似之，所以始小得終于不盈也。

傅隸樸：坎未塡滿，險未除盡。險難仍然存在，人君最大責任是除患安民，今未能，咎在君，必須險盡平才可無咎。傳象：五自負不與二應，天下之廣豈一人之德足恃！

徐志銳：五學會游泳，與水面保持平衡，但也未離險中，陽剛沒有充分發揮，仍須繼續奮鬥。

朱邦復：即將出險，無咎。

林漢仕案：盈，滿也，莊子秋水篇：「天下之水莫大於海，萬川歸之不知何時止而不盈，尾閭泄之不知何時已而不虛，春秋不變，水旱不知。」坎不盈者大海之水乎？惟其不盈，故能成其大其美，而大海不自多。九五之量能如是乎？老子之「江海爲百谷王者善下也。」「道如淵兮用之不盈，又似萬物之所宗。」「坎水上善也，利萬物而不爭，故無尤。」九五之師坎水乎？柔弱勝剛強矣！天下莫能與之敵矣！處低處下，何惜乎身！然衆易家之發揮未必如是也。茲輯大家之論以見眞意所在：

象：坎不盈，中未大也。

王弼：坎主无應，未能盈坎者也。不盈則險不盡。

程頤：五在坎中是不盈。

蘇軾：九五大，有敵不敢自大故不盈，不盈者人輸。

張浚：九五得位得中而陰蔽之。

鄭汝諧：五陷上，未能出陷故不盈。

朱震：本臨初九，往五坎中不盈。比四狹，易成大毀水不盈。
項安世：重坎无應，水與坎平，未能出坎故曰中未大也。
李衡引：坎隆中則水盈不流。刑法不能滿，恭行乃能平直。
楊萬里：九五中未出如水不盈未平。
趙彥肅：坎不盈，水在中也。
吳澄：二坎險，流水深。五不盈水不滿，盈則岸平。
梁寅：時方艱，坎水未盈，盈則平，盈後進。
來知德：坎水不滿尚有坎，平則盈出險矣！
王船山：剛中得位，江海百谷王，有盛大流行之德。
折中引：不盈以其流也。不盈，水德也。
李光地：人心易盈，水德无虛滿，但至平而已！
毛奇齡：五雖中未出險。水盈科後進，既是未盈也。
李塨：上六陰斷岸，坎未盈，不盈何以行，既平則盈可得出。
吳汝綸：平，盈韻。明九五未免於咎也。
馬通伯引：大盈若沖，其用不窮。五中未大，百川歸之而不盈者。
丁壽昌引象：水流不盈。

星野恒：坎汙下，盈則平出。尊无應无助故云坎不盈。
李郁：盈則溢，坎上不溢乎下故曰不盈。
胡樸安：水流不休，坎不能盛多量的水，未浚深大故。
高亨：此裒多益寡，損有餘補不足，漸臻平均。
李鏡池：爻說陷井沒填滿。漁獵挖阱，農業時則填平。
徐世大：坑不盈者，未有俘囚加入而略舒適。
屈萬里：坎不盈，言未盈溢，但平於坎耳。
張立文：陷下坎坑雖未盈滿。
金景芳引：⑴不盈以其流。⑵不盈水德。⑶始小得終不盈。
傅隸樸：坎未填滿，險未除盡。險難仍然存在。
徐志銳：五學會游泳，與水平保持平衡，但未離險中。

　象之坎不盈，中未大也。這中，未知所指？東坡言五不敢自大，項安世言无應未能出坎故曰中未大。楊萬里言九五中未出如水不盈未平。有言不盈以其流。馬通伯引五中未大，百川歸之不盈者。

　馬通伯引「五大未大。」未大如何「百川可歸之不盈？」正見其大也。東坡知未大無解，故轉言九五大，有敵不敢自大。

　盈，如孟子謂盈科後進，不盈則知科之大，非是洞庭，播陽其湖之大小，因洞庭播陽水繼續流向東海也。朱震解爻，直未解耳。「本臨初九，往五坎中不盈。比四狹，易成大毀水不盈。」地澤臨初往五則成坎。坎九五爻辭正是坎不盈。比四狹，易成大毀者半象兌也，兌爲毀折。李衡引「坎隆中則水盈不流。」亦未知所云。隆盈下流，乃水德也，未有水不下流者。所謂不盈水德。水積不滿累如堆物之隆起也。然常謂滿潮，滿湖，滿河道者，平四週涯岸也。折中謂「不盈以其流。」若果上游大雨不停，江河不能容納百谷滙集之水，或滿溢隄外，或隄決泛濫矣！何爲「以其流」則不盈，蓋流速小於百川四集之水也。由象之坎不盈。知水小，猶九五之需求量大，加之孔疏言无應輔可以自佐，獨夫矣夫。否則得位，得中，何爲不能光大其志？譬諸九五得天時地利，獨缺人和也。胡樸安則所云自陷矛盾：「水流不休，坎未済深大故。」水流不休則坎水早外溢矣！又凡言坎未滿而險未除者，不知坎未滿險未加深也。胡樸安、高亨、李鏡池、徐世大、徐志銳等以另類說詞解爻，不評。吳澄謂「人君安能獨濟天下之險」其是之謂矣！

「祇既平，无咎。」

孟喜作禔既平。禔音支。京房亦作禔。

鄭玄祇當爲坻，小邱也。王弼祗，辭也。張載：只也。程頤：祗音柢，抵也。蘇軾：祇猶言適足。李衡引：祇，大也。趙彥肅：祇既平，已盈科也。來知德：祇，水中小渚，祗既平，逆料之辭。毛奇齡：但已平耳。姚配中是鄭玄之作坻，謂水中小丘可居者。丁壽昌：禔，安也。高亨祇借爲坻。屈萬里：祇但也，止也，適也。禔祗通用。張立文：帛書塭爲堤誤，但堤爲坻，謂隆起坻則平復。李鏡池謂小山頭卻鋤平了。

祇字解作坻。或作禔，安也。辭也。只，抵，適足，大，小渚，但，止，小山頭。

字書祇與衹本義不同！祇，地神也。天神曰靈，地神曰祇。其作安，作大解正採用祇字。　作衹者，敬也，，作適，作禔者之所本。衹另有取憂，病之義。亦引衹當作坻，易坻既平。

「坎不盈」取九五需求量大；蓋人生之最高峰期也，亦取其來源水小，人才之流入亦少，雖得天時地利，獨缺人和。因來源少故不盈。

衹既平，衹，憂也，病也。蓋謂九五之察察乎？憂病九五之無過我者量人取才乎。憂九五之辨也。爲求備于一人，本身又「亡而爲有，虛而爲盈，約而爲泰。」想爲天下得人，難矣！其此之謂乎？然九五所以无咎者，得位，得中也。

上六、係用徽纆，寘于叢棘，三歲不得，凶。

象曰：上六失道，凶三歲也。

子夏作湜于叢棘。（釋文）馬融注徽纆，索也。集解引。

鄭玄：繫拘也。爻辰在巳，巳爲蛇，蛇之蟠屈似徽纆也。三五互艮，又與震同體。艮門闕，木多節。震有叢拘之類。門內有叢木多節之木，是天子外朝九棘之象。上六乘陽，有邪惡之罪，故縛以徽纆，置于叢棘，使公卿議之，上罪三年赦，中罪二年，下罪一年，不改者殺故曰凶。

姚信張璠作置于叢棘。

九家易：坎爲叢棘，又爲法律。案周禮王之外朝左九棘，右九棘面三槐，司寇公卿議獄其下，上罪三年舍。（集解）

王弼：險峭之極不可升也。嚴法峻整，難可犯也。宜其囚執寘于思過之地。三歲險道夷，險終乃反，三歲乃可求復，故曰三歲不得凶。

孔疏：險峭之極不可升，上嚴法峻整，難可犯觸，上六居犯，所以被繫用其徽纆之繩，置於叢棘，謂囚執禁之也。三歲以來不得其吉而有凶也。若能自修，三歲可求復自新。

張載：上六過中，逃險而失道者也，不附比陽，中幾於迷，復之凶故爲所係累也。

程頤：陰居險極，陷之深。以徽纆囚寘叢棘中，柔陷之深不能出矣！故云至三歲之久，不得免也，凶可知！

蘇軾：九五非有德主。无德致人，皆有求我者。上六无求五，故徽纆以係之，叢棘以固之，上六恃險，險窮則亡故三歲不得則亡。

張浚：處重險之極，失道彌甚，是懷險入刑者。坎北方色黑，爲弓輪，於木堅多心，有徽纆叢棘象。歷三爻復歸坎爲三歲不得。

張根：迷復之咎如此。

鄭汝諧：極宜變，柔乘五剛，剛方陷險，故五係上以徽纆而寘叢棘也。人情安則相忘，難則相係。五係上，三歲不捨，三近十遠，皆數之變。

朱震：動成巽，爲繩，坤坎爲黑，變巽徽纆也。巽木交坎爲叢棘，上柔无才，守正可也。不當動而動，舉手掛徽纆，投足蹈叢棘，陷愈深，雖三歲豈得出！

項安世：上六居重險之上，爲險者也，人設之以治罪人者故係，寘，皆執治之辭。上六失道乘剛，以刑防犯上，係徽纆使不得動，寘叢棘使不得安，三歲上三爻之終也。困犯上之人三歲之久，其凶如此，誰敢復犯乎！

李衡引子柔无心、小人乘剛履極，居峻法之時，行極險事，故用係纆索，置叢棘中，三歲而凶，終失謀身之道。引劉表：三股爲徽，兩股爲纆。引介：陰在上用險督察，久則反其上而上受患。不得、罪人不服之辭。引薛：失用刑之道、非自犯之人。

楊萬里：上六挾陰邪之資、竊權勢之重，乘九五之上，此小人蔽君而制之者。受制家奴。宦寺誅，唐亦亡，此徽纆叢棘之禍。三歲執不得者強也，三歲凶者窮也。

朱熹：以陰柔居險極，故其象占如此。

趙彥肅：陰柔終不變，堅意陷陽，以取極禍。係用徽纆，不獲去也。寘于叢棘，乘剛陽也。

楊簡：上失道與三同，禍又甚焉者。上六陰險小人，處險難之極，故有係用徽纆，寘于叢棘，三歲不得之象。

吳澄：徽，墨索也所謂縲絏也。坎，繩係象。坎中象棘身，耦象棘刺。二坎棘叢，拘罪人處。上六失爲民之道，柔居險極，乘剛中之君，故陷罪戾，三歲不得免也。犯上而致凶也。

梁寅：陷陽者陰也，初上二爻尤甚，初自陷其身，上則係之以徽纆，囚之於囹圄，爲邪惡者亦盍知懼哉！

來知德：柔居險極，陷益深，死亡之禍不能免矣，故凶。係，縛也。徽纆索名。寘置也。囚禁之意。棘刺圍牆。言縛以徽纆，囚于叢棘，久不得脫。

王船山：憑高陷陽，障洪流而終決。徽纆係罪人之墨繩，叢棘、獄也。古拘罪人三歲爲期，不得不見釋也。

折中案：不得其道也。如悔罪謂得道，困苦止三歲。聖人教人動心忍性以習於險者，雖罪已成猶不忍絕者如此。

李光地：古罪人納叢棘中，使思善改過！三年不改則其凶必矣！陰居卦終險極，其象占如此！

毛檢討：上六雖已出水，獨不有叢棘在乎！一或不戒反致出險仍居險！此憂危之卦可戒也。虞翻曰獄外種九棘故稱叢棘。不舍故不得。鄭康成曰終不改出圜土者殺。故凶。

李塨：爻盡可出險，无奈上六柔，居陽外，與下不接，不有叢棘在乎？坎爲叢棘，變巽爲徽爲纆，歷上卦三爻爲三歲而未必得脫，豈不凶哉！

孫星衍：集解劉表曰徽纆、索名、所以禁囚。又示，言衆議於九棘之下。陸德明曰三糾繩曰徽，二糾繩曰纆（穀梁疏）又釋文寘，置也，劉作示，子夏作湜，姚作寔，張作置。

丁晏：穀梁范寧引易繼用徽纆示于叢棘。爾雅釋詁、係、繼也。後漢李固傳繼望，劉攽曰繼本繫字，古係繼通用。寘劉作示，子夏作湜，姚作寔，張作置。寔實通。古是與實通，類篇作湜，或作湜同。

姚配中引注：劉表曰二股爲徽，兩股爲纆，皆索名。虞翻曰坎多心故叢棘。案：上得位，降三失位，三艮手成巽繩，故三係上，入坎窞重坎故稱叢棘，上應三不得復至上故三歲不得，凶。

吳汝綸：寘于叢棘，猶言困于蒺藜。不得者，罪人不服之辭也。三歲，九家易云上罪三年而舍也。

馬通伯引劉表曰：三股徽，兩股纆，索名。引沈起元曰：重坎之時，上則滔天，下則橫流，失地中行之道，故失道。案：上六乘陽不敬，化剛失位，出險而肆，終不改，冀其未至三歲而能改也。

丁壽昌：徽纆皆索名，寘，置也，劉作示，子夏作湜，姚作實。古係繼通用，示寘，置並通。案王制獄成告于大司寇，聽之棘木之下。聖人之教動心忍性，不忍棄絕如此。

曹爲霖：上有昏主，下有蔡京等六賊，豈非寘於叢棘乎！徽欽爲金執，卒不得反，事正類此。唐文宗曰今朕受制家奴，殆不如赧獻！九五逢四陰又制上六強者，窮必凶矣！

星野恒：三股徽，兩股纆，皆索名所以拘罪人。叢棘棘寺之類，置囚所，柔居上大罪，冒進之深如係徽纆，又寘叢棘，三歲不得出。小人徼幸不審時量才、冒居高明，自招其凶！

李郁：徽纆繩名。兩股徽，三股纆。上變成巽繩，巽木是叢棘。係之徽纆，又置叢棘，上險極，故有此象。三柔上无所往故三歲不得。無所逭解故凶。自作孽故。

楊樹達：坎爲棺槨。（魏志管輅傳） 古者疑獄三年而後斷，易曰「繫用徽墨，寘於叢棘，三歲不得，凶。」

是也。（公羊）

胡樸安：巡視坎後，四周以繩係之。寘叢棘以固防禦也。遷延至三歲之久不得實行，防禦失道，致有三歲之凶。

高亨：徽纆所以拘繫罪人。叢棘聽獄之處。罪人繫之繩索，置於叢棘，疑莫能斷、歷時三載，如此稽延，足招百姓之怨，失萬民心故凶。

李鏡池：繫綁。徽纆、繩索。叢棘、牢獄。三年，多年。是說把俘虜捆綁得緊緊的，故在叢棘作為牢獄裡，關了多年不服，最後出了事，所以說凶。這大概奴隸社會末期的事。

徐世大：用豬毛繩子吊者，放在荊棘嶺山腰，叫你三年不得睡好覺，那才糟。設想最劣境界，以能脫離為目的。

屈萬里：係同繫，鄭作繫。寘，子夏傳作湜，劉表作示，姚作寔，張作置。按置寘同，湜示寔皆聲之誤。徽纆，釋文劉云三股曰徽，兩股曰纆，皆索名。　又古刑人或置棘，左傳哀公八年邾子無道……

……囚諸樓臺，栫之以棘。

嚴靈峯帛書：（尚）六，（系）用（諱）（纆），（親）（之）于（總）（勒），三歲（弗）得，（兇）。

張立文：系係通假。諱假為徽，即三股繩索。纆假為纆，徽纆即繩索拘罪人。親假為寘，相通。總假為叢，古音近相通。勒假為棘。同韻相通。叢棘古監獄。三歲弗得，得，高亨云借為置，赦也。聞一多疑讀爲直，平也。譯：上六有人被繩捆綁置獄，歷三年，案不得其平則凶。

金景芳：叢棘是牢獄，牆上搞上刺，象刺鬼一樣，用繩索拴上，投入牢獄。三歲不得，其罪大不能改者與？

傅隸樸：上六陰居陰，處極險地無力脫出，上六犯法，用粗繩子綑綁，關在叢棘牢獄，三年不得釋放，上六觝法便是凶，這爻專就犯法者警戒的意思。

徐志銳：上六柔居九五上爲逆，不僅不出險，反而設險害人，所以凶三歲。

朱邦復：上六柔居險極，乘剛，危機重重，爲時甚久，凶。

林漢仕案：象謂上六失道，失三歲！爻接九五剛愎，以爲天下无過我者，遂輕天下人以爲无才可用，爲人察察求備一人，故身旁无才无佐。團體奮鬥，本優勝劣敗，勝者王，敗者寇，九五優越條件宜其王矣，然以團體言，九五獨夫，一人之智，何如千百人之同心！故一交上六，即敗運連連。係，今作繫，綑縛也，蓋敗北後押送縲絏中乎？玆錄古今大家所見，都爲卅條以爲比較：

馬融：徽纆，索也。　鄭玄：繫拘也。　孔穎達：繫用徽纆之繩。　張載：過中不附比陽，迷故係累也。　蘇軾：上六无求五，故徽纆以係之。　張浚：處重險之極，失道彌甚，是懷險入刑者。

鄭汝諧：人情難則相係，五係上。　朱震：巽繩坤黑，變巽徽纆。　項安世：上六失道乘剛，以刑防犯上，故係使不得動。李衡引：三股爲徽，兩股爲纆。　楊萬里：挾陰邪之資，竊權勢之重，乘九五蔽君制君者！　朱熹：以陰居險故其象占如此。　趙彥肅：柔不變，堅陷陽以取極禍。　楊簡：失道與三同，上小人處險難之極，故用係徽纆。　吳澄：徽，黑索，所謂縲絏也。　梁寅：陷陽者陰，上係以徽纆，囚之囹圄。　來知德：係、縛也，徽纆索名。　王夫之：憑高陷陽，徽纆係罪人之墨繩。李塨：爻盡可出險，无奈居柔，與下不接，坎爲叢棘，變巽爲徽纆。　孫星衍引陸德明：三糾繩曰徽、二糾繩曰纆。　丁晏引：係，繼也。本繫字，古通用。　姚配中引劉表：二股爲徽，兩股爲纆，皆索名。三艮手巽繩繫上。　馬通伯引：重坎時上滔天，下橫流，失地中行故失道。　曹爲霖：九五逢四陰，又制上六強者，窮必矣！　星野恒：小人徼幸不審時量才，冒居高明，自招其凶。　李郁：兩股徽、三股纆。自作孽故。　胡樸安：坎四周用繩係之。高亨：徽纆所以拘繫罪人。　李鏡池：繫綁，把俘虜捆綁得緊緊的。　徐世大：用豬毛繩子吊著。　張立文：上六有人被繩捆綁置獄。　金景芳：用繩索拴上。　傅隸樸：上六犯法，用粗繩子綑綁。上六翫法，這爻專就犯法者警戒。　徐志銳：上六柔居九五上爲逆，設險害人。　朱邦復：柔居險極，乘剛，危機重重。

從上三十幾說中，知被係者上六也。然有人以上六設險爲逆者，則被係者九五矣！揆諸情理，以爻論爻，上六失道，柔乘剛，楊萬里所謂：挾陰邪之資，竊權勢之重，乘九五蔽君制君者。趙彥肅之陷陽取禍。上六宜其繩索侍候！三股徽、二股纆並非重點，而其可以綑縛人犯則一也。上六自作孽也。至有云二股徽、三股纆者，想係劉表言後傳抄有誤，無礙繩之韌性也。刑索捆人，祇有胡樸安謂以繩係坎四周。金景芳謂以繩拴上。此其異者。至鄭玄所謂爻辰在巳。爻辰：用乾卦六爻，坤卦六爻，配地支。如乾䷀，坤䷁，更引申凡陽爻值辰比乾，陰爻比坤。　鄭玄謂巳爲蛇，蛇蟠似徽纆。屈萬里評爲有曲護鄭義者，辭彌巧，義難通，未能自圓其說。戴君仁亦謂本用於占驗，都是術數，拿來說易，沒有道理！清經學家玩古董，並無若何價值。

「寘于叢棘，三歲不得，凶。」　聚衆說於左：

子夏作湜于叢棘。　鄭玄：天子外朝九棘象，置叢棘使公卿議之。上罪三年赦、中二年、下一年，不改者殺曰凶。　九家易坎爲叢棘，又爲法律。集解案周禮外朝左九棘，右九棘、面三槐、司寇公卿議其下，上罪三年舍。　王弼：囚執寘思過之地，三歲乃可求復。　孔疏：三歲以來不得其吉而有凶也。　程頤：囚寘叢棘中，三歲不得免也，凶可知。　張浚：懷險入刑者，歷三爻復歸坎爲三歲不得。　鄭汝諧：五係上寘叢棘，三歲不捨。　朱震：動成巽，不當動而動，舉手投足蹈叢棘，陷愈深，三歲豈得出。　項安世：上六以刑防犯上、寘叢棘使不得安，困三歲之久，凶如此！誰敢復犯！　李衡引子：終失謀身之道。引介：不得，罪人不服之辭。引薛：非用刑之道，非自犯之人。楊萬里：此小人蔽君，宦誅，唐亦亡，此徽纆叢棘之禍。三歲凶者窮也。　趙彥肅：係用徽纆，不獲去也。寘于叢棘，乘剛陽也。　吳澄：坎繩，坎中象棘身、耦象刺、三棘叢，上六犯上而致凶也。梁寅：上係之以徽纆，爲邪惡者亦盍知懼哉！　來知德：寘置也。棘刺圍牆。言縛以徽纆，囚于叢棘，久不得脫。　王船山：叢棘，獄也。古拘罪人三歲爲期，不得不見釋也。　折中：悔罪謂得道，困苦止三歲。雖罪已成猶不忍絕者如此。　李光地：三年不改則其凶必矣！　毛檢討引虞翻曰獄外種九棘故稱叢棘。不舍故不得。引鄭康成終不改出圜土者殺故凶。　李塨：上六與下不接，坎叢棘，歷上三爻三歲未必得脫！　孫星衍引釋文寘，置也，劉作示，子夏作湜，姚作寔，張作置。　丁晏：范寧引易繼用徽纆示于叢棘。寔實通，古是實通，湜或作寔。　姚配中：三係上，入坎窞重坎故稱叢棘，上應三失位，應三不得故三歲凶。　吳汝綸：猶言困于蒺藜。不得者，罪人不服之辭也。　馬通伯引：冀其未至三歲而能改也。　丁壽昌：王制獄成告于大司寇，聽棘木下，聖人不忍棄絕如此。曹爲霖：九五逢四陰又制上六強者，窮必凶矣。　星野恒：叢棘棘寺之類，置囚所。　李郁：三柔上无所往故三歲不得，無所逭解故凶，自作孽故。　楊樹達：古者疑獄三年而後斷。　胡樸安：延至三歲之久不得實行，防禦失道！　高亨：叢棘聽獄之處，疑稽延三載莫能斷，失萬民心故凶。李鏡池：叢棘、牢獄。三年，多年。關俘虜三年不服，出了事，所以說凶。　徐世大：豬毛繩吊，放在荊棘嶺，叫你三年不得睡好覺，糟！　屈萬里：置寘同，湜示寔皆聲之誤。古刑人或置棘。左傳邾子無道……囚諸樓臺，栫之以棘。　張立文：叢棘古監獄，三年不得其平。　金景芳：三歲不得，其罪大不能改者與？

鄭玄謂天子外朝九棘象，置叢棘使公卿議之，上罪三年赦。

虞翻謂獄外種九棘故稱叢棘。不舍故不得。

集解謂周禮外朝左九棘，右九棘、面三槐，司寇公卿議其下，上罪三年舍。寘同置。置于叢棘，是待審也，待公卿司寇之議也。上罪三年赦，舍、即釋放。毛奇齡則引謂不舍爲不得，故曰三歲不舍，其所謂終不改者耶？鄭玄曰不改者殺，凶也者殺也乎？王弼謂三歲乃可求復。其悔過者也。丁壽昌故案謂聖人之教動心忍性，不忍棄絕如此！「不得」，李衡引介云罪人不服之辭。不服仍然凶，然則冤獄邪？王夫之謂不得，不見釋也。以上皆以上六爲凶。曹爲霖則謂九五凶，舉例如徽欽執，文宗受制家奴，不如赧獻云云。楊萬里則小人君上偕亡也，宦誅唐亦亡，此叢棘之禍。

䷝ 離（火火）

離，利貞，亨。畜牝牛，吉。

初九、履，錯然，敬之，无咎。

六二、黃離，元吉。

九三、日昃之離，不鼓缶而歌，則大耋之嗟，凶。

九四、突如其來如，焚如，死如，棄如。

六五、出涕沱若，戚嗟若，吉。

上九、王用出征，有嘉折首，獲匪其醜，无咎。

䷝ 離，利貞，亨。畜牝牛，吉。

彖曰：離，麗也。日月麗乎天，百穀草木麗乎土，重明以麗乎正，乃化成天下，柔麗乎中正故亨。是以畜牝牛吉也。

象曰：明兩作，離，大人以繼，明照于四方。

荀爽：牛者土也，生土於火，離者陰卦，牝者陰性，故畜牝牛吉矣。（集解）傳象明兩作，作，用也。（釋文）

鄭玄傳象：作，起也。明兩者取君明上下，以明德相承，其於天下之事無不見也。

王肅傳象：兩離相續繼，明之義也。

陸績傳象：作君子以繼。　離中虛，始乾剛健，北方陰氣貫中柔剛而文明也。（京氏易傳注）

王弼：離卦以柔爲正，故必貞後乃亨。柔處內而履正中，牝之善也。外強內順，牛之善也，不可畜剛猛之物。

孔疏：離，麗也。附著也，萬物各得其附著處。離以柔爲正，二五是陰爻。外強內順，牛之善者，故畜養牝牛得吉。僞象明人事。若柔不處內似婦人預外事，柔不正則邪僻非善。

司馬光：麗者不可以不正也。夫明常失于察，察之甚者或入于邪。聖人重明以麗乎正，乃能化成天下。柔失弱而不立。故柔麗乎止然後乃亨。太明察，太昧蔽，二中正是以元吉。

張載：以柔離乎中正故利貞。日月草木麗天地。麗附著也。

程頤：離麗也。有形則有麗。在人則所親附之人，得正則可亨通。牛性順，又牝，順至。人順德，由養以成也。

蘇軾：火不能自見，必麗於物而後有形，故離之象取火也。

張浚：陰中麗，剛養之以貞。惟貞故上下順，說而亨。坤二五來居乾中曰牝牛、二陽畜之曰畜牝牛，從中正事功以建，是以吉。

張根：凡有所麗，惟正乃亨。坎君道也，離臣道也。

朱震：柔麗剛，弱麗強，小麗大，晦麗明故曰離麗，日月麗乎天，百穀麗乎草木，重明麗乎正。六居五，柔麗乎中而亨，六居二，柔麗乎中正而亨，化成天下必矣，故辭曰亨。坤牛、順、二陰居陰爲牝牛至順。畜養也，以剛正畜養成至順麗中正則吉，是柔之利。卦氣四月。

項安世：牝柔牛順，坤象。離二五附乾故爲牝牛爲畜養。日月麗天，百穀草木麗土故離爲文明。上卦重明之君，下三爻麗正之人。重明如言聖益聖也。

李衡引張簡：離明於外，禮也。柔內失正，違禮召亂，必利正而後亨。

楊萬里：明而養之正乃亨，養之柔乃吉。牝牛，柔之柔者。柔中謂六五，柔正謂六二，牝牛謂二陰皆坤，坤爲母牛。畜，養也。

朱熹：離麗也。陰麗於陽，其象爲火。體陰用陽也。麗貴正，牝牛柔順物，故占者能正則亨，畜牝牛則吉也。

趙彥肅：陰麗陽，正也，故可久。陰麗則陽亨也。

楊簡：離麗，猶附也。重明。人皆有明德，惟君子能明之。利乎貞正，得易道之正，正則無不亨通矣！重明不失正即謂之麗義，昏故愚。麗中正後為畜牝牛之吉也。

吳澄：離，麗也，明也。宜正主事而亨。象牝牛繫養于牢也。

梁寅：險附陽則麗，中虛則明也。利得其正則亨通，牝牛柔順，一陰居中，二陽防閑，柔順不過越，得正亨吉宜也。

來知德：六二居下離中則正，五不正，利正後亨。牛順物，牝則順之至。畜牝牛者則養順德也。養德者消炎上燥性也。

王船山：陰暗居中附麗陽，質內斂，及化為火，光以照耀，正知所附麗得中，大美歸焉則亨。畜聚養之也。牝牛順之至，畜陽而陰信之故吉，陽吉也。陰靜居中任陽，陽盡其才施光暉上下，此成王附麗周公以興禮樂也。

折中引郭忠孝曰：坤為牛，離牝牛。引胡炳文曰：離明在外，當柔順養於中。引吳慎曰：離炎上，炎盛則突如焚如！離炎，忿之類，離牝牛，以中順則不突。案胡，吳氏為切。

李光地：離麗，必發光明故其德為明。二卦皆離為重明，明道宜正故曰利貞亨。畜牝牛者言養順德則吉也。

毛奇齡：離麗、附也。上下皆明而化成天下，是所謂利貞者。麗于正、麗之而亨、即其畜而吉者。下卦互巽，爲木爲風、益于火，互兌爲金澤、仇火，如是吉凶瞭然矣！

李塨：離體火无形，必附物始麗、天道日月麗乎天，地道草木麗乎土，人道麗正，今五麗中，二中正，皆利貞故亨，離中畫坤牛，陰位爲牝牛，至順而不燥矣！吉矣！

孫星衍：釋文草木麗，說文作䕻土，王肅本作地（按）說文引作百穀草木䕻於土。

姚配中案：上卦失正，利貞之坎，與坎下易位故利貞亨，荀爽曰牛者土也，生土於火，離者陰卦，牝者陰性故曰畜牝牛吉矣！虞翻曰畜，養也，坤爲牝牛。

吳汝綸：離訓別離者非。坎陽陷宜動故云行有尚。離陰麗宜靜，故利貞，貞定也。陰定則陽通故亨。牝牛離象。柔內履正中，牝之善也。外強內順，牛之善也。

馬通伯引虞翻曰：畜養。引程傳曰：養其順德。案：重明六五，離，王公正位，離火性烈，養順德則吉。

丁壽昌：荀慈明曰牛者土也，生土於火，離陰卦，牝陰性，故曰畜牝牛吉。案左傳卜楚邱曰純離爲牛，九家離牝牛，說卦坤牛又爲子母牛，虞斥離牝牛爲俗說，失之拘。

曹爲霖：才多識寡，難免於今之世！陸振奇曰火之爲物，不能自見，必附物成形。誠齋傳五君天，二臣土，各矜其明可乎！六二世之子象，柔順中正乃亨，養良臣輔之吉也。

星野恒：離，附麗，其德明，上下重明，六二得位附麗所以利貞，柔得中所以能亨。畜牝牛吉，有柔順知所從象。

李郁：離火麗，物之美見用著。離隔也，人情悲歡離合無日不展轉其中，利指六二爻陽故亨，二柔爲初三兩陽畜故曰畜牝牛吉。

楊樹達：午於易爲離，麗也，陽氣以茂。（釋名）又木盛於火，其德爲孝，易離在地爲火，在天爲日，在天者用其精，在地者用其形。麗者附也。

胡樸安：離黃，倉庚也。借爲麓，艸木相附生。離卦實行坎上六係並努力耕種。設離會合民衆，利防禦事，大畜所牿之童牛，以頤之經驗耕種，又生童牛，喻畜牝牛吉也。

高亨：筮遇此卦舉事則利故曰利貞，畜牝牛吉者，以牲言，古祭牲特畜之。祭義擇毛卜之，吉然後養之。是其證。

李鏡池：離通罹，指遭禍。這是畜牧之占，畜牝牛爲繁殖。牛的用途多，戰車戰鼓用牛皮製，卦中講戰爭問題。

徐世大：男女會合，兩心相印成好事，宜永久通行。加畜牝牛吉，坐實爲筮辭，調侃之意。養母牛好。

嚴靈峯帛書：（羅），利貞，亨。畜牝牛，吉。

張立文：羅假爲離，古相通。附著的意思。畜牝牛：祭祀之牲，卜而後養。譯：離，利於占問，享祭，要畜養母牛爲祭品則吉祥。

金景芳：人之所麗，利于貞正，得正則可亨通。牛性順，又牝焉，順之至也，附麗正必順正道如牝牛則吉也。畜牝牛謂養其順德。

傅隸樸：本卦戒人以其聰明才智附著正道，才能亨通。用牝牛柔順任重之德來培養自己的忠貞，任事便無不吉了。

徐志銳：離爲太陽附麗于天上，重明、明而又明之德中附于正道。柔附麗中正之道故亨，畜養柔順德性而后用，其用不窮，无往不通。

朱邦復：正者亨，火性燥，宜自養柔順之氣。（牝牛性柔順。）

林漢仕案：離火八純卦之一，離，麗也，中虛，柔也，附著也，禮也，草木麗，日月麗，於時爲午。亦有言離別，通罹，倉庚者。其實離只是卦名，若視作標題如墨子之明鬼，兼愛，則六十四卦之名即其卦義之總稱。即今離卦，雜卦謂離上，上者火炎上也。序卦離者麗也。說卦謂日以烜之，相見乎離，離也者明也，萬物皆相見，南方之卦，聖人南面而聽天下，嚮明而治，蓋取諸此也。燥萬物者莫熯乎火。故離爲火、爲日，爲電……繫辭：古者包犧氏之王天下也……作結繩而爲罔罟以佃以漁，蓋取諸離。注罔罟之用，魚麗于水，獸麗于山也。詩魚網之設，鴻則離之。又有兔爰爰，雉離于羅。此離即罹也，附著于網也。故言離者，就其義與卦爻象兼及引申之也。今依卦辭義與諸易家大德共同探討紀錄於后：

彖：離、麗也：日月麗天、百穀麗土，柔麗中正故亨。

象：明照于四方。　荀爽傳象明兩作，作，用也。

鄭玄傳象作，起也。君明上下，天下事無不見也。
陸績傳象離中虛，始健，陰貫中柔剛而文明也。
王弼：柔正故必貞後亨。　孔疏麗、附著、似婦不預外事。
司馬光：明常失于察，二中正是以元吉。
張載：以柔離乎中正故利貞。
程頤：離麗在人則所親附之人，得正則可亨通。
蘇軾：火不能自見，必麗物而後形。
張浚：陰中麗，剛養之以貞，惟貞故上下順，說而亨。
張根：凡所麗，正乃亨。離臣道。
朱震：柔麗剛，重明麗正，二五柔麗中，化成天下必矣！
項安世：離二五附乾，重明如言聖益聖也。
李衡引：離明外禮也，柔內失正違禮，必利正而後亨。
楊萬里：明而養之正乃亨。養之柔乃吉。
朱熹：離麗其象火，體陰用陽，麗貴正。
趙彥肅：陰麗陽正也，故可久，陰麗則陽亨。
楊簡：麗附也，君子能明利貞正，得易道之正無不亨矣！

吳澄：離麗明也，宜正、王事而亨。
梁寅：險附陽則麗，中虛則明，一陰中二陽防閑、吉宜也。
來知德：二正五不正，利正後亨。消炎上燥性也。
王船山：陰暗麗陽，化火知附麗得中，大美歸焉則亨。
折中引：離外明當順養中。又離炎盛，忿之類突如焚如。
李光地：離德爲明，重明宜正故曰利貞亨。
毛奇齡：上下皆明而化成天下，是所謂利貞者。
李塨：火无形、附物始麗，今五中，二中正皆利貞故亨。
姚配中：上卦失正，與坎下易位故利貞亨。中土火生土。
吳汝綸：離訓別離者非。坎動離靜故利貞，貞定陽通故亨。
馬通伯：重明六五，離，王公正位，離火性烈養順德則吉。
曹爲霖引：火不能自見，必附物成形。二世子象，順乃亨。
星野恒：離德明，六二得位利貞，柔得中所以能亨。
李郁：離火麗，離隔也，悲歡離合無日不展轉其中，利六二交陽故亨。
楊樹達：午爲離麗，陽氣茂。木火德孝。麗者附也。
胡樸安：離黃，倉庚也。借爲鸝，草木附生。離會合民衆，利防禦事。

高亨：筮遇此卦，舉事則利故曰利貞。

李鏡池：離通罹，指遭禍。卦中講戰爭問題。

徐世大：男女會合，兩心相印成好事，宜永久通行。

張立文：離利占問，享祭。

金景芳：人所麗，利貞正，得正則可亨通。

傅隸樸：戒人以其聰明附正道，才能亨通。

徐志銳：太陽附麗天，重明之德附正道，柔附中正故亨。

朱邦復：正亨，火燥，宜自養柔順之氣。

離，从卦義說：火也，性炎上，附物後形。（蘇）

日也，麗天、君明上下，明照四方無不見。（玄等）

離臣道，所麗正乃亨。（張根）

離德明外禮也。（李衡引）

明而養正乃亨。（李光地）

重明猶言聖益聖。（項）

化火燥性炎盛，忿類突如焚如。（折中）

離干公正位，二世子象。（馬、曹）

離卦从離字義發揮者：

麗附也。似婦人不預外事。麗天麗土。（疏）

離隔也。悲歡離合無日不展轉其中。（吳汝綸謂訓別離者非）

午爲離麗，陽氣茂。木火德孝。（楊樹達）

離黃，倉庚也。又离，山神獸也。（胡．徐）

通羅、指遭禍。（李鏡池）

通儷，蒞，男女蒞會攜手成好事。（徐世大）

離卦从爻義說卦者：

一陰中二陽防閑。（梁寅）

離中虛，始健，陰貫中柔剛而文明也。（陸）

二正五不正；五中二中正；易位故亨。（梁等）

以上三說，祇能大體言之：

離卦，陽氣茂，木火炎上，又如日中天明無不見，爲君上者，爲王公者，爲世子者，爲婦人者均須利正，君王察察非明，婦人預外事皆似明實蔽明，不正，正乃亨。

「婦人預外事」乃自太古婦女讓出權力，男性聯手既得利上著書立說，訂法律，導風俗，使之三從四德，無才便是德成爲全民共識，天經地義者，甭詬病今是昨非，蓋社會結構自然進程也。今日婦女其有共識，發動性罷工，令男人一天不交出權力則一天不給男人乳喫，一天不廢三從四德，則拒絕爲其生育蕃衍。烏托邦也，行不通也！今婦女選票多過男性，有婦女提出呼籲投婦女票，亦可奪權，亦可奴役男性。今社會結構已鬆動，家事婚前已分配妥當，治國治家，陰盛陽次，「婦人預外事」可當作今古奇觀也。整個易經結構亦今古奇觀也。

畜牝牛，吉。

荀爽：牛者土，火生土，離陰，牝陰故畜牝牛吉矣。

王弼：柔處內履正中，牝之善也，外強內順，牛之善也。

孔疏：離柔正，二五陰。外強內順，故畜養牝牛得吉。

程頤：牛性順又牝，順至，人順德，由養以成也。

張浚：坤二五來居乾中曰牝牛，二陽畜之曰畜牝牛。

朱震：坤牛順，二陰居陰爲牝牛至順。畜，養也。

項安世：牝柔牛順，坤象。離二五附乾故爲牝牛爲畜養。

楊萬里：養正養柔乃吉，中六五，正六二，坤母，畜養也。

朱熹：牝牛柔順物，故占者能正則亨，畜牝牛則吉也。

吳澄：象牝牛繫養于牢也。

梁寅：牝牛柔順，一陰居中，二陽防閑，柔不過越亨吉也。

來知德：牛順，牝順之至，畜牝牛養順德，消炎上燥性也。
王夫之：畜聚養之，牝牛順之至，陰任陽，陽盡其才也。
折中引：坤牛、離牝牛，中順則不突。
李塨：離中畫坤牛，陰位爲牝牛，順不燥吉矣！
馬通伯引：離火性烈，養順德則吉。
丁壽昌：左傳卜楚邱日純離牛，九家易離牝牛，說卦坤牛又子母牛。虞斥離牝牛爲俗說，失之拘。
星野恒：畜牝牛吉，有柔順知所從象。
李郁：二柔爲初三兩陽畜，故日畜牝牛吉。
胡樸安：喻畜牝牛吉也。
高亨：畜牝牛吉者，古祭牲特畜之。祭義擇毛卜然後養。
李鏡池：畜牧之占。畜牝牛爲繁殖。皮製戰具講戰爭問題。
徐世大：坐實爲筮辭，調侃之意，養母牛好。
張立文：要畜養母牛爲祭品則吉祥。
金景芳：附麗正必須正道如牝牛則吉，畜牝牛養順德。
傅隸樸：用牝牛柔順任重之德來培養自己的忠貞。
徐志鋭：畜養柔順德性而后用，其用不窮，无往不通。

畜牝牛非爲祭也，祭以騂角赤犢爲上，未有牝牡之情，以小爲貴。若孕弗食，祭帝弗用。斯爲禮記郊特性言。尙書舜典歸格于藝祖，用特。屈萬里注「特，牡牛一隻也。」爲祭而畜需卜然後養。今第言畜牝牛，則知畜非爲祭也。去勢之畜肥碩，今言畜牝牛，又知爲累積財富而繁衍也，李鏡池云畜牝牛爲繁殖，蓋戰具多用牛革製造。畜牝牛即爲皮革及肉食而增產充實資本。易家多謂牛順喻養臣婦順德，德順矣則張王李趙皆可事，人盡可夫，人盡可忠矣！猶莊子寓言「將爲胠篋探囊發匱之盜而爲守備，則必攝緘縢，固扃鐍，此世俗之所謂知也。」（即箱子關鈕鎖鑰也）莊子下文乃要點所在：「盜至負匱揭篋趨，唯恐緘縢扃鐍之不固。向所謂知，不乃爲大盜積者也。」同理向之謂如牛順者，張王李趙不斷易主，无乃太順乎！婦人之順，猶有貞節，節烈鞭策其後，如牛之外強中順，文天祥、史可法之後，可有其人？即顧炎武、王船山亦無法效恥食周粟之伯夷叔齊兄弟，餓死首陽山下，蓋所踐履者莫非清土，所食者莫非清粟也。傳隸樸知易家第以柔順不燥，外強內順，以牛之善，勉臣之善當如是，有其盲點。故拈出「培養自己的忠貞。」蓋牛—不論肉牛、耕牛，載重牛皆缺忠貞之性，只知埋頭苦撐，生爲主人盡力，死亦以皮骨肉血供人食用，本身食之以草具即已感激涕零。佛教禪宗有潙山靈祐禪師曾在堂示衆云：「老僧百年後在山下作一頭水牯牛。」大德高僧、禪門一宗祖落入畜生通，不可思議。讀本生經後，始知前輩大德高僧求生爲牛者，行菩薩道，常行忍辱，佈施其力，持戒素食，故能精進獲得智慧，消舊孽，種福田，如此慈悲喜捨，故爲成佛之必經。本生經南傳五四七則故事中，即有六目爲牛者。牛之德性可知矣！

易經之畜牝牛，不能以佛子之消業障，增福德解，蓋仍依易家意畜牝牛養順德也，畜牝牛因蕃殖而增益資財也，畜牝牛用其勞力也。牛德之利用似有百益而無一害，故日吉、有所得也。是離卦陽茂炎上無不見之性，利光天化日下正正當當行事（利卜亦可）則一切亨通。聚財富可畜養牝牛，亦以牛德自命，百利無害，正當而有所得也，其吉如是乎！

初九、履、錯然，敬之、无咎。

象曰：履錯之敬，以辟咎也。

荀爽：火性炎上，故初欲履錯於二，二爲三所據，故敬之則无咎矣。（集解）

王弼：錯然者警愼之貌。離始將進而盛，故以敬爲務，辟其咎也。

孔疏：離初將欲前進，其道未濟。功業未大，所履恆錯然，敬愼不敢自寧，如此恭敬則避禍无咎。

司馬光：火者始于燄燄而至于不可撲滅者，是以明君慮于未兆，見于未萌，方事之初而錯然矜愼，以避其咎也。

張載：履錯然與之者多也。无應於上，无所朋附，以剛處下，物所願交，非矜愼之甚何以免咎？

程頤：陽固好動，離性炎上，交錯動失居下之分，有咎。若剛明知義，敬愼則不至於咎矣！

蘇軾：六爻以相附，離火性炎上，故下附上，初附二也。柔附剛，寧倨无諂；剛附柔、敬而无瀆、瀆以附、自棄者也。故履聲錯然敬二，以辟相瀆之咎。

張浚：交物莫大於欽。初陽居離有剛明之質。聖人首著謂南面聽天下所履錯然之訓、早致欽、天下服、治不難致。初承二剛柔相際，吁欽尚矣，君天下及士君子修身欽其始。

張根：麗最在下不得不爾。

鄭汝諧：初火微勢欲上行，故所履錯然，上遇六二以剛逼之，二麗中，正得位其可逼哉！必敬斯可免咎！以其微，是可戒之義。

朱震：五踐初履也。初欲麗四交巽，巽爲進退，故其履錯動失正則有咎。安分守正无所麗，是以无咎。

項安世：初邪正錯然並陳於前，一舉足有得失榮辱之機，所以欲其敬未論求福，且欲避咎也。

李衡引陸：錯，交雜貌。履交、二從三、不敢爭、敬之乃无咎。引牧：體剛居下，不能附物，知誤而復則用剛也。引昭素：處萬物相見初，履錯雜時。引房：禮錯雜莫知所從，主敬而過恭語。所謂寧儉寧戚近之。

楊誠齋：初九如火始然，日始旦，錯然璀璨天下不可掩矣！敬者畏以晦其明故无咎。履錯然敬貌、猶云蹴踖盤辟也。

朱熹：剛居下，處明體，志欲上進，故有履錯然之象。敬之則无咎矣！戒占者宜如是也。

趙彥肅：柔乘剛，所履錯然。初九出遇，敬則陰陽合德，不敬則役於物而生咎。

楊簡：離火性躁，履行也。錯然起意每如是，躁性也。敬勿逐，不放不逸，免於咎矣！

吳澄：初趾，剛晝如趾納於履中。初地，以履履地。麗初善惡未別，不可太察，故履錯然雜進者皆當敬之。六二能敬初，故六二无咎，非初之无咎也。

梁寅：初九剛居離初，如火始然，日始旦，錯然璀璨天下不可掩矣！非无咎，敬畏以避之也。

來知德：初九剛居下，明體，剛明交錯，有履錯然象，敬則无咎。履行。錯雜、交錯。剛躁明察交錯胸中，敬則安靜矣。

王夫之：履、始踐其境，錯然，經緯相閒，文采雜陳貌。初九動於下，覩此錯陳大觀，以剛而有爲之才，急於自見，咎道也。位在潛退，敬慎不敢，所以无咎。

折中引胡瑗：錯然者敬之之貌。初生常錯然警懼，進德修業所以免咎。引馮當可曰：日方出，夙興也，錯然敬始，故戒其初。引胡一桂：錯然事物紛錯意，敬則酬應不亂，可免於咎。

李光地：履爲交錯，古者賓入，戶外屨滿，履錯然喻應接煩雜也。敬待則清明在躬，可免咎矣！離剛居初，能敬者也，故因發占戒。兩體晝夜相繼，人能常敬則不昏矣！

毛奇齡：火主禮，禮者履也。人行始履地，五從遯五下初，避尊趨卑，履蹈之間，儀文錯然，敬也。何有于咎！

李塨：初趾，在地爲履，萬物相見，履錯雜而至，以剛爻乾惕，小心翼翼，无不敬，雖有咎，亦辟而免矣。

姚配中案：坎三來之坎坎，上來之三水就下也。離四突如其來，如謂初之四，火炎上也，故履錯然。四失位退居初，故敬之无咎。人賢不敬是禽獸，不肖不敬是狎虎，災及身矣。

吳汝綸：二與初相麗，故有交錯之象。敬此履錯然者也。

馬通伯引陸希聲曰：錯，交雜貌。案：離南方嘉會合禮，初爲士，履錯之敬，士相見禮也，故相見乎離。辟咎得正不化。

丁壽昌：序卦履，禮也；又云有上下然後禮義有所錯。程傳交錯與象傳不合，胡安定敬貌。蘇蒿坪曰初在下變艮爲徑路故曰履。

曹爲霖：此謝元履屐，無不得其任。又韓魏公初仕時，終日汗流浹背，絕無厭倦之容是也。

星野恒：錯然謂交錯，迹之亂也。剛居下，上不應，志欲上附麗，未能遽進而迹已動，故曰履錯然，剛明不進所以无咎。上無應而輕動，附麗無益，必貽之辱，不可不敬愼！

李郁：初足履禮，文勝，人初交有禮則合，敬人斯无咎矣！

胡樸安：錯、逪之借，逘逪也。敬驚戒，又馬駭驚也。置叢棘逘逪鐵蒺藜、對自己有戒心，故有驚駭之行，如此防禦，可以无咎矣！

高亨：錯然黃金色貌。履以黃紃爲之，其色錯然。履貴人所服，敬之乃無咎，故曰履錯然，敬之无咎。

李鏡池：聽到錯雜的腳步聲，肯定出了事，大概發現敵人來犯，大家準備迎擊。由于警惕，終沒事了。敬警戒。

徐世大：男女跳舞腳步錯錯雜雜在動，敬重他，莫怪。

屈萬里：初爻在下故稱履。錯，有文采也。史記趙世家：翦髮文身錯臂左衽。索際錯臂亦文身，謂以丹青錯畫其臂。履錯然有文必尊貴之人，故敬之无咎。
嚴靈峯帛書：初九，（禮）（昔）然，敬之，无咎。
張立文：禮假爲履。昔假爲錯。錯然：警懼，敬愼貌。聞一多錯讀爲踖，驚貌。譯：初九，步履敬愼不苟，又有所警惕則沒有災患。
金景芳：日方出，夙興也，開始動了，始敬則終吉。
傅隸樸：履即行事，敬之便是愼重，言聰明才智之士初入世，一切行動必須存警惕愼重的態度，才得无咎。之，而同義。
徐志銳：初九正是黎明日方出，一天活動剛開始，踐履錯雜事物，要敬愼保證善始善終以辟咎也。
朱邦復：陽居下步履交錯上進。　釋：明進退之道，誠敬則無咎。
林漢仕案：茲輯衆說以見指撝：
象：履錯之敬，以辟咎也。
荀爽：初欲履錯於二，二爲三據，故敬之則无咎。
王弼：錯然警愼貌。離始以敬爲務，辟其咎也。
孔疏：離初道未濟，敬愼不敢自寧，恭敬避禍无咎。
司馬光，明君慮于未兆，事初矜愼以避其咎也。
張載：上无應无朋附，剛處下，非矜愼之甚何以免咎？

程頤：陽動炎上，失居下之分！敬愼則不至於咎矣！
蘇軾：六爻相附，下附上，履錯然敬二以辟相瀆之咎。
張浚：交物莫大於欽，初承二剛柔相際，君天下修身欽其始。
鄭汝諧：初火微，六二麗中其可逼！必敬斯可免咎。
朱震：初欲麗四交巽，巽進退，動履錯失正有咎，安分无咎。
項安世：初邪正錯然，欲其敬避咎，未論求福。
李衡引：錯交雜。禮錯雜主敬過恭，所謂寧儉寧戚近之。
楊誠齋：火始然，日始旦，踧踖盤辟畏以晦其明故无咎。
朱熹：剛居下明體欲上，敬之則无咎。戒占者宜如是也。
趙彥肅：柔乘剛，初遇敬則合德，不敬則役於物而生咎。
楊簡：火燥，履行也。敬勿逐，不放不逸，免於咎矣！
吳澄：麗初不可太察，雜進者皆當敬之，六二敬故六二无咎。
梁寅：初剛居離初如火始然日始旦，非无咎，敬避之也。
來知德：履行，錯雜。剛躁明察交錯胸中，敬則安靜矣！
王船山：始踐文釆雜陳，急自見咎道。潛退敬愼所以无咎。
折中引：日方出，夙興也，錯然敬愼故戒其初。

李光地：履舄交錯應接煩雜，人能常敬則不昏矣。
毛奇齡：火主禮，履也。初避尊趨卑，儀文錯然，敬何咎！
李塨：初趾履，剛爻乾，小心翼翼无不敬，雖咎亦避而免矣。
姚配中：四失位退初，人賢不敬是禽獸，狎虎災及身矣！
吳汝綸：二與初相麗，敬此履錯然交錯象。
馬通伯：離禮，初士，士相見履錯之敬，辟咎得正不化。
丁壽昌：履禮，有上下然後禮義有所錯。程傳交錯與象傳不合。
星野恒：交錯，迹之亂，居下無應，附麗無益，不可不慎！
李郁：初履禮，文勝。敬人斯无咎矣。
胡樸安：置叢棘迻遣鐵蒺藜，有戒心，如此防禦可无咎矣。
高亨：履以黃紃金色，貴人服，敬之乃無咎。錯然黃金色貌。
李鏡池：錯雜腳步聲，肯定出事。由于警惕終沒事。敬警戒。
徐世大：跳舞腳步錯錯雜雜，敬重他，莫怪。
屈萬里：初在下稱履，錯文采，履錯必貴夫人，敬之无咎。
張立文：步履敬慎不苟，又有所警惕則沒有災患。
金景芳：日出夙興開始動了，始敬則終吉。

傅隸樸：聰明人入世，仔警惕態度才无咎。履即行事。

徐志銳：黎明日出踐履錯雜事物，敬愼善始善終以辟咎。

朱邦復：步履交錯上進，誠敬無咎。

林漢仕以爲如嚴靈峯輯帛書履作禮，易序卦傳履，禮也。又禮者履此者也。（禮祭義疏）故即以帛書禮解爻意，易家毛奇齡、丁壽昌、李郁即以火主禮；禮者履也；初足履禮釋爻。錯義，王弼謂警愼；程頤云交錯，易家即在愼、交錯間發揮。來知德、屈萬里謂錯文采雜陳。漢仕以爲錯措也。（論語舉直錯諸枉，鄭本作措）即禮之籌辦，禮之施行（施布）如火之燒。（火之始然），然即燃本字，古然火字。（漢書地理志下集注），然，燒也。從火肰聲。然在此不作語辭，作燃燒。謂初九禮之措辦，施行，如火之始然，如火如荼，雷厲風行之勢即將開展，宜謹愼導之，過猶不及，禮過則諂，禮不及則慢瀆，不諂不瀆不慢恰如其分之敬愼，避過不及之引領社會風俗之厚薄也，當然寧厚毋薄最好。亦爲避免占者之過咎也。敬謂謹愼也。

司馬光以火之始燄解，懼其大燃不可撲滅，是以謂「明君慮于未兆。」未能扣緊履禮之敬。履禮能無諂无瀆但又畏首畏尾，即所謂葸乎！丁壽昌非程傳之交錯，謂與象傳不合。禮之交錯，禮之文采雜陳，何爲與象傳不合？若謂程頤以爻動失居下之分。亦无不是，離即離卦初九也，動則火山旅矣！張浚之謂初剛質，聖人者謂南面聽天下履錯然之訓。以初九，乾尚潛龍，如之何許之以飛龍在天之位之時耶？王夫之言初，位在潛地是也。張又言初承二剛柔相際。際，其濟之音同，必乎民之誤植也，宜乎言「剛柔相濟。」蘇軾言敬二，吳澄言敬初，折中引馮當可曰錯然敬始。姚配中云四失位退居初，故敬之无咎。以爻言爻，是文不離爻爲尙，蓋其時段如朱子言戒占者如是也。以初爲謝元履屐，以初爲履履尊貴之人所服，曹爲霖與屈萬里，又不如馬通伯之言初爲士也。然曹屈之言初，似又比張浚之言聖人南面聽天下降彼一等。

六二、黃離、元吉。

象曰：黃離元吉，得中道也。

鄭玄：離南方，離火，土託位，土黃，火之子，喻子有明德，能附麗其父，文王子發旦是也。愼成其業則吉矣。

王弼：居中得位，以柔處柔，履文明之盛而得其中故黃離元吉也。

孔疏：黃者中色。離者文明，居中得位而處文明故元吉也。

程頤：黃，中色，文明中正之德，上同文明中順之君，大善之吉也。

蘇軾：黃中也。陰不動而陽來附之，故无咎。

張浚：臣麗君非中道莫通，二麗乾陽應五，所麗得中故元吉。黃土，於色爲中。臣德厚道足成黃離之德至矣哉！

張根：傅說之事。

朱震：黃者地中，萬物必有所麗，六二柔，麗中與五合一，得中道、二守正不遷，乘剛不懼，抱德獨照，是以元吉。

項安世：坤六五黃裳元吉、索成離、六二爲黃離元吉。離以明爲主又柔順中正、得中道也。

李衡引牧：離火象附物，若剛附柔，焰猛易燼，四是也。若柔附剛難然，五是也。過盛有衰竭之凶，三是也。唯二柔附柔又得中，且離爲禮而貴中道，應離之元吉也。

楊誠齋：當文明之世，居大臣之位，能以謙柔之德，體中正之道，此其所以獲大吉，爲一卦之盛也。黃者中之色。

朱熹：黃、中色，柔麗乎中而得其正。其象占如此。

趙彥肅：麗於中，天下之至德。

楊簡：黃中、離麗。麗乎中道故曰黃離。火明不入躁爲得中故曰黃離。黃中之道無窮，本明不神，獲大吉固宜。

吳澄：黃，中色。黃裳爲文，在中，離六二之象。

梁寅：離唯二最吉。柔順中正文明，必成文明之化，是之謂元吉。

來知德：六二柔麗乎中，得正故有黃離之象。占者大吉。坤爲黃，離附麗也。以人事乃順不偏，无所處而不當也。

王夫之：黃、能酌文質發其文者。元吉、吉於始也。水相承、源險而流平。火始盛終燼。故坎盛於五，離盛於二。占者得此，當念虛明爲正。

折中引郭雍曰：六二柔麗中正，黄中色，德之至美者，故元吉。引俞琰：日中之離，得中道，蓋離之主爻也。引楊啓新曰：畜牝牛而利貞，六二得之，明不失中正故曰黄離。

李光地：以中德爲明，故曰黄離。日中象，所謂黄中通理，明之最盛者。

毛奇齡：離中女，互巽之末，坤巽順，畜牝牛者指此爻也。坤色黄牛爲土，互巽東南之木生，正南火盛，土名黄離，不大吉乎！

李塨：坤六五黄裳，黄，土中色，二得坤中畫，麗中正非黄乎，不大吉乎！

姚配中案：坤元託位於二，中央土，離，坤中氣，故黄離元吉。

吳汝綸：黄離，與坤黄裳詞同。離者婦人佩飾。

馬通伯引侯果：此本坤爻故黄離，得中道所以元吉。引郭雍曰：柔中正故元吉。引姚永概曰：即坤黄裳元吉，有垂衣裳而天下治之象。

丁壽昌：程傳六二上同中正君，考二五陰无相應之義。郭子和曰離六爻二五爲美，五中非正，二柔麗中正，得其旨矣！九家坤爲黄，侯果此卦坤爻故曰離中道所以元吉也。

星野恒：居中得正，此中正附麗者，故有黄離之象而爲元吉。易道尙中正，宜有元吉之兆，所謂君子依乎中庸是也。

李郁：坤交乾成離，坤土色故曰黄離，二中正故无咎。

胡樸安：耕田所發土氣之光。黃地色，從田古文光聲。黃離，所耕田上設離，當時必多刼奪禾穀事，故設離防之而大吉。

高亨：離本字离，山神獸，蓋黃色，即此文黃离也。此獸能害人，人或見之，輒云不祥，但黃爲吉祥色，是反爲大吉象。

李鏡池：黃離即黃鳥，這是鳥占。離有罹難之意，認爲敵人來犯故占而得元吉之兆。

徐世大：黃離以喻女性在歌舞場中，黃鶯羽美善鳴。黃鶯兒好漂亮。

屈萬里：二五多稱黃（離謂美麗）禮記郊特牲黃者中也。風俗通引黃者光也，離，明也。

嚴靈峯帛書：六二，黃（羅），元吉。

張立文：黃離：⑴說文：黃倉庚。⑵服虔：螭，山神獸形。⑶京房：日赤黃爲薄。高亨：龍也，虹之類，黃霓。譯：六二，出現獸形山神，始便吉祥。

金景芳引程傳：黃，中色，文明中正，美之盛也故云黃離。郭雍云五中非正，二柔麗中正得中道爲離主爻。楊啓新說明不失其中正，故曰黃離。

傅隸樸：黃離爲文明的別名。陰居陰位，不與五應，上交不諂，自下承五上之明而成文明之治，終得大吉。

徐志銳：六二爲日升至中午之離，以柔居中得中道，柔麗乎中正故亨，所以得元吉，故言黃離元吉，得中道也。

朱邦復：正直完美，大吉。象黃色中色，美之盛也。

林漢仕案：黃之義有：土色，位在中央。正色，美也，晃晃日光色，火之子，君之服，天元地黃。蘇軾云黃，中也。又黃爲君。文言曰美在其中。王夫之曰黃者地之正色。離字之義見離卦離，麗也。言離卦之言禮；言離卦之聖人南面聽天下，嚮明而治；言離卦之包犧氏之王天下，作結繩而爲罔罟以佃以漁。則知黃離之所指稱矣！蓋謂六二佐中央天子嚮明而治，制禮而文采天下行天下也。如麗日之經天，無不見，無不覆載也。鄭玄云文王子發旦是也，六二黃離之所元吉也。

茲輯易傳大家弘論於后，俾供同好諮議：

象：黃離元吉，得中道也。

鄭玄：火，土子。文王子旦愼成其業則吉矣。

王弼：履文明之盛而得其中，故黃離元吉。

孔疏：居中得位而處文明故元吉。

程頤：文明中正與上同文明中順君，大善之吉也。

蘇軾：黃中，陰不動，陽來附故无咎。

張浚：二麗乾陽應五，麗得中故元吉。黃土於色爲中。

朱震：二柔守正得中通與五合一，抱德獨照是以元吉。

項安世：坤六五索成離以明爲主。柔順中正，得中道也。
李衡引：二柔附柔又得中，且離禮貴中道，應離之元吉。
楊誠齋：爲一卦之盛，居大臣位，體中正之道，所以獲吉也。
朱熹：黃中色。柔麗乎中而得其正。其象占如此。
楊簡：黃中離麗，麗乎中道，文明不入燥，獲大吉宜矣！
梁寅：柔順中正文明，必成文明之化，是之謂元吉。
來知德：坤黃離麗，人事順不偏，无所處不當也，占大吉。
王夫之：黃能酌文質發其文者。當念虛明爲正。
折中引：黃中色，德之至美。離主爻。明不失中故曰黃離。
毛奇齡：畜牝牛指此爻。南火盛，黃土，不大吉乎！
李塨：坤六五黃裳，一得坤中畫，麗中正非黃乎？
姚配中：坤元託位二，中央土，離中氣，故黃離元吉。
吳汝綸：與坤黃裳詞同。離者，婦人之佩飾。
馬通伯引：即坤黃裳元吉，有垂衣裳天下治之象。
丁壽昌：評程傳二五陰无相應之義。又離六爻二五爲美。
星野恒：居中得正，此中正附麗者。

李郁：坤交乾成離，坤土色故曰黃離，二中正故无咎。

胡樸安：黃離，田上設離，防之而大吉。當時必多刼奪穀事。

高亨：离，山神獸，蓋黃色，能害人。黃爲吉祥大吉象。

李鏡池：黃離即黃鳥。鳥占。離罹難。敵犯占元吉之兆。

徐世大：喻女性在歌舞場中，黃鶯羽美善鳴，好漂亮。

屈萬里：二五多稱黃，離美麗。禮黃者中，風俗通光，離明也。

張立文引高亨黃離爲虹，黃霓。說文黃，倉庚。服虔，螭。

金景芳引郭雍，五中非正，二柔麗中正得中道爲離主爻。

傅隸樸：黃離爲文明別名。不與五應爲不諂。成文明之治。

徐志鋭：六二爲日升至中午之離。

朱邦復：正直完美，大吉。黃中色，美之盛。

人言：「爲學如積薪，後來居上。」至少讀本書若缺胡樸安，高亨，李鏡池，徐世大等四傑，汝將無法興起「長江後浪驅前浪」被逼迫、濃縮、淡化、漂白之感受。後浪壓迫前浪，後浪成主流，惜乎震驚江之兩岸洪峯，置諸易傳海洋，其波濤不能欺前浪，不能如積薪，後來居上也。黃離從吳汝綸謂「離」婦人佩飾後，胡樸安胡說離黃倉庚。又謂黃離，耕田上設離。非以爲防飛禽走獸之礙稼穡，乃防刼奪禾穀之盜匪。高亨則以黃離爲龍霓、虹、山神獸、黃離即黃离。李鏡池以黃離爲黃鳥，離有罹難意，鳥占。徐世大徐說謂黃鶯身好漂亮。喻女性在歌舞場中，黃鶯羽美善鳴。杜甫之「不覺前賢畏後生」，杜公之感喟，想亦今人讀易之感喟！亦將是未來學者之感喟也乎？

鄭玄以離火，五行中木生火，火生土，故土爲火之子。黃爲土故也。依鄭玄意，其造句應離黃，而非黃離。王弼以後，先著墨說黃爲中者，紅黃青白黑各代表一方位也。紅南方、白西方、黑北方、青東方、黃爲中央。紅火，白金，黑水，青木，黃土。更配以天干地支，五音宮商，五德仁義禮智信及膽腎等十經絡，學易者宜知其玄虛庶免迷倒如入五里霧中，此外八卦與五行，如乾兌金，震巽木等及十二經穴濃縮，井榮之附會，其周邊已曉，略之亦无妨也，按表索驥，明其生克免於迷貿而已！丁壽昌評程頤二五陰无相應之義。按程子言：「二居中得正，麗於中正上同文明中順君，明麗如是，大善吉也。」程子並未一應五。乃謂中正中順之同。張浚加字解謂「二麗乾陽應五。」則反成丁壽昌話柄。李塨之坤六五黃裳、二得坤中畫……馬通伯引謂即坤黃裳元吉，有垂衣裳天下治之象。查論語：宗廟之事，如會同端章甫，願爲小相焉。」注引正義：「上士以玄爲裳，中士以黃爲裳，下士以雜色爲裳。」則六二之黃離不能謂黃裳。蓋黃裳，中士而已也。鄭玄謂坤六五黃裳如舜試天子，周公攝政！離卦之言作結繩而爲罔罟以佃以漁。其六二以中士佐中央天子嚮明而治，始制禮，佈文釆行天下之時也乎？中士之官階無乃太低乎？黃裳元吉，蓋謂母儀天下之時也，故能大吉，六二應仍在草創慶得人之時而已，距垂衣裳而天下治尚有一段時光。況其字爲黃離，非黃裳耶！吳汝綸以離爲婦人佩飾。惜無繼之者謂六二佩黃流離爲飾！離通璃，故謂琉璃。若離以通縭，如嫁女時之親結其縭或褵。則謂裙帶也、非飾。裙帶乃工作時之圍巾。漢書外戚傳：「申佩離以自思。」注離，袿衣之帶也。亦非佩飾。再以掛黃色佩飾若無特殊意義，如初嫁結褵，則如之何下文元吉？是吳說佩飾響應之聲絕也。六二之黃離元吉，其遇同頻率向治之君也，將有一番作爲典範天下即所謂嚮明而治耶？

九三、日昃之離，不鼓缶而歌，則大耋之嗟，凶。

象曰：日昃之離，何可久也。

孟喜：日佰之離。（說文）　京房作則大絰之嗟。（釋文）　七十日耋。（釋文引馬融）

荀爽：初爲日出，二爲日中，三爲日昊，以喻君道衰也。（集解）則大耋之差。（釋文）

鄭玄：艮爻也，位近丑，上値弁星，似缶。詩云坎其擊缶則樂器亦有缶。　年踰七十也。麗，王公也。（釋文）

王肅：八十曰耋。（釋文、集釋引云年八十也。）

蜀才作大咥之嗟。（釋文）

九家易：鼓缶者以目下視，離爲大腹，瓦缶之象，謂不取二也。歌者口仰向上，兌口向上取五也。日昃向下，不取二取五則上九耋之、陽大、差謂上，被三奪五，憂差窮凶也。火性炎上，故三欲取五也。（集解）傳象：日昃當降，何可久長，三當據二以爲鼓缶，今與四同取五，故不鼓缶而歌也。

王弼：嗟憂歎之辭。明將沒，故日昃、若不委人養志无爲，則至耋老有嗟凶矣！故曰不鼓缶而歌則大耋之嗟凶也。

孔穎達：處下離終，其明將沒，故云日昃之離。時已老耄當委人自取逸樂。不委人則是不鼓擊其缶而爲歌，至於大耋老耄而咨嗟，何可久長，所以凶也。

張載：朋正將老，離過于中，故哀樂之不常其德，凡人不能久也。人向衰暮則尤樂聽聲音，蓋留連光景，桑榆之暮景不足則貪爲樂，惟鄭衛之音能令人生此意。易謂不鼓缶而歌，則不耋之嗟凶。

程頤：八純卦皆有二體之義：離一明繼照。居下體之終，前明將盡，後明當繼之時。故爲日昃之離，昃則將沒，常道也。缶常用器，鼓缶歌樂常也。常理樂天！不達則恐恆將盡之悲，乃大耋之嗟，其爲凶也。

蘇軾：火得所附則傳，不得則窮。陰陽相資也。九三、九四不得其傳而遇窮，如日月之昃，如人之耋。君子鼓缶而歌，安以俟命。不然咨嗟不寧，則凶道也。

張浚：過中日昃，不可久。九十曰耋。君子學貴知道、知物理之常，无往不樂，心定志不喪，孔子不知老之將至，安有耋之嗟？中虛爲缶，互兌爲歌，三剛失虛致戒。

張根：過分而不能退故。

鄭汝諧：過中則昃，昃則亡。近之鼓缶而歌，惜哀暮而樂，若不樂則嗟大耋之復哀矣！以過中、秉心无常也。

朱震：離日，在下昃，三明盡當繼之際故曰日昃之離。缶常用之器，歌之樂其得常，離腹變坤爲缶，艮手擊鼓缶，兌變震體離，口舌動有聲，成文歌也。昧不知變，不鼓缶而歌，至大老失應而憂嗟也。九十曰耋，陽爲大。君子委順不以生死累心。

項安世：日既昃矣，不動而求樂，坐而待憂。九三動震，震爲鼓爲聲。互坎爲缶，繫缶之聲，鼓缶而歌，古樂也。詩陳風嗟下无凶字。

李衡引牧：禮過中則煩，必節之以質；樂過盈則倦，必和之以聲。以陽居陽爲煩，過離之中爲盈。引胡：堯倦舜代，故免大耋之嗟。

楊誠齋：九三下卦之極故爲日昃，爲大耋。離日，九老陽，三不中故昃。子於是日哭則不歌。九三歌未畢而嗟，哀樂不類何也？年過而耋，位過而昏，如日昃能久乎？

朱熹：重離之間，前明將盡故有日昃之象。不安常以自樂則不能自處而凶矣！戒占者宜如是也。

趙彥肅：離中虛爲缶，日昃象。老景達者，安於死生之變，昧者嗟時之不久，故凶。

楊簡：離日，三過中，日昃之離，將老之象。血氣之衰散，愚者執此，壯喜老憂；明者知性本無體，不執血氣，不立私如日月常明，血氣衰老聚散不足動其心也。

吳澄：三下卦之終，人位，故日在三爲昃時，如人之老，光景垂盡。變柔成震，鼓聲，二三四缶象。艮少男，返老還童象。八十曰耋，九三下卦終，陽氣盡故大耋。二三四倒兌，歌嗟兌口。此爻將死之象。變復少而生象。故凶。

梁寅：三下離終，乃日昃時，三處日夕而過剛不中，時去志荒，故不鼓缶歌則大耋之嗟，哀樂失常，能无凶乎！君子固不暇歌矣！亦何至於嗟乎！

來知德：變震爲鼓象，離大腹、缶象。兌、歌嗟象。鼓缶樂其常。八十日耋，喜歌憂嗟。重明之間，故有日昃象。樂天知命，達者之事，若徒戚戚大耋之嗟，何凶如之，故戒。

王夫之：以剛居剛，進爻，前明垂盡，不能安命，嗟日暮途窮，倒行逆施者也。大耋之嗟，豈以憂道哉！富貴利達、名譽妻子不忍忘而已！知不可久則鼓缶而歌可矣！

折中案梁寅說獨得爻義，蓋日昃者喻心之昏，非境之變也。

李光地：三日昃之象，口過中則昃，喻人德衰向昏也。君子常明不昏，時有消息，志無盛衰，凡人非鼓樂則嘆老悲傷，哀樂無常，是向昏之驗。哀徵及故其占凶。

毛奇齡：初日出，二日中，三日昃，石火電光，人生行樂故曰何不日鼓缶，今不樂逝者其耋矣，嗟何及矣！擊即鼓，耋者八十之稱。

李塨：三日昃，年歲已晚，心智將耄，宜修身以善其終，乃或爲不久不如行樂，鼓缶而歌，不憂不久，大耄之嗟，不其凶乎！二者皆冀久之念誤，四時之序，數固然矣！

孫星衍：釋文日昃，王嗣宗本作仄，（按）說文引作𣅡。鼓，鄭本作擊，耋，京作絰，蜀才作咥。之嗟，荀作差凶。古文及鄭無凶字。

丁晏：釋文王本作仄。案尚書無逸釋文昃，本亦作仄。即昃省。說文𣅡，日在西方時側也，从日仄聲，引易日佰之離，大徐曰今俗別作昃，非是。

姚配中案：昃，日在西方時側也。三應上，上失位，化成豐，所謂日中則昃，月盈則食也。火性炎上，九三日昃之離麗上也，四化互震爲鼓，坤土缶，兌口嗟，陽老於九，故稱大耋，失位故凶。

吳汝綸：依鄭及古文滅凶字。離謂日。荀云初日出……三日昃，不鼓則大嗟，言不如此則如彼。鼓歌及時行樂之恉。

馬通伯：說文引易佰日在西方時側也。案：此言當歌也。今不歌而嗟，是不能致樂以治心，乃向昏之驗也，何可久乎！詩云子有鐘鼓弗鼓之謂也。

丁壽昌：昃王嗣宗作仄。鼓鄭本作擊。耋，馬云七十，王肅云八十，何休六十，昌案說文年八十曰耋。京作絰，蜀才作咥。古文无凶字，唐石經有凶字，唐人不從古文。荀慈明三日昃喻君道衰。吳草廬三變柔成震，爲鼓爲聲。

曹爲霖：來氏曰缶常用物，鼓缶樂其常也。貧賤無絲竹，惟即席所用之物，達者事也，若不能安常自樂，徒戚戚於大耋之嗟，非無益，自速其死耳，何凶如之！

星野恒：日下昃，缶瓦器，八十曰耋，居下上過中傾沒，日離故日日昃之離。當安其朴素，不然徒嗟大耋之將及，則不免凶！

李郁：三內離之末，日中則昃，暮近，曠達者鼓缶而歌，愴懷者徒嗟老之將至，自傷遲暮，來日已無多也故凶。

楊樹達：風俗通易稱：日昃之離，不鼓缶而歌。詩云「坎其擊缶，宛丘之道。」缶者瓦器，所以盛漿。秦人鼓之以節歌。

胡樸安：日昃將晚也，離，防禦之人。鼓缶，擊柝類。將晚時，防禦之人不鼓缶，游戲而歌也。少年游戲，老人嗟歎，如此防禦，凶不可久。故象何可久也。

高亨：离爲山神獸，古人日昃見离，以爲不祥，必鼓缶而歌厭之，若弗厭則禍主大耊之人，而大耊之人悲歎矣！（吾鄉夜聞狼嗥輒云里將有喪亡，群擊盆厭之，蓋古遺俗）

李鏡池：黃昏敵人突襲，動員高叫，吶喊抗敵，老人們有心无力，只好在那裏嘆息。

徐世大：日晚約會，不敲瓦盆唱歌了；老先生們在嘆氣說不中用了。

屈萬里：日昃之明，言若不鼓缶而歌，則老至而徒興歎也。此與詩山有樞：「子有鐘鼓，弗鼓弗考，宛其死矣，他人是保」同義。馬融七十日耋。鼓，釋文鄭作擊。

嚴靈峯帛書：九三，日（禝）之羅，不鼓（垢）而歌，（即）大（絰）之（詀），凶。

張立文：日禝之羅：疑禝彌，瞢等十煇中之一相同。謂日偏西無光，日食時象。朦禝音近相通。垢爲缶異體字。即，則也。大絰之詀，絰耊音近而通，老汎稱。詀嗟通。譯：九三，日昃時昏暗無光，若不擊缶哀歌則老人悲歎，有禍殃。

金景芳引梁寅說：三處夕而過剛不中，志荒矣，故不鼓缶而歌，樂之失常；大耊之嗟，哀之失常。哀樂失常，能无凶乎？這解釋是好的。

傅隸樸：日昃過午西斜，喻一個年德將衰的人，不肯及時引退，退讓賢路，去鼓缶而歌以樂餘年，勉強任事，自我虐待，貽誤國家，九四兇殘，豈不是九三應負的過失？

徐志銳：九三下卦之終，有日過午西斜象。今日落、明日又出，曉得日出落不停運轉之理，就可泰然處之。

朱邦復：事有興衰，人有終始，若不知把握機會，事後婉惜，凶。　象：太陽西墜，人生必老，若不能歌詠盡歡，老至則嗟嘆不已之象。

林漢仕案：日昃之離。九三、九四、大卦謂得中也，謂六爻之中也。毛奇齡坎卦之辭云「大傳二至五爲中。」外圍尚有初上也。今九三爻辭逕著日昃，則其上下卦分別批判也乎？荀爽以初日出，二日中，三日昊。如何處上卦？豈初四應，四日出之麗；二五應，五日中之附；三六應，六爲日昃乎？各家多帶過，奢談向昏之嗟，哀樂失常。設三之嗟日暮途窮爲是，則六爻相雜，唯其時物也，文王何必重卦？繫辭又何必言天道，人道，地道兼三材而兩之，故六，六者三材之道也？二四同功而四多懼，三五同功而三多凶，五多功，初難知，上易知，皆六爻並敘、至三而絕，則四多懼，五多功，上易知可以勿論矣！言二多譽，三多凶，四多懼，五多功，又知三之多凶故値日昃以喻之也，非是離之至三而金烏西沉，四而後玉盤取代乎？李光地論六爻辭稱名之異言：「離諸爻皆不言離，惟二三言離，諸爻皆直昏夜及昏明之際，惟二三直日中與日昃也。」離前明盡，後明繼。則四昏始曉，炎始進（王弼言）李光地謂四暗暮之象。不類初之燄燄炎上，日又方出也。司馬光云九四若火方熾，楊萬里言內外重火故其興暴。九四非暗暮之象矣！六爻固疑所以卜之進程也，九三其值六爻進程之一，其至六三而暮昏者蓋象也。能解釋其象所以然者，程子有交代。程頤謂八純卦皆有二體義，前明故爲日昃，昃將沒，常道也，後明當繼之時。如此則大耋之嗟，凶也，知六三時之遭遇蓋將如是。茲輯前賢論點，摘其要以見其恉也：

象曰：日昃之離，何可久也。

荀爽：三日昃喻君道衰，則大耋之差。

鄭玄：樂器亦有缶。年踰七十也。麗王公也。

王肅：八十日耋。

九家易：取五則上九耆之，嗟謂上。三奪五憂差窮凶也。

王弼：明將沒，若不養志无爲，則至耋老有嗟凶矣！

孔穎達：離終明將沒，當自取逸樂，不委人則是不鼓缶而嗟。

程頤：前明盡後明繼，不達則恐恆將盡之悲，其爲凶也。

蘇軾：三四不其傳而窮，如日月之昃，如人之耋嗟不寧。

張浚：學貴知道，孔子不知老之將至，安有耋嗟？

鄭汝諧：過中則昃則亡。以過中，秉心无常也。

朱震：日在下昃，不知變至大老失應而憂嗟也。九十耋。

項安世：三動震爲鼓，互坎缶，不動、坐憂。詩无凶字。
李衡引：堯倦舜代，故免大耋之嗟。
楊誠齋：九老陽，三不中故昃。年耋位昏，如日昃能久乎？
朱熹：前明將盡故日昃象，不安常則不能自處而凶矣，戒占者。
趙彥肅：老景達者，安於生死之變，昧者嗟時不久故凶。
楊簡：三過中日昃將老象，愚者執此，壯喜老憂。
吳澄：人位昃時，三陽氣盡故大耋，此爻將死象故凶。
梁寅：三處日夕，時去志荒，哀樂失常，能无凶乎！
來知德：樂天知命達者事，若戚戚大耋之嗟，何凶如之！故戒。
王夫之：前明盡不能安命，嗟日暮途窮，倒行逆施者也！
折中引謂日昃喻心昏，非境之變。
李光地：喻人德衰向昏也。君子常明不昏。衰徵故占凶。
毛奇齡：石火電光，人生行樂故曰何不鼓缶。耋八十。
李塨：三歲晚，心智將耄，宜修身以善其終。
孫星衍：日昃，仄，說文作𣅳。鼓、擊。耋經咥嗟差。
丁晏：仄，昃，𣅳从日仄聲。大徐曰俗作昗，非是。

姚配中：九三日昃麗上，四化震鼓，坤缶，兌嗟，失位凶。

吳汝綸：不鼓則大嗟，言不如此則如彼。鼓歌及時行樂之恉。

丁壽昌：昗，王嗣宗作仄。

鼓，鄭本作擊。

耋，馬云七十，王八十，何休六十。說文八十。京作絰，蜀作咥。

古文无凶字，唐石經有凶字。

荀三日昗喻君道衰。吳草廬三變震爲鼓爲聲。

曹爲霖引鼓缶樂常。徒戚戚耋嗟，非益，速其死耳！

星野恒：八十耋，安其朴素，不然徒嗟大耋將及，不免凶！

李郁：暮近，鼓缶歌，自傷遲暮，來日無多也故凶。

楊樹達：缶所以盛漿，秦人鼓之以節歌。

胡樸安：日昃將晚，鼓缶、擊柝，老人嗟歎，凶不可久！

高亨：日昃見山神獸不祥，鼓缶厭之，大耋之人悲歎！

李鏡池：黃昏敵來襲，吶喊抗敵，老人無力只好嘆息！

徐世大：日晚約會，不敲盆唱歌，老先生嘆不中用了。

屈萬里：與詩山有樞同義。言日昃不歌，老徒興歎也。

張立文：日昃暗無光，不擊缶哀歌，老人歎有禍殃。
金景芳：不鼓、樂失常；耋嗟，哀失常，志荒失常，无凶乎。
傅隸樸：日昃喻不引退讓賢，勉強任事，四兇殘三應負責！
徐志銳：日過午，日落日出，曉得其理就可泰然處之。
朱邦復：事有興衰，若不把握機會，事後婉惜，凶。

人生非至大耋即日暮途窮！姜子牙垂老始發跡。古堯舜帝吾儒者所崇，堯立七十年得舜，又二十年而老，九十矣，令舜攝行天子政，再二十八年崩。皇甫謐云堯凡年百一十七歲。孔安國云堯壽百一十六歲。舜年六十一代堯踐帝位，踐帝位三十九年崩於蒼梧之野。舜年恰滿百。禹立至崩于會稽，皇甫謐曰年百歲也。如離九三日昃離，不鼓……則大耋嗟，鄭謂耋七十，王肅八十，張浚曰九十，何休謂六十。準以上年齡即謂如日昃，歲晚，心智將耄，德衰向昏，自傷遲暮，來日無多，則堯無天，舜无日之美譽矣！彼堯者立七十年，時年八十六，尚烝烝於治，為天下得人，經二十年考核始交棒令代；舜六十一代堯、八十三亦汲汲覓才，為天下得仁，豫薦禹於天，又十七年始禪讓。彼堯舜者，以耄耋高齡，為天下蒼生是圖，憂樂天下，何暇念死乎？蒼生在，不忍死也！今易家之從大經（咥，耋）之䏲（嗟，差），悲從中來，或言宜及時而樂，庶免大耋之哀；或以孔子不知老之將至自勉；或以「安以俟命。」莊子有相忘以生。以生為縣疣，死為潰癰。正類佛家之生死觀，夫如是，生亦何所喜，死亦何所悲！死生哀樂相忘乎於世矣！生來不能卻，其去不能止，莊子要人死生不入乎其胸中，看來是難。佛家之了脫生死，進入涅槃不再輪迴十分理想，奈何你我都遊於方內，具七情六欲。對生命之期許不如堯舜之無私奉獻，致或未老先衰、志衰、身衰，「行樂須及時，何能待來茲。」今時俗言「我倆沒有明天。」如是，何必六十七十之耄耋，即二十三十已大耋矣！九三之離，蓋對人生無期許，對社會不欲回饋反哺也，故上下卦合始完整之文王重卦而單拆之，以下卦言六三日昃之離，何可久也！六三即興耄耋之嘆，豈非「見落日而思暮年」乎？而時值英年而悲秋，悲年華不永，斯之謂哀莫大於心死也！未經一番寒徹骨，未經磨鍊之太平青年，心志脆弱如此，能無凶乎？希臘哲學言「唯有身習於勞苦，其心始能富有。」可爲本爻黽！

九四、突如其來如，焚如，死如，棄如。

象曰：突如其來如，无所容也。

京房作㐬如其來如。（晁氏）

荀爽：陽升居五，光炎宣揚，故㐬如也。陰退居四，灰炭降墜，故其來如也。陰以不正居尊乘陽，厤盡數終，天命所誅，位喪民畔，下離所害故焚如也。離入坎故死如，火息灰損故棄如。

鄭玄：震長子，爻失正。又互體兌，兌爲附決，子居明法之家而無正，何以自斷？㐬如，震失正，不知所如。巽爲進退，不知所從！不孝之罪，五刑莫大焉！若如所犯之罪，楚如，殺其親之刑。死如，殺人之刑。棄如，流宥之刑。

九家易傳象：在五見奪，在四見棄，故无所容也。（集解）

王弼：明道始變，昏始曉，沒始出，故曰突如其來如。明始進，炎始盛，故曰焚如。逼近至尊，履非其位，進盛炎上，命必不終，故曰死如。无應无承，衆所不容故曰棄如。

孔疏：三昏四曉、三沒四出，突然而至故突如其來如。欲進其盛焚炎其上，故云焚如。命必不全故云死如。違離道无應无承，衆所不容，故棄如。象云无所容也。

司馬光：突者子之不順者也。火性炎上，九四剛乘剛，不正陵上，若火之方熾，來盛，極必衰，故死如棄如。死者禍之極，棄者衆所不與也。

張載：處多懼之地而乘剛，危无所容，三剛不可乘，五正不見容。

程頤：繼明之初，剛躁不中正，重剛不正，突如其來，失善繼之道，承五柔君，剛陵氣焰如焚，如此必被禍害故曰死如。失棄逆德，衆所繼絕，故棄如。禍極假言凶也。

蘇軾：三附四，人莫附，皆窮。三窮咨嗟，四見五可欲，故突如，焚如，五拒不納，故窮无所容。夫四欲得五，是與上九爭。上九離之王公也，是以死而衆棄之也。

張浚：四重離重剛不中，悖理違道，陵犯莫知止，棄安靖福，蔑忠義訓，何所容於天地間！互巽體巽，爲木爲風，木火風行，突如其來如焚如也。火出木盡死如棄如也。

張根：主弱臣強，王敦之謂。

鄭汝諧：五柔居上，四逼之故突如其來，且焚如也。焚而不戢將自焚矣！故有死如棄如之禍。

朱震：重剛不中不當位，于凌父突也。言逆德也。巽木得火，焚如也。火王木死，死如也。下反目視，棄如也。言不容於內外。四不善繼求繼者。易傳曰禍極凶不足言。

項安世：九四突如其來，爲九三既老，前明將盡，急於求繼爾。九四逆子也，天地所不容故焚如死如棄如，无所容也。繼非承憂，不以得位爲樂，曹丕受禪抱辛毗頸曰君知我喜否？識者知魏祚不昌！

李衡引房：戾太子之象。

楊萬里：內外重火故其剛暴，其來突然。下九三剛強不可入，上六五中正不可犯，此其火必至若燼而死，若灰而棄。進退无所容也。

朱熹：後明將繼之時，九四以剛迫之，故其象如此。

趙彥肅：炎上侵五故戒之。深不然如日再升，日新其象也。

楊簡：五大君，四炎上爲暴爲躁，突然來犯，天下共憤，故繼之可以焚而死，死而棄之也。言無所容天地之間也。

吳澄：突如當取火象，三四當繼明之時。三傳繼不善。三接手，四如火氣出突，新火下來逼三，猛烈如火之焚，繼承不善，必身殞國亡，九四變柔成坎、成艮、火入水滅、死也。火滅成灰歸艮土，棄也，其安慶緒朱友珪事乎！

梁寅：前明已盡，後明將繼。昏復明、衰可盛。聖人於圖治戒躁。九四大臣，輔弱君，迫以剛而不正，凶突如其來，其焚、其死、其棄、非无故之禍，自取焉爾。

來知德：離中虛竈突象，三火上四，四火又發，五中居尊，四火不敢犯，故必焚死成灰，棄而後已！如助辭。四不中正，兩火交相接，不能容于其中，占者凶可知矣。

王夫之：前明甫謝，餘照猶存。失位之剛，遽起乘之，羿莽是也。占此者，小人雖盛，可勿以爲憂也。

折中引章滿曰：明人猶火木。火，焚木；九四不中不正，剛氣燥暴，明，害人，其害若此。　引何楷：四處上卦之始，似火之驟烈。案：章氏何氏燥暴驟烈者得之，不能以順德養其明之過也。

李光地：四暗暮之象。至昏所迫，不能安詳堅定狀。天理熄、人欲熾，如日入則火用事，昏者自燼者多矣！故或趨一時之利而蹈害，或狗忿忘身，皆昏極妄至，凶甚矣！

毛檢討：四以火繼火，厝火下通上，有如突竈囪、上火接下火，巽風揚之，火附物反焚物，物焚火亦無所容，焚之物死棄，火失所麗如死然棄然，膏以明自煎，火以焚自滅，誰爲爲之？四居兌中，澤金爲火滅，澤又足滅火象。

李塨：四不中正，火繼火有如突然，四陽居互巽風揚燎，如焚然，膏以明自煎，火以焚自滅，如死然，如棄然。

孫星衍：（按）唐石經棄作弃。

姚配中案：突，突出，其初，火性炎上，故如初之四，爲四所焚，故焚如，四互兌澤滅火故死如，初不能復反故棄如，此初不可不敬，必愼所履也。

吳汝綸：五麗于四，故有突來之象。四不能制五則無地自容，故爲焚死棄之象。鹽鐵論云處非其位，行非其道是也。

馬通伯引鹽鐵論云：處非其位，行非其道。引劉牧曰：離火象，焰猛易燼，九四是也。案：離在地火，在天日。養百木是孝，焚山林是不孝。五出涕沱若是孝，四失正不孝，繼體之時，變故多端，爲法爲戒，其義大矣！

丁壽昌：周禮凡殺親者焚之，如淳曰焚如，死如，棄如者謂不孝子，不畜于父母，不容于朋友，故燒殺棄之。易突如當作𠫓，假借作突。蘇蒿坪曰焚取火象，死如死灰之死。

曹爲霖：來氏曰此爻暴秦似之，始皇舊火，二世新火，故至死棄而後已！三舊火，上四不能回三，四新火又發，必至焚死成灰，棄如而後已也。

星野恒：剛不中，下無應，強求附麗故曰突如其來如，人心不服必招咎故曰焚如死如棄如，不待言凶也。

李郁：四重離隔絕已甚，進五成家人，上降五突如其來，令四不得進，備嘗棄家之苦，兩火交迫故焚如。重剛死如。無應無承棄如，占不言凶而凶極矣！

楊樹達：鹽鐵論：然攝卿相之位，不引準繩以道化下，於於利末，不師始古，易曰焚如，棄如。處非其位，行非其道，果隕其性，以及厥宗。

胡樸安：九三怠於防禦，劫奪禾穀之人突如其來也。焚如者禾穀廬舍被焚也。死如者禦者死也。棄如者，一切被敵人拋棄也。游戲不防而歌，廬金被焚，無所容身故象无所容也。

高亨：突借字，㐬本子，古不孝子突出不容於內。如猶焉。來者，被出之子復來家也，焚死棄者施於不孝子之刑。不孝子既逐復來則焚焉、死焉、棄焉。（流宥之刑）

李鏡池：敵人另一次突襲，衝過來燒殺，抓到小孩就摔，殘暴得很，使被襲一方遭了一場大災難。

徐世大：啊唷！慢慢交嗟！像火在燒，像要死，像丟了東西。

屈萬里：突，京鄭荀說文並作㐬，說文又作𠫓。突如其來也暴，疑於寇賊，故焚死而棄之。

嚴靈峯帛書：九四，（出）如來如，（紛）如，死如，棄如。

張立文：出突音近相通。通行本突如下有其字。紛假爲焚音近相通。棄如猶言破壞。譯：九四敵人突然衝過來，燃掉房子，破壞了村子。

金景芳：明兩作，下卦盡，上卦明又繼，這繼續是突如其來。程傳重剛不正，剛勢突如其來，非善繼者也。所以才有焚如，死如，奔如之象。

傅隸樸：如，都是語助字。三四兩陽如火上加火，突然燒來，火來焚物故焚如，焚盡火熄故死如，灰燼故棄如。又四不承五，柔君有焚如之懼，四不免死故死如，初不應四故爲初九棄如。

徐志銳：九四不正，新君比日，九四爲君父將死，迫不及待跳出來附著王位，故言突如其來如。奪位不孝，天人共棄而焚燒致死。天人不容，則死无葬身之地了。

朱邦復：世事變化疾速，常令人措手不及，禍之極也。象：下體之火炎上，其來也速，先焚之，焚則死，死則棄。

林漢仕案：九三前明將燼，九四繼明續來。爻文突如其來如、焚如、死如、棄如。象總評為「无所容也。」何為不容？鄭玄以「五刑之罪莫大於不孝。」王弼云「衆所不容」蘇軾曰「窮无所容。」張浚、項安世皆謂何所容於天地間。梁寅謂禍自取。來知德云兩火交相接，不能容于其中。李塨云「膏以明自煎，火以焚自滅。」吳汝綸云：「四不能制五則無地自容。」馬通伯、丁壽昌回頭護漢易，以四失正不孝，不畜于父母、不容于朋友。象謂无所容，何為无所容？

鄭玄之謂不孝也。（五刑之罪莫大于不孝）

蘇軾云窮无所容。

梁寅云禍自取。

來知德云：兩方交相煎，不能容于其中。

李塨：膏以明煎，火以焚滅。

吳汝綸：四不能制五則無地自容。

來謂兩方交煎，煎者火也，我即是火，豈懼焚哉？猶坎水，我即是水，豈懼深乎？李塨之膏以明自煎，必犧牲奉獻也，所謂燃燒自己，照亮別人也。如是焚如棄如，无憾矣！蓋死得其所也。吳汝綸之四不能制五，於六五又言五乘四故涕嗟。四強五弱勢明，不能制五則無地自容說似不能成立！

為明全體計，錄輯衆議以見一斑：

突如，京，荀，鄭皆作㐬如，

荀爽：陽升五故㐬如，陰退四故其來如。陰不正居尊故焚如，入坎死如，火息灰損故棄如。

鄭玄：震失正不知所如，焚如殺親、死如殺人，棄如流宥之刑。

九家易：在五見奪，四見棄，故无所容也。

王弼：昏始曉故突如其來如，炎始盛故焚如，逼尊炎上故死如，无應无承，衆所不容故棄如。

孔穎達：三昏四曉，突然而至，欲炎上故焚如，命不全故死如，違道故棄如。

司馬光：突者子不順，四乘剛陵上，來盛極必衰故死如棄如。

張載：處多懼地而乘剛，三不可乘，五正不見容。

程頤：剛不中正，氣焰如焚，必被禍故死如，衆絕故棄如。

蘇軾：四見五可欲，與上爭，上九王公，是以死衆棄之也。

張浚：四重離重剛不中，互巽爲木爲風，木火風行，突如其來如焚如也。火出木盡，死如棄如也。

鄭汝諧：四逼五突如其來且焚如，將自焚，故有死棄之禍。

朱震：子凌父突，巽木得火焚，火王木死，下反目視棄如也。

項安世：四急求繼，逆子也。天地不容故焚如死如棄如。

楊萬里：重火興暴，其來突然，不可下上，火必燼死灰棄。

朱熹：後明將繼，九四以剛迫之，其象如此。

趙彥肅：炎上侵五者戒之！

楊簡：四暴犯大君，天下共憤，無所容天地間也。
吳澄：突如，火象。新火逼三如焚，四變火滅歸土棄如也。
梁寅：後明繼，衰可盛，四剛不正，禍自取焉爾。
來知德：竈突象，如助辭，三四兩火交接，不能容于中。
王夫之：四失位之剛遽起乘之，占小人雖盛，可勿憂也。
折中：四氣燥暴，火驟烈，不能以順德養其明之過也。
李光地：四暗暮象。昏者自燼，趨利狥忿忘身，凶甚矣！
毛奇齡：火繼火如突竈囱，巽風揚之，兌金火滅，澤又滅火。
李塨：四居巽風揚燎，如焚、如死、如棄然。
姚配中：突出，初之四爲四所焚。互兌澤火滅故死如。初不能復反故棄如。
吳汝綸：五麗四有突來象，四不能制五則無容故死棄象。
馬通伯引焰猛易燼，焚山林不孝，繼體之時變故多端。
丁壽昌：周禮殺親者焚之。不孝子故燒殺棄之。死如死灰之死。
曹爲霖：來氏曰此爻暴秦似之。四新火發，必焚棄後已。
星野恒：無應強求附麗故突如其來如，招咎故焚死棄如。
李郁：兩火交迫故焚如，重剛死如，無應無承棄如。

楊樹達引：攝相位不引準繩以道化下，易曰焚如，棄如。
胡樸安：刼突來，焚穀舍，禦者死，敵人拋棄無所容身。
高亨：㐬不孝子不容於內，如猶焉，不孝子復來則焚棄焉。
李鏡池：敵人突襲燒殺，抓小孩就摔，殘暴得很，是大災難。
徐世大：啊唷，慢慢交噓！像火燒，像要死，像丟東西。
屈萬里：㐬，說文又作𠫓。突如其來也暴，疑寇賊。
張立文：敵人突然衝過來，燃房子，破壞村子。
金景芳：繼明是突如其來，重剛不正，非善繼者故棄如象。
傅隸樸：三四突然燒來，焚盡火滅，灰燼故棄如。柔君有焚如之懼，四不免死，初不應四故爲被九
棄如。
徐志銳：九四不正，奪位不孝，天人共棄，死无葬身了。
朱邦復：世事變化疾速，常令人措手不及，禍之極也。
查𠫓字古文作[illegible]籀文作[illegible]。古文子从巛象髮也。籀文子囟有髮臂脛在几上。今突如字、京、荀、鄭皆作㐬如，乃子字倒轉，作𠫓，㐬或體。說文通訓定聲注云不順忽出也，从到子。按子生首先出，到乃順，故育，流皆从之會意。易古本鄭注爲不孝之刑。說文引易亦曰不孝子突出不容於內也。皆誤以㐬爲本字而失之。然則朱駿聲氏不以鄭玄以不孝子釋「突如」也明矣！突字今帛書作出，無「

其」字。突爲通行本易離卦九四爻辭。出字經傳之義多矣：猶去也，歸也，姊妹之子爲突，外孫也叫突，進也，謂國外也。去也。吾擇其大歸之女釋出，則突如其來如，該譯作「被休大歸之女回到父母家來也。」父母家人心急如焚，有失顏面，恨不如死去，逃避現實。出作歸解，如國策秦策薛公入魏而出齊女注。以上以帛書「出如其來」解爻。通行本突，字書解：猝也，暫出，唐突，陵觸，相陵犯，不順也，欺也，竄突，穿也，火光宣揚，惡馬也。今易家以火炎宣揚解爻在有荀爽吳澄等。以突爲不順者如司馬光等。來知德選竄突、毛奇齡等附麗之。鄭玄以罪莫大於不孝，以突爲子不孝者多矣，如朱震、項安世、楊簡。丁壽昌更引周禮不孝子燒殺棄之，高亨以爲然，故有「不孝子復來則焚棄焉」說。馬通伯又更引伸離，天日，養百木是孝，焚山林是不孝，四失正不孝！儼然九四不孝子爲正解矣！

如字來知德謂助辭，高亨如猶焉。

四重火又重剛，失位之剛不正，有云逼五求繼，與上九爭。姚配中言初爲四所焚。四无應无承，三不可乘，㐬爲突之或體，本字作𠫓、不順、象所界定之義「无所容」近矣！李鏡池一面解突字爲敵人突襲，又謂抓小孩就摔，是一突字二解，解突襲，又解倒子字謂小孩。徐世大色謎謎解本爻，意淫九四：「啊唷、慢交、像火燒、像要死、像丟東西。」姑名爲徐世大文字性交。易家們正經八百引九四爻辭之焚如、死如、棄如之際，徐文堂堂皇皇謂龍戰於野，其血玄黃，惜稚暉先生有意丟斥不夠徹底也！

九三未習勞苦其心志脆弱，哀莫大於心死之青年，徒興大耋之嘆，九四出如被逐之棄婦，柔位剛居、六親心急如焚、羞死被棄，與四剛愎自用有關也。

楊萬里之「下九二剛強不可入。」離只有六二，豈「下九三剛強不可入」之誤耶？李光地謂四暗暮之象，與一股言離火，離日，離明之象異！四明、因趨利而昏或有之、狥忿忘身或有之，然四火之又發非昏可知。傅隸樸之「四不承五、柔有有焚如之懼。初不應四故爲初九棄如。」將一氣呵成之來如，焚如、死如、棄如、拆開分別指引似不可取！朱邦復者望文生義耳。蓋離卦非至九四而止也，尚有六五，上九。所謂卜以決疑，不疑何卜？卜不會至九四「焚則死，死則棄」而止，則九四之死棄，非眞死棄也，觀六五，上九爻辭可知。

六五、出涕沱若，戚嗟若，吉。

象曰：六五之吉，離王公也。

子夏作嘁嗟若。嘁，子六反。咨慙也。（釋文）

荀爽：出涕池若。六五陰退居四，出離爲坎故出涕池若而下以順陰陽也。（集解）

劉表：目出曰涕，人爲煙所衝則出涕曰沱若。離火衝突烈也。

九家傳象：戚差順陽附麗于五，故曰離王公也。陽當居五，陰退還四，五當爲王，三則王公也。四處其中附上下矣。

王弼：履非其位，不勝所履，以柔乘剛，不能制下，憂傷之深，至于沱嗟，然所麗在尊，衆所助而獲吉也。

孔穎達：居尊位、四逆首、已能憂傷悲嗟，衆之所助所以吉也。

張載：言王公貴人所附，下以剛進，己雖憂危，終以得衆而吉者，柔離中正也。

程頤：居尊守中，有文明之德，柔上，下无助，附麗剛強之間，危懼之勢，明能畏懼至出涕，戚嗟，所以能保其吉。

蘇軾：王公上九，六五上附上九而四欲得，故出涕戚嗟，以明不二也。六五不二於四，則上九勤之矣，故吉。

張浚：明極，九四炎上陵亢之臣，五中虛而明，憂敬治生，虛己用上，專征伐獲吉。離目爲涕，互兌爲戚嗟！

張根：雖非其位，而傳龍之正遭變能戚，終得公侯之助，上九是也，晉成之事。

鄭汝諧：五君道，五辭危，君以柔麗於二剛間，安得不危，知危則吉者，黃離之中，且麗於王公之位也。

朱震：離目兌澤，出涕也。鄭康成曰目出涕，巽爲長沱若也。五失位爲憂戚，兌口嗟若。五柔居尊，四凌突故涕戚嗟。四五相易，上麗王位正，下麗三公用利。據正用利，以順討逆，何憂乎九四哉！

項安世：六五之出涕戚嗟，非九四迫。六五順子也，離王公。嗣位主因當憂畏爲先，如舜之讓德不嗣，禹之稽首固辭之時也。

李衡引陸：柔得中有含章之德，以憂思獲福。引石：居位得中，附上九，上九居卦上有王用出征之象與此相應。

楊誠齋：逼九四之強臣，危矣！然能晦之以柔、明之以剛，始憂終吉。涕嗟、憂之至，沱若之涕、下焚如之威，震突如之勢。此成王閔予小子、管蔡難大之時也。

朱熹：陰居尊，柔麗乎中，然不得其正，迫於上下之陽，故憂懼如此，然後得吉，戒占者宜如是也。

趙彥肅：明極故憂深，憂深故禍弭，又麗於尊位故致吉也。

楊簡：君爲臣陵，柔莫能制，惟出涕沱，又戚嗟若而已！君臣天下之大義，五終不失其位而吉。

吳澄：涕、目液也。離爲目，二三四肖坎爲水爲雨有沱皆象。五心位有戚象。三四五兌口，嗟象。五繼明嗣位者，而聽冢宰，哭泣出涕至沱若，居喪而戚也。嗟若繼父爲悲也。

梁寅：重離之主，迫於上下之陽。明極慮衰，迫陽懼患，憂深至出涕以戚嗟焉。然下有中順之臣，又能畏慎，彼暴者自取死亡而已！五不正致患，憂懼獲吉。

來知德：離錯坎，涕若象。出涕沱若者，憂懼徵于色也。戚嗟若者憂懼發于聲也。五柔居尊，守中有文明之德，附麗于剛，能憂懼如此然後能吉。

王夫之：後明繼前明興，柔居尊，成王即政，嬛嬛在疚，盡仁孝以慕先烈，知艱難而戒，周之所以復明也。

折中引蔡淵曰：坎離用中，二當位，五不當位。引劉定之曰：離者陽躁之卦，惟柔足和，高明克柔，二五同歸吉，以柔而然也。案：五有中德，昏極將明之候，自怨自艾之嗟也。

李光地：有中順之德，故其悔深切至出涕興嗟，如此雖昏必明，雖弱必振，吉之道也。

毛檢討：五坎中坎爲憂，又當重離之目，互兌之口，涕沱戚嗟，時會使然，然而終吉者，彼附麗皆后王君公，處尊高而負艱大，念王室自然流涕，非婦人孤士之泣嘆也。上九殺人，九四自殺，五尚在憂危間。

李塨：六居不位，得中是火將熸，大坎之水出離目，其涕沱，坎加憂，戚嗟若斯，身王公位，處尊，持危挽傾有賴焉，不其吉乎！三嗟凶，五涕吉，易隨時如此。

孫星衍：沱荀作池，一本作沲。若古文若皆如此。戚，子夏作嘁嘁，咨慙也。

姚配中案：離爲目，伏坎出故涕，謂成既濟也。震侯位，尊寵盛故戚嗟而吉，所謂如臨深履冰者與！

吳汝綸：五乘四故涕嗟。附上故吉。上九爲王，六五離之故象云離王公。解者必以五爲君，失之矣！

馬通伯引李過曰：五爲繼明主，蓋繼世易位事。引趙汝楳曰：顏色之戚，弔者大悅，此其事也。案出涕是喪禮吉者，書謂王麻冕……嗣君即位禮也。白虎通父死子繼，法木終火王。

丁壽昌：吳草廬曰涕目液，離目出涕象。二三四五坎水沱若象。三四五互兌，嗟若象。六五嗣位者居喪而戚也，不以得位爲樂，天子之孝者蓋如此。

曹爲霖：金谿陳氏曰以能哀懼而麗於王公之位，如晉子出奔，獻公伐之；夷吾求殺之，輒亡以免，後爲文公。唐太子誦請與妃離，欲仰藥，李泌調獲，後爲順京，蓋類此。

星野恒：沱，涙出之貌。柔不正無應與，居王公之位，下不相輔，然明體不失中，知憂畏之則可以得吉，故云出涕沱若戚嗟若吉。此易所以既明其道又審其勢也。

李郁：離爲目故出涕，沱若言涕之多。五弱無應，逼于四故出涕。上降五成兌故嗟戚若，上來得正有應故吉。

于省吾：虞氏謂出離爲坎，姚配中謂離伏坎，均非經旨。二至五互大坎，離爲目，坎爲涕爲水，出涕沱若者，出涕滂沱如也。坎又爲憂，故戚嗟若。

胡樸安：突如其來敵人既去，民衆惟出涕咨嗟！言於王公，上九王用出征，所以吉也。故象離王公也，離讁借，多言也。

高亨：沱若涙多貌。乃憂悲泣歎象。吉疑衍，或在窮愁之時，將有休祥之兆歟？

李鏡池：遭敵人搶掠屠殺後，大家悲嘆，泪下如雨。這是痛定思痛場面。血的教訓中化悲痛爲力量，所以說吉。

徐世大：眼涙滾滾像滂沱，皺著眉，似在歎氣，這是好事。

屈萬里：沱，釋文荀作池，一本作沲。，古文若。按池沲亦皆沱。金文它作即也字，又他字。若，金文作。戚子夏作嘁，燉煌作慼。嗟作差。沱，涙湧出貌。戚，哀也。若，猶然也。

嚴靈峯帛書：六五，出涕沱若，（　）（駐）若，吉。

張立文：□䟕若，□爲帛書不易辨認之字。通行本作戚，䟕假爲嗟。譯：六五，哭泣流淚，憂傷嘆息，否極泰來，結果吉祥。

金景芳：五君位柔爻，上又无應，在兩剛爻間處境不好。程傳：出涕戚嗟，極言其憂懼之深耳，居尊位而文明，知憂畏如此，故得吉。

傅隸樸：陰柔居陽剛之位，材不當任，無力制下象，有遭焚如的危險，故憂至涕沱，悲歎不止。若爲助字。五臨危知懼，涕沱時勤王拯難，所以得吉。

徐志銳：若，語助。六五柔居陽位，哀悼先王將死時極度憂傷，可稱繼嗣孝子，所以得吉。

朱邦復：象：六五柔居尊，守中，比和上下，有文明之德，心存憂懷之象。釋：同情關懷，仁慈處世，吉。

林漢仕案：六五君道，柔中居尊，雖履非其位，虛而明，下无助，然甫歷九三未習勞苦，心志薄弱青壯期，九四之剛愎自用被逐棄，至九五乃人生歷鍊已臻精純、蓋亦事業高峰期也，知處柔處下乃利器也，行行如者，往往不得其死！知其雄，守其雌；和其光，同其塵。以柔弱勝剛強也。故一改以往行行如也勇貌，採另一態度應接處世、「出涕沱若，戚嗟若。」結果，吉。著一吉字，回應卦辭「畜牝牛，吉。」以牛德習勞苦，養順德，消舊業，種福田也。茲記載易家大德宏議，聚一堂加以賞析：

象：六五之吉，離王公也。

子夏：嘁，咨慙也。

荀爽：五退居四，出離爲坎，故出涕池若而下順陰陽也。
劉表：爲煙所衝目出涕曰沱若。離火衝突烈也。
九家傳：戚差順陽附五，陽當居五，五王三公，四附上下。
王弼：柔乘剛不能制下，憂傷沱若，麗尊衆助而獲吉。
張載：柔離中正，王公所附，剛進雖憂，得衆而吉。
程頤：明、无助，畏懼出涕，戚嗟，所以能保其吉。
蘇軾：六五附上九王公，四欲得故戚嗟，則上九勤故吉。
張浚：四炎上，五虛明，用上九專征吉，目涕、互兌戚嗟。
張根：非其位，遭變得上九公侯之助是也。
鄭汝諧：五君道，麗二剛間危，知危則吉者。
朱震：離目澤涕，四五易，上正下麗三公討逆，何憂九四？
項安世：五非四迫，嗣位主固當憂畏爲先，如舜禹時也。
李衡引：以憂思獲福。得中附上九，卦上有出征象。
楊誠齋：四強臣迫，能晦以柔，明以剛，始憂終吉。
朱熹：陰尊柔中然不正，迫上下陽，憂懼得吉。戒占者。
趙彥肅：明極憂深故禍弭，又麗於尊位故致吉也。

楊簡：君爲臣陵，惟涕沱，戚嗟而已！五終不失而吉。

吳澄：五繼明嗣位者，居喪而戚，嗟若繼父爲悲也。

梁寅：明極慮衰，迫陽懼患，不正致患，憂懼獲吉。

來知德：錯坎涕若，戚嗟，徵色發聲也，麗剛憂懼能吉。

王夫之：成王嬛嬛在疚，慕先烈，知艱難而戒，周復明也。

折中引：離陽躁，柔乏和。五昏極將明，自怨自艾之嗟。

李光地：中順故悔深至出涕興嗟。雖昏必明，弱必振，吉也。

毛奇齡：五坎憂離目，非婦人之泣嘆，上殺人，四自殺，五尙在憂危間。

李塨：王公處尊，持危挽傾有賴焉，三嗟凶，五涕吉，易隨時如此。

孫星衍：沱，荀作池。一作沲。戚，子夏作嘁嘁。

姚配中：尊寵盛故戚嗟而吉，所謂如臨深履冰者與！

吳汝綸：乘四涕嗟，附上吉。五離王公，解五君失之矣！

馬通伯引：出涕是喪禮吉者，嗣君即位禮也。

丁壽昌：嗣位者不以得位爲樂，天子之孝者蓋如此。

曹爲霖：以能哀懼而麗王公，如晉文公出奔。

星野恒：沱、淚出。柔不正無應與，知畏可以得吉。

李郁：弱無應逼于四，上降五成兌故嗟，來得正故吉。
于省吾：互大坎爲涕，又爲憂，離目，故戚嗟若。
胡樸安：突來敵既去，民衆涕嗟，言于王公出征所以吉。
高亨：沱若悲泣歎象。吉疑衍。窮愁時有休祥兆歟？
李鏡池：遭搶殺、大家嘆，血的教訓化悲痛爲力量，所以說吉。
徐世大：眼淚像滂沱，皺眉歎氣，這是好事。
屈萬里：□古文若。池沲皆沱，金文它即也字，戚、燉煌作慼。嗟作差。沱淚湧貌，戚哀，若猶然也。
張立文：哭泣流淚，憂傷嘆息，否極泰來，結果吉祥。
金景芳：五君柔无應，在兩剛間，知憂畏故得吉。
傅隸樸：材不當位，無力制下。涕沱時勤王拯難所以吉。
徐志銳：哀悼先王將死極度憂傷，繼嗣孝子得吉。若，語助。
朱邦復：同情關懷，仁慈處世，吉。

智者之用術，不著痕跡，以劉後主臨崩之淚，套住多謀勝子十倍之諸葛，往後只有鞠躬盡瘁一途！六五人生歷鍊足以用術。老子之處柔處下，非人人可抱而施展者。五得中居尊，中虛而明，出涕沱若，戚嗟若，豈徒無的哉！五之涕戚非婦人懦主之哭泣憂嘆而獲勤王之師，即獲勤王因徵色發聲而大力佐助，往後如何駕馭勤王之師？前卻虎後引狼也。故六五經歷鍊而自多智，居剛用柔。五未必即君，如吳汝綸謂「解五君，失之矣。」然五必爲孔子所謂「四十五十而無聞焉，斯亦不足畏也已矣。」此一字號人物，而其動容貌，行中繩，言中規，必合乎身分。出涕沱，戚嗟之表順，若字非語助，亦非如屈萬里言猶然也。若順也，善也。是嗣君涕戚順禮，可；是憂危間處低示咨慙而涕亦可；遭變憂煢國事以哀懼而麗王公亦可。而其摶同情、齊衆心化爲己用則一也。吉字高亨言疑衍，帛書有吉字，以理言，六五之作爲，亦當著一吉字也。

君爲臣陵，說象者多以四炎上，迫五，六五附上九，故憂危戚嗟；或以五繼明嗣位，居喪而戚；或以嗣位主固當憂畏爲先，故時時若臨淵履冰；折中案謂昏極將明之候，自怨自艾之嗟也則有待斟酌。六五非自怨自艾者，亦非婦人之泣，弱之所以能強，是智者運用之妙，故惟智者知之也乎？

上九、王用出征，有嘉折首，獲匪其醜，无咎。

象曰：王用出征，以正邦也。

王弼：離道已成，除其非類，以去民害，王用出征之時也。故必有嘉，折首獲匪其醜乃得无咎。

孔穎達：離道成，物皆親附，當除去其非類，故王用出征。有嘉折首，有嘉美之功，斷罪人首，獲得匪其醜類乃无咎也，若不出征除害則有咎也。

張載：有喜折首，服而善之也。獲匪其醜，執訊弗賓示威以正邦而已。離道已成，然後不附，可征。

程頤：上九剛明之極，能照能斷，辨天下之邪惡，行其征伐有嘉美之功也。

蘇軾：上九不離於人，其位爲王，其德可正人。有亂群者王之所征也。嘉者六五，非其類者九四，六爻皆无應，近附稱嘉，嘉所以克其非類者，以上九與之也。

張浚：四不中正，在內卦上，其象爲首，上九德備，六五用以征，是以有嘉，折首。罰一人天下畏，曰獲匪其醜。上九除大惡、施大惠、正邦不事誅殺，臣之盛也。

張根：周公東征是已，王導似之。

鄭汝諧：上九非王，言王此爻當用征道。上九以炎上之火炎外而不附五，五征之爲言正也。

朱震：上五相易，六正行，王用出征也。上剛德而明故王用。王嘉其殲渠魁也，醜類也。陰醜，上六應九三陽，陽非陰類，獲匪其醜也。王肅本曰獲匪其醜，大有功也。疑今本脫之。離上三爻不正，上五相易正，四正成坤土則邦正。

項安世：征伐者王者之事也。折其首則變爲豐，宜照天下所以有嘉也。醜爲朋類。上九誅四凶，征有苗之時也，動用其明，去惡，安其黨與，有正威定國之譽而无不安之咎矣！

李衡引子：柔之道非天下大服，故終於用師。引石：逆首匪類，九四也，上九輔而獲之，五得其吉。上九雖過君位征討，有嘉善之功。引介：折首，殲厥渠魁之謂。

楊誠齋：此王者除元惡大正其國事也。成王顯顯令德，四征不庭之時乎？程子謂去其首惡而非及其醜類，得之矣！

朱熹：剛明及遠威振而刑不濫，无咎之道也。故象占如此。
趙彥肅：上爲六五所麗，離之主在上，與諸卦不同。
楊簡：離爲甲冑，爲戈兵，出征明卦變義。不得已而用，正天下之不正，行不得已之征，合天心人心，宜有嘉又折其首，不逆命即吾類，宥之。如此雖用戈兵，人無怨咎。
吳澄：離有甲冑弋兵象。王筮得此爻，出征有嘉美之功。王謂五，所征者上九。附者勸，不附者懲。上九不臣乘君，如啓之征有扈，成王征奄也。俘獲醜衆，上九而已。
梁寅：剛處明極，此智勇之將，王用出征，有嘉美者也。以不正言，則剛處窮極之地不正，乃奸兇之人，宜折其首，擒其非類，如是行師可无咎矣！
來知德：王指五，用上九專征也。有嘉上九也。折殲其魁首渠魁，不及小醜即脅從罔治。上九以陽剛之本，王用出征折其首不及醜象，无咎之道也。
王夫之：王用王命。有嘉歎美功之辭。折首罪人斯得也。俘馘生死皆曰獲匪其醜。上九爲五所附麗，周公之象，誅首惡，斤刑不濫，雖剛過而疑亢，辭言无咎者，所謂公且有過也。
折中案：上九有重明之象，在人心爲克己盡其根株，在國家爲除亂其元惡，如火烈烈，莫我敢遏，苞有三蘗，莫遂莫達，此爻之義也。
李光地：上以剛德明極，有出征而獲大首象。在世則去其元惡，在人心則去利欲，皆去昏得重明，善補過故无咎。

毛奇齡：離爲戈兵，終以征伐，乃王者事，嚮明出治，命將出征。有嘉者第取其魁首而不及其類。眞掌邦政以正庶邦之事也。又離附，以一陰附兩陽，故終附。

李塨：水陷下，上可出；火炎上，下可安。上九剛明，嘉善，乾首兌折，九四折首是死如棄如。坤衆醜，二五吉，別无醜可獲，脅從罔治，正有嘉也，王用正邦，又何咎。

孫星衍傳象：釋文王用出征，以正邦也。王肅本此下更有獲匪其醜，大有功也。

姚配中案：王謂乾五出征，離戈兵，互兌折乾首故有嘉，折首功成而反化既濟，故獲匪其醜无咎也。乾征坤正邦也。

吳汝綸：離諸爻皆取陰麗于陽爲義，至上九則別出一義，爲除其非類之象，文之所以貴變也。

馬通伯引蔡淵曰：王，五也。引王安石曰：折首殲厥渠魁之謂。其昶案：離南面以聽卦，上九動之正，折獄乃化成天下矣！於上見繼承之烈，五見繼承之心。

丁壽昌：程傳嘉句，當從注疏四字句。折首折取魁首，程傳最得古義。誅首惡不順者皆來從也。六五重明之君征上九怙終不臣者，所獲匪其醜衆，刑不濫，武不黷所以无咎。

曹爲霖：葉氏曰離六爻柔吉剛吉，離上明盡也，出征折首，不及其醜，柔而不過於剛也。王允誅董卓不赦其黨，逼傕汜再亂；裴度擒元濟不戮及一人，使蔡人如吾人，得失之故亦可見矣！

星野恒：折首獲猶斬首捕虜也。醜類也。此離極而叛亂不附，王出師問罪使附，有功可嘉，所斬皆渠魁當誅者，非其黨類則无咎。

李郁：征四，上九降五正大位故有嘉，五往上來成兌爲折首。醜者同等之稱。四上醜，上來五乘四，二應，故獲匪其醜。上來五處中正故曰以正邦也。

于省吾：虞氏詁易，好以之變遷就己說，不可爲訓。匪彼古音近字通，獲匪其醜言獲彼之衆者有嘉，殺敵折其首級者有嘉。有嘉貫二句爲言。

楊樹達：漢書陳湯傳：易有嘉折首，獲非其醜。言美誅首惡之人，而諸不順者皆來從也。

胡樸安：王因民衆之言出征，第一可嘉事折其首領。匪、彼也，醜、衆也，並獲彼衆類，自是後可以安寧无咎矣！

高亨：古喜慶爲嘉。獲醜謂俘敵衆。獲匪其醜謂敵類之外更有所獲。蓋王出征，斬首甚多，敵類外更有所獲，故記其事，斷其占曰王用出征，有嘉折首，獲匪其醜，无咎。

李鏡池：在王帶領下反擊，把嘉國國君斬首，抓到俘虜，經周人反擊，有嘉當是滅亡了。這是軍事專卦。有嘉是上文所說的侵略者。

徐世大：王因出征，美人頫首順從，俘虜不是同類的，怪不得。另譯：王因出獵，得嘉獎的磕個頭，獵獲分類裝筐，不關事。

屈萬里：王用出征，嘉其斬首級，所獲之匪人乃其醜惡者也。又醜、類也，匪其醜即非其類，非我族類，其心必異故征之。王肅本象解下更有獲匪其醜，大有功也。

嚴靈峯帛書：（尙）九，王出（正），有嘉折首，獲不（戴），无咎。

張立文：王出正：通行本王用出征。正借爲征。有嘉：⑴嘉美也，善也。⑵國名。獲不䜨；通行本獲匪其醜。于豪亮曰䜨當假爲䰕。䰕醜古今字，謂獲得俘虜。譯：上九王出兵征伐，戰勝慶喜，殺敵又獲俘虜，無災患。

金景芳：折首是懲罰頭頭，所獲不是丑類，不是一般群衆。

傅隸樸：上九不肯附麗文明，自甘化外。王命將征討，能斷其頭的便嘉獎，擒獲非我族類。處此不廢干戈才保无咎。

徐志鋭：上九剛居不正，六五承上九，崇尚賢人，委任上九賢人征不服，獲匪其醜，大有功也，肯定上九立大功。

朱邦復：主動出擊，以解決問題，無咎。　象：上九剛明，威震天下之象。

林漢仕案：王用出征。王，其上九耶抑六五？從六五爻辭剝析中，蘇軾，吳汝綸等以上九爲王公；九家易，項世等則以六五爲王公。本爻，鄭汝諧謂「上九非王」。言六五爲王者多矣，張浚、朱震、吳澄、來、馬、丁等，故吾從衆。王用，即六五用上九出征也。上九爲六五用也。茲輯前賢珍見如后：

象：王用出征，以正邦也。

王弼：除匪類，去民害。王用征，必獲其醜乃得无咎。

孔疏：除去匪類，有嘉美之功，若不出征除害則有咎也。

張載：離道已成不附，可征。執訊弗賓示威以正邦而已。
程頤：上九能斷，辨天下邪惡，行征伐有嘉美之功。
蘇軾：上九王德可正人。近附稱嘉，非其類者九四。
張浚：六五用上九征九四，除大惡，施下惠，臣之盛也。
張根：周公東征，王導似之。
鄭汝諧：上九非王，不附五，五征之爲言正也。
朱震：上五易，六正。王用征。醜，類。三與上六應，三陽，獲匪其醜。四正成坤則邦正。
項安世：征伐王者事。醜朋類。上九誅四凶動用其明。
李衡引：上九過君位征九四有嘉善之功。殲厥渠魁之謂。
楊誠齋：此王者除惡大正其國事也。去首惡及其醜類。
朱熹：刖明而刑不濫，无咎之道，故象占如此。
趙彥肅：離主在上，與諸卦不同，上爲五所麗。
楊簡：離爲甲冑戈兵，行不得已之征。不逆命即吾類。
吳澄：王筮征有嘉美之功。上九不臣乘君，醜衆上九而已。
梁寅有二說：1.剛處明極，此智勇之將，出征有嘉美者。2.剛處窮極不正，乃奸兇，宜折其首，行師可无咎。

來知德：王用上九征，嘉上九殲其魁首，不及脅從。

王夫之：俘馘皆曰獲匪其醜。上九周公疑亢，公且有過也。

折中：此爻重明如火烈烈，莫我敢遏，苞有三蘖，莫遂莫達。

李光地：上剛德明極，出征獲大首，在心去利欲。去昏得明。

毛奇齡：離戈兵征伐。第取魁首而不及其類。眞掌邦治事也。

李塨：上九剛明嘉善，四折首，坤醜，王用正邦何咎？

孫星衍：王用出征以正邦也。王肅本下「獲匪其醜，大有功也。」

姚配中：王乾五出征，互兌折乾首故有嘉。乾征坤正邦也。

吳汝綸：離取陰麗陽，上九別出一義，文王所以貴變也。

馬通伯引：王五也。又案上見繼承之烈，五見繼承之心。

丁壽昌：程嘉句，注疏四字句是。五征上九不臣者。

曹爲霖：離柔吉剛凶。明盡出征折首不及其醜，柔不過剛也。

星野恒：折首猶斬首，離極叛不附，王出師問罪。

李郁：征四，上降五正大位故有嘉。五往上來兌爲折首。

于省吾：匪彼古音近，殺敵折首級者有嘉，貫二句爲言。

楊樹達：言美誅首惡之人，而諸不順者皆來從也。

胡樸安：可嘉事折其首領。匪彼，醜衆。後可安寧无咎矣。
高亨：喜慶爲嘉。俘敵衆，敵類外更有所獲故記其事。
李鏡池：把嘉國國君斬首，侵略者有嘉當是滅亡了。
徐世大：王征，美人頫首順從，俘虜不同類，怪不得。
屈萬里：王征嘉斬首級，所獲非我族類。又所獲乃其醜惡者。
張立文：上九出兵征伐，戰勝喜慶，殺敵獲俘虜，無災患。
金景芳：折首是懲罰頭頭，所獲不是一般群衆。
傅隸樸：上九自甘化外，王征，斷其頭便嘉獎。不廢干戈才保无咎。
徐志鋭：上九剛不正，委任征不服，肯定上九立大功。

朱邦復謂上九剛明，威震天下。鄭汝諧、吳澄、梁寅、丁壽昌、傅隸樸等則以五征上九不臣者，謂其奸兇之人，宜折其首，能斷其頭便嘉獎。朱言亦有所本：如程頤謂上九能斷，蘇軾云上九王德可正人，梁寅另一說上九智勇之將，來知德王用上九征，李光地謂上剛德明極，出征獲大首。李塨、張立文、徐志鋭等皆肯定上九功業，折中更以成湯：武王載旆，如火烈烈，莫我敢曷。比離上九，謂即此爻之義。上九功牟商湯王矣！項安世許爲直同堯舜。

王之所以征，有泛指除匪類，去民害；有實指，謂六五用上九征九四，除大惡；有謂王征不臣乘君者上九；有謂上五易行征伐。王夫之云上九周公，剛過疑亢。張根云周公東征，王導似之應爲王所本。六爻似雌雄同體，互相交媾，互相滿足。從變易，不易中，不可爲典要，一切所謂變動不居皆隨已定之卦爻辭轉，務配合卦爻辭使順理成章，今出土之漢帛書與今本易經，其不同者多亦極盡委婉務使其與今易全同。　朱震謂陰醜，李郁謂四上醜，醜者同等之稱，項安世以醜爲朋類，其餘有謂小醜，謂衆類，敵類以外，非我族類，謂俘虜。要之皆解獲匪其醜也。所謂易本萬類，殊途同歸於爻辭乎？殊途同歸於爻辭也。

以爻言爻，上九，王用出征。王，似即來知德直言「王指六五，用上九專征。」較合理，上九有專征之功，因折其元首渠帥，故有嘉。嘉者，六五嘉上九也。然所獲非元凶，醜虜皆謂夷狄魁帥。獲匪其醜，所俘獲，斬獲者匪元凶極忍之醜虜也。而其有所斬獲，亦可示威夷狄，故云善補過也，李光地以无咎爲善補過，可見絕非賢者楊誠齋之謂「此王者除元惡，成王顯顯令德。」比，亦非吳澄君之「啓征有扈，成王征奄。」所可附麗，當然，以上九功業牟堯舜，同商湯之項安世及折中諸公亦有過實誇大之譏！一如歌袁公世凱德過三皇，美蔣公介石、功超五帝。即時人能無憾彼人之頌，何爲我無戚戚膚受之溯？時人讚美所謂聖主，其有不得已也乎？六五時，有謂五附上，君爲臣陵、故憂危戚嗟！上九能免於功高震主，勉強接受九錫，吾其爲文王乎！亦一代英豪也。周公功業彪炳，豈上九「獲匪其醜，无咎」可比擬！匪猶言彼也。說者不一，總言之，獲彼其虜，折首，爲有嘉，无咎之總筆也。匪以本字非解，則獲非其醜元凶也。本爻直譯爲王令上九出征，斬夷狄無算，王令嘉奬，然所獲匪元凶渠帥，能勝敵揚國威　亦不錯，善補過也，所以无咎。

䷨ 損（山澤）

損，有孚，元吉。无咎。可貞，利有攸往，曷之用二簋可用享。

初九、已事遄往，无咎。酌損之。

九二、利貞，征凶。弗損益之。

六三、三人行則損一人；一人行則得其友。

六四、損其疾，使遄有喜，无咎。

六五、或益之十朋之龜，弗克違，元吉。

上九、弗損益之，无咎。貞吉，利有攸往，得臣无家。

☶☱ 損，有孚，元吉。无咎。可貞，利有攸往，曷之用二簋可用享。

彖曰：損，損下益上，其道上行。損而有孚，元吉。无咎可貞，利有攸往。曷之用二簋，可用享。二簋應有時，捐剛益柔有時，損益盈虛，與時偕行。

象曰：山下有澤，損，君子以懲忿窒欲。

孟喜作君子以徵忿恎浴。（谷浴欲也）鄭玄徵猶清，懫止也。

宋衷：明君之德，必須損己利人，則下盡益矣！君能以益物爲意，動而无違，即斯以往，何所往不利！故利有攸往。

荀爽傳象損而有孚：謂損乾之三居上孚二陰也。　元吉者居上據陰故。未得位嫌於咎。少男在下，少女雖年幼，必當相承，故曰可貞。陽利往上，故利往居上。二簋謂上，上宗廟。簋，宗廟之器，故可享獻。

鄭玄：艮山兌澤互坤地，山在地上，澤在地下，澤以自損，增山高也。猶諸侯損其國之富以貢天子，故謂之損矣。四以簋進黍稷于神。初與二直其四與五承上，故用二簋，四巽木，五離日，體圜、木器圜、簋象也。懫止也。傳象徵清也。

蜀才：二軌可用亨。（孫堂案古文簋皆作軌。說文作匭，或從軌省亦作匭，又作朹。）　傳象此本泰卦，案坤上九下乾三，乾九三上坤六，損下益上者也。陽德上行，故曰其道上行也。（集解）

陸績傳象：乾九三變六三陰柔益上九臣奉君之象。傳象作徵忿□□。（漫患不清）。孫堂案釋文作昚欲，說文古愼字。朱氏鬱儀云古腎字，借爲愼字。作昚義尤長。

孔穎達：損下益上，損剛益柔。損下益上，非補不足；損剛益柔，非長君子之道。若不誠信則涉諂諛而有過咎，故必孚然後大吉无咎。先儒以无咎，可貞各自爲義；王（弼）共成一義。既行損以信何用豐，二簋至約，可用享祭矣！

李鼎祚引虞翻曰：益上據二陰故有孚元吉无咎，艮男居上，兌女在下，男女位正，故可貞利有攸往矣。

引崔憬曰曷何也。言上行何所用？可用二簋享，喻損下益上，惟在乎心，何必竭不足，補有餘者也。

司馬光：損益之名以內爲主者也。內爲己外爲彼。

張橫渠：損下益上，損剛益柔，非可常行，必有孚元吉无咎可貞然後利有所進，故下云有時。

程頤：損抑其過以就義理，必有孚誠順理則大善而吉。可貞固常行利所往。以享祀言之，寧儉爲禮本，二簋之約可用享祭，言在乎誠而已。損人欲復天理而已。

蘇軾：自陽爲陰謂損，陰爲陽謂益。損未嘗不益，益未嘗不損。損下而下信，勞不怨，雖死不怨殺者。上所損我者蓋吉之元也。曷之，擇之也。二簋，兌二陽也。祭設簋意而已！

張浚：有孚誠信著也。元吉仁德被也。无咎亢滿之災可止也。可貞貞己貞物人樂從也。利有攸往必獲益也。曷之用二簋損德之至可交神明且捨此非所宜用也。

鄭汝諧：損下陽益上陰謂損。賦斂力役，取之有制，有孚也。懲忿窒慾，日損其不善，元吉也。損文就質，寧儉禮之本，无咎也。三者貞固守之，是謂利有攸往。

張根：下不可損，或損者必其上。上行不悖，然後可信于天下，无咎。賢可貞，君子利往茲損，茲所以爲益歟！不咈百姓從己欲。

朱震：九三益上六，益上謂之損。上以下爲基，損益增上剛危。六爻皆應，有孚也。損過就理義，誠信故元吉。於理義爲无咎。堅守正則何往不利故曰可貞，利有攸往。損用不可常，往不已將何之乎？故曰曷之用。損益皆有簋象，應時不同，二簋用享，時爲而已！當理而止。

項安世二損者，人情之所不樂，損而孚，則得宜而後无咎，居貞，利往，此上九所謂大得志也。禮莫微於二簋，三言時，可以行是事，行之有孚元吉无咎可貞利有攸往也。苟非其時，一物不可闕也，況可用二簋乎！

李衡引陸：下剛中說於上，上柔中止於上。益上損下，說而止，剛中而應，乃得有孚元吉也。引陳：功成不居，可保无禍，初九損始，則曰已事遄往，无咎。引李畋：泰時損下益上，泰損三益上也。

楊萬里：澤深山高，損下益上象。二簋可享，損奢以從儉也。損有孚，言損之不可不誠也。損益之義豈一端？凶歲不祭肺，施之豐年則隘。卦上覆下承象故曰二簋。

朱熹：損，減省也。損兌澤之深，益艮山之高。損下益上，損內益外，剝民奉君之象。有孚信則當有下四應。二簋言至薄无害。

趙彥肅：損之義，損其盛者，損三；益其衰者，益初。二五不動。陰損陽，人欲損天理。中孚者信也。損三臨上，麗象顯，故曰損下益上，元吉大者伸也，如斯損何咎？陽上可貞，陽爲主下皆可往也。

楊簡：損下剛，益上柔。其道上行。雖不得已取於民，必本大公，民咸孚信之。有道而獲大吉。元大也。而後可以攸往而利。曷何也。亨禮至大至重，猶可用二簋，儉之至，非其常也。九二利貞，中爲志。九二下卦之中有中象。

吳澄：減殺之也。外實中虛似中孚，當損之時損下應上而无疑也。六三卦主，不當位，以合時故无咎。合時亦可主事。損時二簋亦可用享祀。盛黍稷，禮甚薄少可用享也。

梁寅：損之爲道必有孚誠則大吉，以義无咎矣，可貞固而守之矣，可往而有爲矣，損益莫大於禮，禮始諸飲食，雖二簋之薄可用享矣。損過就中，損欲存理也。

來知德：有孚必當至誠則吉。无咎。可貞。利有攸往。有是四善矣，何以用損也，二簋至薄亦可享鬼神亦无害。

王夫之：陽損，陰益，陰陽交錯成化，陽用有餘，陰用不足。初與二剛相孚，四五柔相孚。惟其有孚則元吉矣！申言可貞，无不宜，二簋特牲之饋，祭薄者可矣。

折中引呂大臨曰：損道不可爲正，當損時可貞，時損則損，時益則益，皆利攸往。引蔡清曰：損所當損，不專指上之損下也。折中案蔡氏之說極爲得之。

李光地：陽實益陰虛，損下卦之近上體者，以益上卦之上。損者節損也，必有實心合大善，然後可利往，如二簋之薄可謂節損，然可交神明。

毛奇齡：原推易法，于象于義俱無所取，獨取上下移易，一子一母而爲爻詞，三剛成柔，上柔成剛，損乾益坤也。體大離之孚，乾元之吉可无咎，守正固互坤之貞，互震可以攸往。以下奉上二簋至簡至薄，以時可矣，損盈益虛，與盛衰之始有相發者。震簋兌口致互坤之養，享禮象明。

李塨：損內卦乾，損一陽，陽將衰曰損。損下益上而爲艮，情願率下之分是損有孚者則大吉，无過可貞久，攸往自无不利。損時宜二簋至薄亦可享獻。

孫星衍：（集解）先儒云：言既吉而无咎，則可以爲正。莊氏曰若行損有咎，則須補過以正其失，今行損用信，則是无咎可正，故云无咎可貞。（并疏）又（釋文）簋，蜀才作軌。傳象釋徵劉作懲，蜀才作澄。窒，劉鄭作懫，止也，孟作恎。陸作𡸣。欲，孟作浴。

丁晏：周書叨懫日欽，說文引作叨𡔞，馬作咥，云咥讀爲躓。窒恎𡔞咥皆從至，疑古通用。又𡸣古文慎。

張惠言引注：泰初之上，損下益上以據二陰，故有孚元吉无咎。艮男居上，兌女在下，男女位正故可利貞有攸往矣！

惠棟引注：二體震木，乾爲圜，器圜簋象。震主祭器，二簋者黍與稷也。五離火，火數二故二簋。上右五益三成濟，故云二簋可用享也。

姚配中案：孚謂二，二五易位則元各正故有孚，元吉无咎也。可貞謂二，二正則之五，上之三故利有攸往。曷何也，二互震亦體震，震爲簋，交孚故二簋可享獻也。

吳汝綸：自否泰來，太玄擬爲減。以陰陽消長言，足與彖相發。損之有孚，謂三孚於上初二孚四五也。故元吉。可貞戒陰，利往勸陽，曷設問答以盡量。二簋用享，至薄无害也。

馬通伯案：陰陽之志相感而孚也，故初四應，尚合志；二五應，中爲志；上三應，大得志。引呂大臨曰：損道不可爲正，故可貞。引耿南仲曰：益下則下上皆益，損下則下上俱損。引歸有光曰：損益時所以用中心。引呂枏曰：二簋其國奢示之以儉之意乎？引王又樸曰：孚實益虛，不損則不能實其虛。

丁壽昌：釋文損，省減之義。鄭注古文簋皆爲軌，書或作九，或作甌。享古文皆作亨。乾坤爲易之門，六子皆由而變。乾剛坤柔，損乾剛益坤柔。蘇蒿坪曰：艮宗廟，簋器，震主祭器，初至五似重震，二簋重列象，上九一爻其覆也。

曹爲霖：損抑損，節損也。謙皆吉，不傷財，不害民。郭子儀方宴客，聞楊綰相，減坐中聲樂五分之四。司馬光稱先公爲郡牧判官，客至未嘗不置酒……此二簋用享意也。

星野恒：陽變陰爲損，九二剛中應五，有孚象，守信可往故系辭有孚元吉无咎可貞，利有攸往。何所用？二簋簡可享鬼神！

李郁：損其不善也，損三益上，上下相應故有孚，元吉指六五，初可之四故无咎。九二不動故可貞，上降五收樽節之功故利有攸往，曷用豐儉？二簋約可亨。

楊樹達：（淮南子）孔子讀易至損益，憤然而歎曰：損益者，其王者之事與！禍福之門不可不察也。

又（說苑）孔子曰夫自損者益，自益者缺。是以聖人不敢當盛，調其盈虛故能長久。

胡樸安：損得群臣之心可以利有攸往。減損物數，二簋可享；減損行爲，懲忿窒慾是也。非祭享乃自享。即菲飲食致孝乎鬼神也。自損而民信大吉无咎也，其事可行。

高亨：孚罰，曷疑借爲餲，饋也。有人饋行者以二簋，可以享也。筮遇此卦，雖有罰亦大吉無咎。所占事可行故可貞。可舉行享祀故曰可用享。

李鏡池：損減損。曷讀爲匄，乞遺也。獲得俘虜，當然元吉、无咎、可貞，都是吉兆。對旅行有益。有人送兩個簋也是益。這是損卦一連三件益事，表明損中有益。

徐世大：減損俘奴宜擇偶多者，俘奴自由則大吉可久。宜有目的。兩個菜可以宴客。

屈萬里：守其常而不動亦可，然有所往則利。易之用二簋可用亨：之是，因當損時故二簋即可祭享。古文簋皆用軌。說文簋或作匭。

嚴靈峯：損，有（復），元吉，无咎。可貞，（　）有攸往。（禼）之用二（巧），可用（芳）。

張立文：歸藏損作員，古作云，損員同聲系。復假爲孚信，又即俘字。禼假爲曷。按禼是舝的簡體，是轄字，曷害同爲匣母，故通假，訓何不。巧借爲簋，內圓外方。芳借爲享。譯：損有誠信，吉祥沒災患，占問所行事，宜往，有人送二簋黍稷，可進行享祭。

金景芳：內卦乾第三爻變陰，外卦坤第三爻變陽，是損下益上。損爲人信就符合人心，可元吉无咎利往。心誠用二簋足夠了。易強調時，中，正，順，應。彖特重與時偕行應特別注意。

傅隸樸：泰九三與上六換，剝損下增益上，損是朘削百姓，政府要人民作適當犧牲，人民認為合理就是俘信，君民享福利是元吉。損下可行故利貞。何以受損不己怨？故曰曷之用？二簋可亨指誠信說的。

徐志銳：減損就是由盛而衰！損下卦乾九三，益上卦坤上六，泰就變損了。曷何，減損人人認為合理，故有孚，人們信服必得大吉，曷之用？應如何呢？至薄二簋祭可用亨。

朱邦復：損己利人要有信用，要正直，誠心即可。

林漢仕案：元吉，无咎間，前者大吉，元者善之長，其吉之大超乎想象。然著一无咎，善補過也，因而只存大吉，無一絲之過咎，損道何如庶克完美如是？茲記各家論述要點如下：

象：損下益上，其道上行，損而有孚，元吉。

象：君子以懲忿窒欲。孟喜作徵忿恎浴。鄭玄徵清懫止。

宋衷：明君損己利人則下盡益。君能益，何所往不利？

荀爽：損乾之三居上孚二陰。居上據陰故元吉，未得位嫌咎。

鄭玄：澤自損增山高。猶諸侯以貢天子，故謂之損矣。

蜀才：本泰卦，坤上下乾三，乾三上坤六，損下益上者。

陸績：乾九三變六三益上九臣奉君象。古胥借為慎。

孔穎達：損下益上，非補不足，若不誠涉諂諛，必孚後大吉。

李鼎祚引：益上據二陰故有孚元吉无咎。

司馬光：損益之名內爲己，外爲彼。

張載：損下益上，損剛益柔，非可常行，必有孚元吉可貞。

程頤：損過就義，必孚誠順理則大善而吉。

蘇軾：自陽爲陰損未嘗不益，損下而下信，上損我吉之元也。

張浚：有孚誠信著也。元吉仁德被也。无咎亢滿災可止。

鄭汝諧：賦稅力役取之有制，有孚也。懲忿窒慾，日損不善，元吉也。損文就質，寧儉禮本，无咎也。

項安世：人情不樂損，損而有孚則得宜後无咎。

朱震：上以下爲基，損基增上則危。皆應有孚，誠信故元吉。

張根：或損下者必其上，上行不悖然後可信于天下，无咎。

李衡引：下剛中說於上，上柔中止於上、剛中應，得有孚元吉也。

楊萬里：澤深山高，損下益上象。損之不可不誠也。

朱熹：損下益上，損內益外，剝民奉君象。有孚當有下四應。

趙彥肅：損三益初，二五不動，損三臨上，元吉。大者伸也。

楊簡：損下剛益上柔，不得已取於民必本大公，民信獲大吉。

吳澄：外實中虛似中孚，損不應上无疑，六三合時故无咎。

梁寅：損必孚誠則大吉，以義无咎矣！

來知德：有孚必當至誠則吉无咎。有四善，何以用損也。

王夫之：陽用餘陰不足，初二剛，四五柔相孚，有孚則元吉矣。

折中引：損所當損，不專指上之損下也。說極爲得之。

李光地：陽實益陰虛，損下之近上，益上卦之上。節損也。

毛奇齡：三剛成柔，上柔成剛，損乾益坤。體大離孚乾元吉可无咎。

李塨：損內卦乾，益上而爲艮。

孫星衍：吉无咎則可爲正，今損有信，則是无咎可正。

張惠言：泰初之上據二陰，故有孚元吉无咎。

姚配中：孚謂二，二五易位則各正有孚，元吉无咎也。

吳汝綸：損之有孚，謂三孚於上，初二孚四五也，故元吉。

馬通伯：陰陽相感而孚。初四合志，二五中志，上三應大得志。

丁壽昌：乾剛坤柔，損乾剛益坤柔。損，省減之義。

曹爲霖：節損謙吉，不傷財，不害民。

星野恒：陽變陰爲損，九二剛中應五，有孚象。

李郁：損不善，損三益上。應有孚，元吉指五，初之四无咎。

楊樹達：孔子讀易歎曰損益者王者事，禍福之門也。又：孔子曰自損者益，自益者缺。聖人不敢當盛。

胡樸安：自損而民信，大吉无咎也。其事可行。

高亨：孚罰，曷匄乞遺也。獲得俘虜當然元吉，无咎。

徐世大：減損俘奴，俘奴自由則大吉可久。

張立文：損有誠信，吉祥沒災患。

金景芳：內乾變陰，外坤變陽，是損下益上。爲人信可元吉。

傅隸樸：損是朘削百姓，要人民犧牲，俘信享福利是元吉。

徐志銳：減損就是由盛而衰，減損合理人人信服得大吉。

朱邦復：損己利人要有信用，要正直，誠心即可。

損是減減。山澤損、彖謂損下益上，鄭玄謂澤自損增山高。孔穎達謂非補不足。臣奉君，諸侯貢天子，鄭汝諧更明白言：賦稅力役取之有制。損道至此應有一輪廓。然項安世謂「人情不樂損。」朱震謂：「上以下爲基，損基增上則危。」　損與益，所損所益，並未言明金錢財物，抑陰陽剛柔，勞力脾氣？彖傳首先畫定損爲「損下益上」，人情財色名食睡五欲，以財爲先，鄭汝諧實指賦稅力役。堂堂皇皇所謂「夏五十貢，殷七十助，周百畝徹。」徵收什一之稅收。（見孟子滕文公上）白圭欲二十取一，問孟子何如？孟子答以貉道。並謂輕於十取一爲蠻貊之邦，重於十取一爲大桀小桀暴君。助井田即十取一，堯舜之道。（孟子告子下）是損下者稅收也，用以維持政府運作，軟硬體之維護，故國防、外交、內政無虞、百官有司盡責，民可得而安也。（今人更以累進稅增益國庫）若遇非常時期，則征之名目百出，至有苛政猛於虎說，民不樂生矣！此時項安世之說「人情不樂損。」是不樂朝令而暮當具，強徵不時巧立名目之賦斂也。無名目可立時則強借，預徵借明年、後年、後數十年之稅收，民不樂其居矣！「百姓不足，君孰與足。」（顏淵篇）其理易明，有司之善戰爭城，辟草萊任土地皆爲大罪。善政得民財而民畏之古訓，「苟用我，朞月而已」之豪壯，正乃政客借孔子語以自誇速成心態，視易明之理與孟子善政得民財古訓爲芻狗，可惜哉！鄭汝諧之具象說明或爲損益之一角，不信，象之言「君子以懲忿窒欲。」頗不類象之抽象言「損下益上」未釘死於一方也。

正義曰澤卑山高，似澤自損以崇山之象。君子法此損道懲止忿怒，窒塞情欲。懲者息其既往，窒者閉其將來。象所界定情境有順逆，忿欲有往來。與象傳所畫定之「損下益上，其道上行。」不能如水乳交融，相輔相成！豈自損脾氣，懲止忿怒，窒塞情欲以事人，即所謂損，所以損下益上。我爲下，人爲上。設我爲君，事上即事人民頭家，民主以人民爲主，我爲僕從奴才。胡樸安之「自損而民信。」，朱邦復之「損己利人要有信用。」其斯之謂耶？周易折中稱：「損所當損，不專指上之損下。說極爲得之。」李光地之陽實益陰虛。蓋即男女生殖機器爲實爲虛也。項安世之「人情不樂損。」至此樂矣！陽實於陰虛中，陽似損，陰似益也。日人星野恒說無此晦澀又多姿，彼云陽變陰為損。即三上易也。來知德所謂有四善，元亨利貞，似缺亨。蓋元吉、可貞、利往而已也。又奈何上之魚肉下民，我尊你卑意識從未減損！因喜而賞，因怒而罰，可出無因，只為死君意念上下根深蒂固。雖然，象亦損道理論之一方也。猶之授兵士槍，捍衛家國，保民田園，亦可用以槍殺上級、同僚或自戕也。捍家衛國為理想、叛逃殺戮同胞亦得周密預防使歸零不發生，庶圓融無弊。今所謂損，損非人人所不樂，如損庫有，增薪餉；減損疾病，增加醫療；減損工作時數；減少勞力與任務；減損長官訓話時間與次數。在在皆下所欲，待上給與也，折中所謂不專指上之損下也者，益之矣。此損必此益，此益必彼損，要之，出於至公，楊簡稱「必本大公。」然而宋衷君以「明君損己利人則下盡益。」似在說益、損上益下也。以上九為君。張載之損剛益柔，蘇軾之自陽為陰損未嘗不益。楊簡之損下剛益上柔等謂陽用餘益陰虛，皆在卦中有矛盾。初損四益，貳損五益，是下益上；若上九損以益六三，則上益下矣！蓋亦陽益陰也。如只動初四、二五、則成天地，否卦；只動三上，則所謂本泰卦。蜀才指坤上下乾三，乾三上坤六，損下益上者。若全動則又成另一卦咸。姚配中之二五易各正。馬通伯之初四合志，二五中志，上三應大得志。損自是損卦、非是泰來、朘削百姓也。損益之有孚、猶論語之「己欲立而立人，己欲達而達人。」做到恭、敬、惠、義。則人我可以一體，上下可以孚信，元吉矣！立人，達人，行己恭，事上敬，養民惠，使民義。民親其上，死其長矣！勾踐之復國，不只要人，亦且要財，藏富於民，亦一法也。孔子之嘆損益王者事。又自損者益，自益者缺。果眞運用之妙也！果然善補過也。何事於「君子以懲忿窒欲」而已哉！元吉无咎者，又同手執利刃，可以盡善又盡美之切割削砍而不反被刀創，知枝經肯綮之未嘗，遊刃有餘矣！非善補過乎？可貞，可卜問、可貞固足以榦濟，利有攸往矣！

何為用二簋可用享？

彖謂與時偕行。孔正義謂行損以信，何用豐！程子以寧儉爲禮本，誠而已，損人欲復天理。張浚以損德之至可交神明。楊萬里之損益之義豈一端，凶歲不祭肺，豐年則隘。案禮食殺牲以祭、有虞頭、夏心、商肝、周肺。不祭肺即不殺牲也。（見曲禮注）。豐年亦不殺牲，則所謂吝儉神明也。乃補程子之以「寧儉禮之本」之不夠周圓。損之時，蓋亦不足之時乎，上行下效，如曹爲霖引司馬光稱先公爲郡牧判官、客至未嘗不置酒……。此亦二簋用享意也。祭神、祭口腹、神人共享。若如胡樸安之「菲飲食致孝乎鬼神」，其言二簋之用享，無乃太儉乎！胡之未明菲飲食者人也，禹也；致孝乎鬼神者，言令祭祀之物豐多絜淨也。盛美其祭服也。以二簋享神，神弗祐之矣！

象之謂與時偕行。蓋非一之以「何用豐」！亦非「寧儉禮之本也。」端視國家之窮富，治民者調其盈虛，謹愼斯之所謂禍福之門邪！

初九、已事遄往，无咎，酌損之。

象曰：已事遄往，尙合志也。

孟喜作巳事遄往。荀爽作已事顓往。

王弼：損下益上，損剛益柔以應其時者也。居下極損剛奉柔則不可逸，損始不可盈，事已不敢宴安，乃獲无咎。剛奉柔雖免咎，猶未親也故无咎。自酌損乃合志。遄速也。

孔疏：已，竟也。遄，速也。如人臣損己奉上，若廢事而往，无咎也。剛勝則柔危，以剛奉柔，初未見親也，故須酌損之乃得合志。

李鼎祚易集解作「初九祀事遄往，无咎酌損之。」引虞翻曰：祀祭祀，坤爲事，謂二也。遄速，酌取。二失正初利二速往，合志于五，得志无咎。

張横渠：損剛益柔，有時損不可過，抑而居下，有爲而然，故事已則當速反於上，與四合志，損不以中未免於吝也。

程頤：損剛益柔，損下益上。初陽應四柔，初不以功，事已則去乃无咎。四柔賴初故聽初，初當酌度其宜。

蘇軾：初陽未損方盈，六四未益猶虛，當己而遄往，我酌損多少？若迫上勢後往，雖欲酌不可得，損必多。惟遄往可以无咎。初九已損、六四已益、初迹與心合故尚合志。

張浚：救弊欲速，君子之仁速則濟，故无咎。酌損謂何天下有中道？量德度時，各稱分量，損斯可久！初四志易合，感速遄往，艮變離飛鳥象爲遄，初剛能酌損，兌澤爲酌。

鄭汝諧：損剛益柔，四賴其損。己事遄往謂在己所當損之事則宜速往以益上，與上志合故无咎。雖然，下者上之基，陽者陰久本，過損或傷故必酌損之，隨器而止。

張根：損益不敢先事，言格君非，待其已事然後遄往，斟酌救之，庶其可耳。

朱震：已事者止其事也。遄疾之意。九居四有咎，已事遄往故无咎。四坎水，艮手酌損之也。如魯人欲以璠璵葬，夫子歷階而止之是也。

項安世：古語止疾曰已。四過柔，初損剛益之。慮故酌損，四損柔受剛，喜而无咎，初遄速往志四，故曰上合志，四自損受之使合志之臣得效其忠，豈非可喜之事哉！

李衡引陸：已事者，已任者也。應時速往，尚合衆心，无過損。又引陸：上取下不過甚宜速奉之，得宜故无咎。引牧：損初蹇難既濟，乃可爲者。當酌度，合衆志也。引胡：民奉上當酌其宜，使合中道。引介：損當酌六四能納己也。引句：臣抑剛節奉上。引陳：功成不居，斟酌无使過常以招疑。

楊萬里：四柔非初陽助而誰也？然必不有其應之迹，助之不居功，故事已則速去又從而酌損之，則可无咎，上合六四之志矣！魯連卻秦辭封，四皓安漢不居其位，初之義也。此損己益人，損下益上之事。

朱熹：應六四陰，速往无咎，然當斟酌其淺深也。

趙彥肅：以陽居陽，往四得陰，損己則无咎。初微盈，酌損就中，甚則反虛故爾。

楊簡：方上損下，己事當速往，功成身退，豈宜少留！使不失中，不失宜。初爻有退居下之象，故曰遄往。

吳澄：初四應，下陽益上陰。已止也。止所爲事，速往益四也。陽喜作爲，有用之才求爲上益，故无咎。四如器挹取初之有餘而損之也。

梁寅：初四應，損陽益陰，當行无疑者，遄往益之則无咎。然損己必酌量之可也，彼自滿，雖欲益，何從益之乎！

來知德：己者我也。損剛益柔，損下益上乃我事。遄，速也。酌即損剛益柔。初剛四柔，損初益四，己遄往象。必斟酌而後損，許其无咎，又戒之以此。

王夫之：損者三，受益者上。初九剛居剛，潛藏於下，未有損之情，故戒能輟其陽道潛藏之事遄往益上則无咎。非欲初損，酌宜損損之。戒占者當其時位善處之。

折中引朱子語類：酌損之在損之初下猶可斟酌也。案孔氏說已事之義，謂學優而後從政之類，於理亦得。

李光地：損下速往益上，重已其事而後遄往。已事者，畢我之事而後急彼之事。酌者事未可遽言之，未可盡之類。

毛奇齡：上三爲卦主，初二皆在所損之列，初尤下，下奉上特故事耳，分所固有，速往應即已无咎。享有簋，薄享需酌，恐其厚，此上志也。

李塨：初爲民，安下供上爲己事，而有不速往奉之者乎？順民何咎？上不可過損，斟酌以損乃爲得耳。

孫星衍：（釋文）已，本亦作以，虞作祀。遄，荀作顓。（按）說文引作巳。

張惠言引注：祭。坤爲事。謂二也。遄速、酌取，二失正，初利二速往合志於正，无咎。已得之應故遄往无咎。祀舊作巳。

惠棟：巳讀爲祀，謂祭祀。二居五酌上之剛以益三，故酌損之。

姚配中：己，以也。事，職也。以職事喻文事紂也。初得位故以事遄往應四，故无咎。酌斟酌喻文益紂欲其斟酌用之也。

吳汝綸：用吾職以往，雖速可也。酌，挹取之也。挹取己之剛而損之以益四也。

馬通伯引王宗傳曰：初出粟米麻絲事上者，宜速往免咎。引沈夢蘭曰：公事畢然後治私事，遄往之義也。酌損如公田九一，公旬三日皆是。案：初爲士庶當往役。損通先斟酌曷可損，曷不可，曷用即酌損之義。上酌損則無竭澤之患。

丁壽昌：釋文已，本作以。虞作祀。遄速，荀作顓。程傳事既已則速去之。本義輟所爲之事而速往。二說不同。已竟也，本義訓止是廢事也，竊所未安。

曹爲霖：損己益人，損下益上事也。應之而不有其迹，助之而不居其功。事已速去，魯連卻秦辭封，四皓安漢不居其位，近初九之義矣！

星野恒：遄速也。斟酌以損也。陽剛居下應四，下賢裨益上，疾往從之可無咎。剛道當酌損，不可過損致失。

李郁：遄速，事已即往，非無事也。初往四酌損在內之勞力，速用之成物於外事故无咎也。

于省吾：按甲文祀亦作巳，周人恒語．虞氏作祀事遄往，是也。舊或以巳爲戊己之己，誤矣！

胡樸安：言祭祀之事當速往而无咎也。斟酌損之也。

高亨：祀事速往乃無咎，所獻之酒則酌減損之。或曰將祭品斟酌減損之。

李鏡池：巳借爲祀。祭祀是大事，趕快參加才不會有問題。可酌情減損，說明益中可以有損。

徐世大：過去的事快過去了，無妨酌量減損他。已讀如以。

屈萬里：古已以通，遄速也，酌損祭品。祀甲文作巳，證以卦辭二簋用享之語，作祀解爲得。已集解
虞作祀，說文作㠯。遄，釋文荀作顓。

嚴靈峯：初九，已事（端）往，无咎，酌損之。

張立文：已本作以，虞作祀。端借爲遄，速也。酌與勺同。譯：初九，祭祀的事應速行則無災患，可以酌減其祭品。

金景芳：已事，本義謂輟所爲事，速往益之。程傳事已速去，不居功乃无咎。我看應从程說。初剛四柔，初損益四，趕快去，這損要斟酌。

傅隸樸：下實四虛，初四正應，下臣上君，助君之急，急速前往才得无咎。初九自損必酌量情勢，不逢君惡，不虧臣節方宜，故曰酌損之。

徐志銳：初九剛居陽位，六四以柔居陰，四無剛稱疾，初九補六四不足，急速才得救。尚通上即上行。與六四相合，四无過柔病，初无過剛之弊，二者達到平衡統一。

朱邦復：捨己爲人，無咎，酌量捨之。（下益四不應居功）

林漢仕案：已事：孟喜作㠯事。王弼云事已不敢宴安。孔穎達已，竟也。若廢事而往。李鼎祚作祀事。引虞翻曰祀、祭祀，坤爲事，謂二也。張載同王弼事已當速反上。程頤則初應四，事已則去。蘇軾作當己而遄往。鄭汝諧亦作在己所當損之事速往益上。張根之已事乃不敢先格君非，已事後酌救。朱震已事者止其事。項安世謂古語止疾曰已。李衡引已事者已任者也。楊萬里言事已則速去，不居功。朱熹云應六四陰，速往无咎。趙彥肅云損己則无咎。吳澄曰止所爲事，速往益四，已止也。來知德：己者我也，損益乃我事。己遄往象。折中案：己事謂學優而後從政之類，於理亦得。李光地：重己其事而後遄往。已事者，畢我之事而後急彼之事。李塨：供上爲己事。張惠言謂已得之應故遄往无咎。祀舊作巳。惠棟、巳讀爲祀。姚配中：巳、以也，事、職也。以職事喻文事紂也。吳汝綸：用吾職以往，雖速可也。丁壽昌：已竟也。本義訓止是廢事，竊爲未妥。曹爲霖謂損己益人，事已速去。李郁之事已即往。于省吾甲文祀亦作巳。舊或以爲己，誤矣。胡樸安，高亨，李鏡池皆謂祭祀大事當速往乃无咎。徐世大謂過去的事快過去了。已讀如以。屈萬里已以通，作祀解爲得。金景芳謂「朱子輟所爲事速往益之。程子事已速去，不居功。」是程子、又云「初損四益趕快去」，則亦是朱子矣。朱邦復謂捨己爲人、無咎。

已事之解，約而言之：

㠯事。（孟喜）以也。（姚配中）

事已不敢宴安。（王弼）事已速反上（張子）事已則去。不居功。（程子）已事後酌救。（張根）若廢事而往。已、竟也。（孔疏）輟所爲事速往。（朱熹）祀事。（李鼎祚引）惠棟云已讀爲祀。于省吾高亨等作祀。己事。（蘇軾、鄭汝諧）損己則无咎。（趙彥肅）己，我也。（來）供上爲己事。（李塨）用己職以往。（吳汝綸）止其事，止疾。（朱震、項安世）止所爲事（吳澄）己任者也。（李衡引陸）已事爲學優而後從政類。（折中引）畢我之事而後急彼之事。（李光地）已，竟也（丁壽昌）過去的事快過去了。（徐世大）

以事速往，往固是去，然往不等於去，如：彼往來古今無礙。若云彼去來古今無礙則有點怪。又彼往作古，若謂彼去作古則似有去之意志矣。故爻文稱已事遄往而非已事遄去，則程子之事已則去，不居功。要轉彎抹角，然其清高不霑俗套，故是程子者多人，反不若孔疏及朱子之輟所爲事爲已事也。其應上也如君命召不俟駕乎？孔穎達之「若廢事而往。」正乃朱子所本也。丁壽昌謂「竊爲未妥。」漢仕以爲妥也。觀金景芳是程子之事已速去，又云初損四益，「趕快去」，非「是」朱子輟事速往而何？腳踏雙板船者不止一人也。

已己巳形近而敢以己再著一我者，來知德也。吳汝綸遂謂用吾職事以往。已變爲己，其明顯迹象。

李鼎祚引虞翻氏之祭祀速往似又更較程，朱說尤勝一層，蓋卦辭有「曷之用二簋可用享。」正說明祭也。祀與戎爲國家大事，遄往亦見其誠也。卦之六爻，由下而上謂往，謂由內而外，當然也可謂去。由上而下則曰來。

遄，荀爽作顓往。遄、速也。顓，專也。謹也。祀事專往，亦見其誠。顓顓爲謹貌，爲祀事而謹而專往，速往，其猶同君命召不俟駕而往矣！豈有咎？酌損之者　觀六爻皆有損益之文，初酌損，二弗損益之，三損一人，四損其疾，五或益之，六弗損益之。六三損人，六四損疾，九二上九弗損，益之。則益也。其句讀若弗損益之，則既不損亦不益，保持原樣所謂中道。初在下，雖能益六四、要之禮數，威儀之訂，初無置喙處，上有大人也。初之斟酌損之者，與祭典禮人馬之配合上志而已，而酌損之也者亦出於上志。試合觀易家之見：

象曰尚合志。王弼云自酌損乃合志。孔疏：初未見親故須酌損。程頤：四聽初，初當酌度其宜。蘇軾：由我酌損多少？張浚：救弊量德度時。鄭汝諧：四賴初損，必酌損隨器而止。張根：格君非斟酌救之。朱震：四坎水，艮手酌損之。項安世謂初損剛益之，慮故酌損。李衡引當酌六四能納己也。楊萬里：初助四，事已速去，又酌損之。朱熹：當斟酌其淺深也。趙彥肅：酌損就中。楊簡：使不失中，不失宜。梁寅：損己必酌量之可也，彼自滿，雖欲益，何從益之乎！來知德：酌即損剛益柔，必斟酌而後損。王夫之：酌宜損損之，戒占者善處之。折中：損之初下猶可斟酌也。李光地：酌者事未可遽言之，未可盡之類。毛奇齡：薄享需酌，恐其厚，此上志也。張惠言：酌取。惠棟：二居五酌上之剛以益三，故酌損之。姚配中：酌斟喻文，益紂欲其斟酌用之也。吳汝綸：酌，挹取之也。挹取己剛而損之以益四也。馬通伯：酌損如公田九一，公旬三日，曷用即酌損義，上酌損則無竭澤之患。李郁：酌損在內之勞力。高亨：所獻之酒，酌減損之。或曰祭品斟酌減損之。李鏡池：祭祀大事，可酌情減損。屈萬里：酌損祭品。金景芳：初損益四，趕快去，這損要斟酌。傅隸樸：初九自損不逢君惡，不虧臣節方宜，故曰酌損之。徐志銳：初與四二者達到平衡統一。

爲祀事謹愼專程而速往，豈有咎？禮數之酌減損，合乎上志也。故卦辭二段可用享。其酌損理由：

1.自酌損乃合志，不逢君惡，不虧臣節。

2.初未見親故須酌損。

3.四聽初酌損。隨器而止。酌六四能納己也。

4.救弊重德度時。格君非斟酌救之。

5.斟酌淺深，酌損就中。

6.損己必酌量之可也。必斟酌而後損。戒占者善處之。

7.恐其厚，此上志也。

8.二居五酌上之剛以益三，故酌損之。

9.上酌損則無竭澤之患。故九一，公旬三日。曷用即酌損義。

10.減酒、減祭品。或祭祀大事，可酌減損。

11.初損益四，要斟酌。

12.初四達到平衡。

酌損既合上志、顯然「初未見親」之說，酌損之謎一也，「救弊度時」亦謎之一也。「恐其厚」則行有餘力矣！損之時其節約，克難救困之時乎？「恐其厚」則有吝儉神靈，想非上志！九一、公旬三日，古仁政也，與曷用之時義必異，前者堯天舜日太平安樂，曷用之時必窮愁不得已，安可相提并論？初之益四乃正當之應，而又謂初利二，二居五酌上之剛以益三，則不知所云矣！有謂初之時，已事謂「學優而後從政」。與初爲民說不合。又有謂「魯人欲以璠璵葬，夫子歷階而止之。」蓋謂禮乎？奢乎？璠璵或璵璠乃魯君佩玉，以之陪葬執政季氏既是禮又爲僭乎？與已止其事雖削足合履，如酌損之何？已事若爲祀事，則風牛馬不相涉矣！初九，爲祭祀大事專往，必無過咎，禮數可因應時宜斟酌減損也。

九二、利貞，征凶。弗損益之。

象曰：九二利貞，中以爲志也。

王弼：剛不可全削，下不可无正。初九已損剛順柔，九二履中復損己益柔則剝道成，故不可遄往而利貞也。進之於柔則凶矣！九二不損務益，以中爲志也。

孔疏：九二利居守正，柔進柔則凶，九二不損己而務益。

李鼎祚集解引虞翻曰：失位當之正，故利貞，征行也。震爲征，失正毀折故不征，之五則凶，二之五成益，小損大益故弗損益之矣。

張橫渠：以陽居陰，剛德已損，故以征則凶。能志於正則雖損非損，其實受損。

程頤：九居二非正，志存乎中則自正矣！大率中重於正，中則正矣，正不必中，能守中則有益於上矣。

蘇軾：九二於六五不可復往，故利貞，征凶。迹不往心往，故弗損益之，言九二无損於己者，益六五也。獲十朋龜。

張浚：二剛居兌說中，利守貞。枉道失貞，幸進曲志，求益祇損，安足救時弊邪！二不變，陽弗損，弗損乃所以益。古君子重道難進，道重君信，遇合以中，何治不成！

張根：守正不變，其所爲少損，乃所以益之。

朱震：九二利貞者，非謂動而以柔爲正也，以中爲志，用剛待上之求。九二剛中而說，動則損，曰征凶者，動上行，以柔爲正也。若五下二，應弗損剛，五自益故曰弗損，益之。

項安世：損一益一求中，九二既中，二非有餘，有增損反失中，二此時守中則利，上往則凶，故利貞，征凶，弗損益之象。

李衡引陸：弗損之志在於中道則物皆利之，是弗損己者，亦所以益物也。引集：損下過深則不益上之德。

楊萬里：二剛賢佐五柔君，所以益於君也。兌說之資，濟剛陽，不正不中，故戒以利貞，戒之征凶，戒之以中爲志。若不得損其剛，不損剛斯足益其君故曰弗損益之。

朱熹：剛中，志在自守，不肯妄進，占者利貞，征則凶也。不變其所守乃所以益上也。

趙彥肅：止於至中，无所損益，利在貞固，征則凶也。戒之上應，恐妄損也。

楊簡：人臣之損，利貞正。損己不正則爲奸爲邪，征，前進，過之失眞故凶。必無損於道，用益乎上則可以益矣。

吳澄：宜守中正主事。震征行象。二當守不當行。二非有餘，五非不足，故二弗損己，以中應益五。二宜自貞其事，不可上征就五。二益五不損己而益之，陽居陰也。

梁寅：二雖剛中而居柔，患其不貞而枉道說人，故戒征凶。二非終不往，守正待上求然後益之爾，則弗損其貞，乃所以益其君者也。

來知德：貞者，九二剛中正，利者，中德自守。不守剛中之德，有所往，容悅媚上，所以凶也。弗損剛中注即益利。又二自守弗損，貞道，往則凶，貞則利，征則凶也。

王夫之：二居中爲陽剛之主，尸損之事。必有餘而後可損，戒守正則利。往損則凶。二但固守其剛，使足內，不待損而自有益上矣。初勸往，二止其征。裁成之道也。

折中引林希元：爻爲剛中，人事則爲自守不妄進，九二之貞也，故占利守貞，變所守得凶矣！自守不妄進，由是啓時君尊德樂道之心，止士夫奔競之習，是弗損乃所益之也。

李光地：或因損己喪其益上之具，故利貞固，故利貞固。二當事任而曰征凶何也？當事任或不知損己所當愼。征凶者往而不返則有凶，征遠，往近也。

毛奇齡：二近損將及矣，故守正則利，遄往則凶，其勢有弗可損者。

李塨：初民二臣，應五利剛中不變，以道事君也。若兌妄動則凶，弗損則所以益之，爲民留餘，勿曲學卑身也。

張惠言引注：失位，當之止，故利貞。征，行也。震爲征，失正毀折，故不征之五則凶。二之五成益，小損大益，故弗損益之矣。

惠棟：二失位當之五得正故利貞，征行，震爲行。二當之五，不征之五則凶。不征言征。猶不如言如。訓詁義反。

姚配中：利貞謂自化所謂可貞也。二陽爻之五則益，不得有凶。此已化陰復征五，二陰不應，失位故凶也。弗損益之，陽化陰自損，不化故弗損，之五成益，益五利攸往者也。

吳汝綸：宜靜不宜動，以不損爲益也。象以中爲的也。

馬通伯案：二本中，又曰中爲志，爲天下立法，咸使就中，所謂損，德之脩也。其義大矣！征凶，戒其變也。二損謂損己，益謂益上。

丁壽昌：蘇蒿坪曰損以中爲主，九二剛得中，故利于貞而不宜悔，若復有所爲，則妄動失中，故又曰征凶也。

曹爲霖：誠齋傳曰不損其剛，斯足益君。裴度晚節安於浮沉，損剛者也。林希元曰二剛中自守不妄進，申是止士大夫奔競之習，啓時君尊德樂道，一絲繫九鼎，損益於此可見。

星野恒：剛中居兌，上應六五，得君者也，當貞正，苟變守必凶。居陽故弗損益之，所以益上也。
李郁：二之五故利貞，征進三，失應故征凶。剛不宜貶損，宜以己益人。九二化柔是大損，益五得其正故利貞，戒勿損又益之。
楊樹達：子路問損之有道乎？孔子曰高而能下，滿能虛，富能儉，貴能卑，智能愚，勇能怯，辨能訥，博能淺，明能闇，是損而不極，惟至德者及之，易曰不損益之，故損自損而終，故益。（說苑敬愼篇）
胡樸安：利貞者中以自守利行損之事。處損時不守中而往必凶，對民衆不僅弗損而又益之也。
高亨：謂事物仍其舊貫，勿損亦勿益，筮遇此卦，舉事有利，出師征伐則凶。
李鏡池：利貞。征，凶屬另占附載。與上爻相反，有時不能減損，要增益，情況不同要分別處理。
徐世大：有不可減損反而增加的。宜長期的，前往有危險的勿要減省，增益也。
嚴靈峯：九二，利貞，（正）（兇），弗損，益之。
張立文：貞，正也，假爲征伐之征。譯：九二宜恪守正道，征伐他國則凶，不能減只能增加。
金景芳：九二沒損也能對六五有所益，所以叫弗損益之。嚴子陵不做光武的官，沒益、實際益處很大。桐江一絲能繫漢九鼎。九二中所以弗損而益之。
傅隸樸：九二應保持其剛正之節，不可損剛益柔了。如不堅持剛正之節，損己以益上、結果必凶。既然利貞征凶，就不可以損剛以益柔了。故曰弗損益之。
徐志銳：九二與六五爲不損不益。九二應當利貞，正守本位不損下益上。肯定九二守剛柔適中爲己意，不損益是正確的。

朱邦復：保持公正，有所爲則凶，切勿損公而益私。二居柔位，以柔悅上，失剛德之象。

林漢仕案：六十四卦九二有應著凶字者僅損一卦、餘節與困九二亦著凶，然皆无應。損九二，利貞，征凶。弗損益之。從利貞、征凶字面上，知「弗損益之」句，不可拆開爲弗損，益之。何則？利貞者利正，利正則勿須損，亦勿需益。損卦損陽以益陰，勿須損陽以益陰也。所以征，亦欲以陽進益陰也，故凶。損卦陰乚益陽之理，故勿需益九二。九二本陰位今陽居，與六五名義上應，一切恰如其分，增一分則餘，減一分則不足。故九二利貞可矣！益上無益，反害人自害也。保持現狀就是成功，九二正是，此有時而可，非常道也！茲聚衆寶如下：

象：九二利貞，中以爲志也。

王弼：九二不損務益，以中爲志也。

孔疏：九二利居守正，進柔則凶，二不損已而務益。

虞翻：失位當正故利貞，征行也。二之五成益，故弗損益之。

張載：陽居陰，剛德已損，故征則凶。志正雖損非損。

程子：居非正，志存中則自正，能守中則有益於上矣！

蘇軾：二與五不可往，故利貞征凶。迹不往心往，益六五也。

張浚：枉道失貞，安足救時弊。二不變，弗損乃所以益。

張根：守正不變爲少損，乃所以益之。
朱震：二剛悅，動則損。五下二，五自益故弗損，益之。
項安世：二中，有增損反失中。故利貞征凶弗損益之象。
李衡引：弗損己中道者亦所以益物也。又損下深不益上德。
楊萬里：二剛佐五柔君，戒中爲志，不損剛故弗損，益其君。
朱熹：不妄進，征則凶，不變其所守乃所以益上也。
趙彥肅：止至中无所損益，利貞固，戒上應恐妄損也。
楊簡：人臣之損己不正則奸邪，進故凶。無損道益上可矣！
吳澄：二當守不行故弗損己，以中應益五。
梁寅：剛居柔患不貞，待上求然後益之。弗損貞所以益君。
來知德：不守剛中德容悅媚上所以凶。弗損剛中即益利。
王夫之：初勸往，二止其征。固守其剛，不待損益上矣。
折中：剛中自守，止士夫奔競之習，是弗損乃所益之也。
李光地：二利貞固。征，往而不返則凶，征遠，往近也。
毛奇齡：二守正則利，遄往則凶。其勢有弗可損者。
李塨：二臣，應五利剛中不變，以道事君也。勿曲學卑身也。

張惠言：失位，當之正。之五成益，小損大益故弗損益之。
惠棟：失位當之五，不征五則凶。不征言征，訓詁義反。
姚配中：二化陰征五不應，失位故凶。不化弗損，之五成益利往也。
馬通伯：中爲志，征凶，戒其變。二損己益上。
丁壽昌引：九二剛得中，妄動失中，故曰征凶。
曹爲霖引：斐度晚節安於浮沉，損剛者也。又引剛中自守，一絲繫九鼎，損益於此可見。
星野恒：二剛中應五當貞正，變守必凶。弗損益所以益上也。
李郁：之五利貞，征二故凶。益五得正，戒勿損又益之。
楊樹達：孔子曰高能下，富能儉，自損而終故益。
胡樸安：中以自守，對民衆不僅不損而又益之也。
高亨：仍舊貫，不損亦勿益。出師征則凶。
李鏡池：征凶屬另占附載。損益情況不同要分別處理。
徐世大：有不可減損反而增加的。
張立文：宜守正道，征伐他國則凶。不能減只能增加。
金景芳：二不損也能對五有所益，所以叫弗損益之。
傅隸樸：九二應保持剛正之節，不可損剛益柔。

徐志銳：九二與六五爲不損不益，正守本位是正確的。

朱邦復：二居柔位，以柔悅上，失剛德之象。

以道事君，勿曲學卑身。「君子疾夫舍曰欲之，而必爲之辭。」士大夫奔競之習，又必有辭爲之遮掩其容悅媚上之醜態，是夫子之所疾也。本爻之謂利貞，乃九二基本態度，征若正則何凶之有？爻言征凶，是征之非利貞也。弗損益之乃補充說明九二之時「能守中則有益於上。」「迹不往心往，益六五也。」「二不變，弗損乃所以益。」高亨言不損亦勿益。乃在守中範圍。張惠言與惠棟之「不征言征。」二之五成益，本山澤損，變風雷益矣，本虞翻氏失位當正說也。李鏡池之損益情況不同，要分別處理。一意分四支，恐非作易者之本心。吾從衆之存正，戒征行，妄動則凶，不損亦勿益也。

六三、三人行則損一人；一人行則得其友。

象曰：一人行，三則疑也。

荀爽：一陽在上則教令行，三陽在下則民衆從也。

王弼：三人謂自六三已上三陰也。三陰並行承上，則上失其友。六三獨行得友，二陰俱行則必疑矣。

孔疏：三人謂六三已上三陰也。上一人謂上九，下一人謂六三。六三應上九，六四、六五俱行，雖欲益上九一人，上疑故損一人。六三一人獨行，上九納己則得其友矣！

李鼎祚引虞翻曰：動體離中故爲志。乾三爻爲三人，震爲行故三人行損初之上故則損一人。

張載：六三本爲上六，與坤同體，若連茹彙征三人並行則反非益上之道也。

程頤：損者損有餘也。三人謂下三陽同行則損九三，上三陰同行則損上六，上以柔易剛謂之損、上三本相應，二爻升降，兩相與，則志專爲得友。一與二生生之本，三則當損，若三人行則疑所與矣！此損益大義。繫辭一人行得其友，言致一也。

蘇軾：兑三爻皆以益上爲志。卒之損己益上者六三而已，故曰損一人。六三以身徇上，使九二得以不征，此九二深德，故一人行得友。君子事上心同迹異，故上不疑。

張浚：三陽皆君子。天地萬物之理、一威、二敵、三分、至三而變。上下一可參天地，君子同心同德，天下君子其孰不用？故獨取一人行得其友義，非止於一人也。

鄭汝諧：三本陽與初二兩爻同體，今損三益上，三人行損一人也。三既爲陰與四五同體，今六三獨與上交，一人行則得其友也。同往則疑不受矣！蓋陰陽皆致一也。

張根：是謂致一密勿之義。

朱震：損自泰變，三陽並進，三人行也。九三之上，損一人也。九二上，上六下三，剛柔偶合，一人行得友也。三即上爻故謂友。得配也。太玄三與八成友，均水也。

項安世：六三損剛補上，是泰之三陽損其一。上九因六三之行得其友，得則不復損。損因六三之損得名，三損，初二四五上皆成耦，此損之有孚大善者也。

李衡引介：此其所謂爲物不貳則生物不測者也。引代：損道當損而損，即上乃應之，陰好順陽，故三陰俱行也。引金：三人謂初二三，三應上九，三爻俱進則上九以二陽逼己，故疑！若六三柔自進，上必見納。

楊萬里：三本乾三陽，與初二同行，三獨爲陰，損一人也；兌三爻，六三一陰，所謂一人行。應上九是得友。此堯舜乃也。孝父母、弟兄弟，不得父母兄弟，非損一人乎！歷山堯爲鄰，河濱堯爲侶，非得友乎！三人行而見疑二人，一人行得友，豈非損益无定形哉！

朱熹：下卦本乾，損上爻益坤，三人行則損一人也；一陽上，一陰下，一人行而得其友也。兩相與則專，參則雜而亂，故戒占者當致一也。

趙彥肅：參者分，偶者合，一者通，此天地男女生化之義。三損一，一得友，損益盈虛之理每寓也。

楊簡：三則疑，此人情之常。筮得此爻必有此事。孔子曰天地絪緼，萬物化醇，男女構精，萬物化生。孔子欲明致一之道。苟能達致一之妙。一以貫之，无所不一矣！

吳澄：泰下卦三陽三人行，減三陽之一以益上，損一人也。上之一陰來易三，一人行也。三上相交而得上九之益，得其友也。三人位故曰人行。友益己者，上爲三之友。

梁寅：兌主，與艮之陽爲偶，此三人行損一人。艮不與同體二陰相應而與兌陰應，此一人行得友，陰陽相友，生道不窮矣！

來知德：本卦綜益。三人行者益下三爻居損上三爻，損六三也。一人行，六三也，居四，即損三益四，四初正應則得友。此爻損益上下交接之爻，故有此象。凡事致一不可忝三。

王夫之：則者言理數之必也。卦畫三則盈，必損其一，无不損之道也。損一人則一人行矣，行必得友。乾變兌，損一人，四五同道相友，陽運外，陰處中，損固无傷矣。

折中引林希元曰：此爻三正是當損之爻。引楊啓新曰：人相與惟心，苟不孚，群黨比周固三也，苟相孚則千百其朋亦兩也，二人同心，固兩也。

李光地：因卦象論損益之道，蓋三爻損一爻，是三人行損其一人也。一爻損益上，是一人行得其友也。凡人國爾忘家，公爾失黨，苟私家黨與，何誠信以事君乎！

毛奇齡：三人行，三陽進也。損一人，一陽移也。一人行，三獨升也。得其友，獲上應也。來註不識推易，止曉反易，不顧情理也。

李塨：下卦乾陽三人行，九三變損一人，三往上九，一人行，上陰下六三，陰陽交得其友。三人似衆，一國三公誰從？參雜生疑，天一得地，男一得女，絪縕萬物生，可玩哉！

張惠言引注：泰乾三爻爲三人，震爲行，故三人行。損初之上故則損一人；一人謂泰初之上，損剛益柔，故一人行兌爲友，初之上據坤應兌故則得其友，言致一也。

惠棟：乾爲人，故泰乾三爻爲三人，泰陽息之卦，初九之坤上故損一人。一爻爲一人。

姚配中：下三爻爲三人，初得位不升故損一人，一行謂三，三之上相應故得其友。賢佞不並也。

吳汝綸：人者陽也。三陽同行則損九三之陽，一陽上行，陽以陰爲友則得友。六三爲上九之友也。

馬通伯：三人謂乾，六于以一陰一陽爲主，故曰一人行。引王申子曰：乾損爲兌，三人損一也，兌三以一陰獨行應上，一得友也。艮兌男女成體，成化生之道著。引胡遠濬曰：天地絪縕，男女搆精，兌三應艮止也。案三人行卦象，一人行本爻象。兌復爲乾則與艮兩陽相疑，非陰陽致一之義也。

丁壽昌：三人行，王以上三陰，程以三陽三陰，本義以下三陽，本義說最爲精確。林次厓曰此爻辭兼取六爻，三正當損，乃卦所以爲損，故于此言之。蘇蒿坪互震行象，三人位，二至上互離麗有得象。舊謂兌爲朋友之象。

曹爲霖：萬物莫不以兩爲對，三爲參錯。金谿陳氏曰三人志不相孚，故一人行也。

星野恒：居下之上與上九應，此損下益上者。內卦本乾，變兌，三人行損一人；與上九應，陰從陽，此一人行得友也。

李郁：三謂乾三爻，泰三之上損一人，上比五，下比二，相交相親故得其友。

胡樸安：三人占則從二人之言是也，棄一人謀不用；與一人謀則謀是用，得其反也。

高亨：朋即朋友，損即喪朋，得，得朋。殆古代故事，使三人往甲處，結果失一人，一人往乙處，結果遇友同來。

李鏡池：以行旅爲譬，說明損益得失。三人行難免意見分歧，有一人孤立，故損一人；一人孤單，遇人可以作伴，即得其友，這是益。

徐世大：三人行損一人，少數服從多數。三減一人容易成事。減至一人則力量薄弱，有求友朋必要。或三人服從二人意見。或一人自致其幕僚提供意見作剖斷。

屈萬里：傳象言一人行，則得其友者，因三人則相疑也。

嚴靈峯：六三，三人行則損一人，一人行則得其友。

張立友：友爲朋友之友。　譯：六三，三人出門行走損失一人，一人出門行走則得其朋友。

金景芳：本義說下卦本乾，損上爻以益坤。三人行而損一人也。本義講法好。一人行乃得友也。初二、四、五同德相比，三上應，皆兩相與，則其志專，得眞友也。依程傳。

傅隸樸：損是犧牲在下以全上，三人指泰下乾三陽，九三全損，自我犧牲，變成六三，上九便得其友了。注疏三人指六三、四、五，不合損下益上之理，故無取。故三人行損一人，指國君上九，一人行指赴難之臣六三。

徐志銳：所謂三人行是指泰未變損下三剛共進，九三變柔，故剛損一人，九三乾與上六相易，由泰變損，上艮下兌陰陽合體，少男少女對立統一。九三一人行當其損益。

朱邦復：萬事循環相生，有得必有失。　傳象：若以一陰下降言＝一人行則得一友。

林漢仕案：三人行，三指三以上三陰？抑三本陽，與初二同體，即下三陽爲三？綜益？泰變？三人位，下三爻爲三人？三人行、卦象；一人行、爻象？人言人殊。汪中釋三九亦不能舉三爲數之成邪抑約之三以見其多？三其虛數耶，三其實數耶？象只謂三則疑。依理一行三疑，三爲多數，亦不必限以三，不必果爲三，不可知其爲二，要之三者爲多數，指實三爲三陽或三陰，固在釋爻辭上方便易懂，然亦落人口實，欲上人者之指斥也。猶之性相近習相遠，不靠邊無從是非，一落性本善，性本惡，則千古仍聞交詬聲！故是三陰三陽、綜益、泰變、未若占三人，其行損一人云云。茲仍舊貫，聚前賢三指三陰立說者：三人謂三陰者：

王弼：三人謂自六三已上三陰也。

程頤：上三陰同行則損上六。

李衡引代：陰好順陽，故三陰俱行也。

（傅隸樸以爲不合損下益上之理，故無取。）

※三人謂下三陽同行。

荀爽：三陽在下則民從。

李鼎祚引：乾三爻爲三人。

程頤：三人謂下三陽同行損九三。

張浚：三陽皆君子。

鄭汝諧：三本陽與初二兩爻同體。

朱震：損自泰變，三陽並進，三人行也。

李衡引金：三人謂初二三。

楊萬里：三本乾三陽，與初二同行。

朱熹：下卦本乾。（丁壽昌以本義說最爲精確。）

吳澄：泰下卦三陽三人行。三人位故曰人行。

毛奇齡：三人行，三陽進也。

張惠言：泰乾三爻爲三人，震爲行故三人行。

惠棟：乾爲人，故泰乾三爻爲三人。

吳汝綸：人者陽也。三陽同行則損九三之陽。

馬通伯：三人謂乾。

李郁：三謂乾三爻。

※三人謂泰變者如朱震言，亦同謂下三陽也。

※三人謂綜益者：

來知德以山澤損，其綜則風雷益，所謂綜即正看與倒看其爻卦之組成也。風雷益，中三爻即六二、六三、六四陰也；其初九、九五、上九陽也。從損六三文字看，來謂陰爲三人也。　毛奇齡責之「來註不識推易，止曉反易，不顧情理也。」毛之未見王孔程說耶？不知來亦推易也。

李塨之論三人似衆，衆則參雜生疑，故謂一國三公，誰從？曹爲霖亦以三爲參錯，萬物莫不以兩爲對，三人志不相孚。馬通伯之兌復爲乾，與艮兩陽相疑，非陰陽致一之義。乃從比應上著眼損一人之必損三中兩陽之一也。近人胡樸安、高亨等不落故套，皆撇開象而直稱三占從二，或三人往，失一人，不落陰陽綜變，其義亦顯。蓋六三之占也，三人行不含六三，一人行，亦不含六三，似有高空放槍，無的而「碰碰」也！至謂六三之泰變、本乾、因變故損一人，斯言爲損六三爻辭似找到依據，似見到象占確實如此，九三飛上泰之上六也，泰上六降到損六三也。如此卦變，三人行損一人，泰三變損三也，一人行得其友，一人亦損三得上九原本泰九三也。說者理路似順而聽者未必欣然接受也。吾故不从衆，而從近人之占三人行損一人；一人行則得其友說。蓋亦朱子常語謂其占如此也。損卦六爻皆應，各有專屬，一人行，可以配對，三人則衆，李塨謂參雜生疑也。李鏡池謂三人難免意見分歧也。胡樸安三占從二也。一人行則得其友，言致其醇一也，韓康伯注繫辭易日言致一也云致一而後化成也。

又三人行則損一人。損一人，損，未必是折損人，蓋謂減損也乎？爲何要減損？初之酌損，禮數之可因應時宜，可斟減損也。九二之維持現狀即成功，故弗損益之。六三之損一人，諒亦從公上減少開支言，三頭馬車固疑，不能統一著力，一國三公固令出多歧。而本爻似謂不必浪費而效率照樣卓著之建言，不果敢直率謂一人力足矣，第謂減一人，更補充一人行則得助多，暗謂一人力足矣！何必三人！何必二人！

六四、損其疾，使遄有喜，无咎。

象曰：損其疾，亦可喜也。

蜀才：四當承上而有初應，必上之所疑矣！初四之疾也，宜損去初，使上遄喜。

王弼：履得其位以柔納剛，能損其疾，疾何可久！故速乃有喜。損疾離咎，有喜乃免，故速有喜，有喜乃无咎。

孔疏：疾者相思之疾，初九損己遄往，以正道，四不速納則有失益之咎。

李鼎祚引虞翻曰：四得位遠應初，二疾上五，三上復坎爲疾，陽在五稱喜，欲損其疾，使遄有喜，二上體觀得正承五故无咎矣。

張載：六三志應上，近不相得，不固其躓，使速應於上，則初九之應无所阻，故曰損其疾，使彼有喜，故己亦可喜而无咎也。

程頤：損時與初應，損柔益剛，故曰損其疾，疾病、不善。唯使遄速則有喜而无咎。人之損過速不至深過爲可喜也。

蘇軾：遄者初九。下所損有限，上求益无巳，下病，我去是病則遄者喜我。自初言、己事遄往，四求我寡，故酌損；自四言、損其疾、初之從我易，故遄有喜。

張浚：四德位俱陰，又處互坤陰中，在損爲疾。損貴剛柔得中，初剛勉四而納之中，曰損其疾。四居上位，才德雖不足，得遄剛賢助與用中，損弊可革，故曰亦可喜也。

張根：納初之說者也。

朱震：九（初）六離位，六四之疾見矣。六四損其疾，初九遄有喜。遄者離爲飛鳥疾之象。使初九遄有喜者六四也。六四亟損其不善，害已去亦自喜。初九益人而不失己。

項安世：六四有過柔之疾，此爻當損下初剛，六四受益，受人之益，損己之疾也。損柔受剛，得益有喜无咎矣！初遄往志四故曰上合志，四自損受之，豈非可喜之事！

李衡引子：遠陽，處兩陰間，爲勤望初來之疾，初遄來疾損有喜。引陸：初損己益四爲任，以未能益四爲疾，四應則損初之疾。引牧：陰居陰，損甚成疾，必求陽散之，遄者來初也。引石：得位近尊，民難未盡去。引介：不得陰陽之中謂疾，資陽其疾損而有喜，柔弊緩遄乃无咎。

楊萬里：勸六四損己從人，損不善，益善。去疾必醫，去過必師。六四疾，醫以初九師。六四柔，近君，富貴誘於前，忿欲動於中，此其膏肓也。初九剛方切磋救之。

朱熹：初九陽剛益己，損其陰柔之疾，惟速則善。如是則无咎。

楊簡：六四偏陰之疾，陰爲柔，靜，虛。道心無體，事變无窮，君子無敢置己意於其間。微致己意則失道。

吳澄：初有餘四酌損之，取有餘益己不足，是損初之疾也，其指初。四損初益己，使初疾愈而遄有喜也。四取下賢益己故无咎。有喜屬初，无咎屬四。

梁寅：四承五弱甚，苟非求下陽則何以損疾？不急求人豈樂應，故初遄往，四亦遄喜，喜以損疾，又何咎哉！

來知德：四變坎心疾，遄往。四陰柔得正，與初正應，賴其陽益己而損疾，有喜矣，无咎之道也。

王夫之：內卦乾、使三不損，則陽擯陰，陰乘陽，四病矣，損四之疾，不待上受益而早喜其居位之得安，四當位柔，靜止无求益之心，故无咎。

顧炎武：四能遄者賴初之剛。周公兼三王以施四事，有不合思之，幸而得，坐待旦；子路有聞，未能行，惟恐有聞，遄也至矣！文王勤日昃，大禹惜寸陰，進德修業，欲及時也。疾之爲言遄之謂也，故雞鳴而起孳孳爲善。

折中引胡炳文：四初應，初已事速益四，四損陰疾，速則有喜。又下損己益上，當使下亦速有所喜，乃无咎。

李光地：四受益者，然非自損不能受益，若大臣則改過不吝從諫。先君子曰：下益我，不自損其疾，無以勸彼之來矣，故使遄者有喜，受益之道也。

毛奇齡：四五皆受益地，所損必其所不喜，必欲去者，惟疾而已！四與初應，四遄使報之。大離反坎去疾得喜，則是惟弗損，損豈有咎乎！

李塨：初所謂合志者，坤虛爲害爲疾，初九陽遄往而損其疾，誠合志可喜矣！

張惠言引注：四謂二也，四得位遠應初，二疾上五，三上復，坎爲疾，陽在五稱喜，故損其疾，使遄有喜，二上體觀得正承五故无咎矣！

姚配中：疾謂二，四應初隔二，二其疾也。二之正，四得初應故損其疾，使遄有喜，得位故无咎。

吳汝綸：以陰處陰，承乘皆陰故疾，資陽則疾損，初九遄來則遄有喜也。

馬通伯案：損剛，四柔无可損，則自損其疾，懲忿窒欲是其事，損以遠害，莫大於忿，欲懲之窒之。

損先難後易，故遄有喜，初盡職，四遠害，皆貴速。四損就一已言。

丁壽昌：程傳謂四自損從初。案若是則損上而非損下矣！王謂柔納剛，本義損陰柔之疾，皆得此爻之義。蘇蒿坪曰變互坎有疾與遄象，喜變離之象。

曹爲霖：日知錄曰損不善从善莫尙乎剛，莫貴乎速，初九遄往，六四遄有喜，四能遄賴初剛也。誠齋曰六四柔，有初九剛方能救之。子產容國人之譏己，可謂能損疾懲忿。

星野恒：陰不中與初應，此資下之益，未可遽進，故云損其疾。改不善尙速，不改則惡成，故云使遄有喜无咎。蓋得善友，速改從善，此損疾遄喜也。

李郁：初來爲四，四得陽實，物阜財豐，然忿欲癡迷起，損此狂疾，使四返初，遄速往，四仍柔而疾損故无咎。

胡樸安：損非疾病之疾，乃忿慾，懲忿窒慾也。使速行有喜而无咎。

高亨：古謂疾愈曰有喜。（說見无妄）有病醫之使速愈自無咎。

李鏡池：損：減輕。要使疾病減輕，趕快求巫祭神，病就有起色。有喜指病愈。

徐世大：就除弊言，如治疾，不宜過於操切。減省疾病，使有喜樂，怪不得，不得其法耳。

嚴靈峯帛書：六四，損其疾，事端有喜，无咎。

張立文：疾，病也。事，假借爲使，義同而通。譯：六四，損滅人的疾病，使他迅速癒痊則有喜，沒有災患。

金景芳：六四當減損不善，初四應，四迅速損去不善，初九可與來往，有喜无咎。

傅隸樸：陰性多欲，初九酌損益四，四必須知足，六四窒己之貪病，不再求初損，使初九遄有喜，還有何咎？

徐志銳：六四无剛稱疾，初九餘剛來補己不足，能損其疾，使初九急速增益，肯定了這種損益是合理的。

朱邦復：糾正錯誤，越快越好，無咎。

林漢仕案：損卦名，其疢，嘆損之速也。使遄有喜，喜者福也，使遄速獲福，善補過也乎！疾非謂病，蓋病之來去，非人力可左右。再說古人書疾病於筆端時，蓋生命亦危矣！孔子病，歎太山壞，梁柱摧，後七日卒，又曾子有疾，啓予足，啓予手，謂吾知免乎！蓋彌留時也！損其疾，損乃病，損下益上，損剛益柔，損民財力而爲賦稅力役，其過十一爲苛也，若是，損，確然爲疾，無可挽救回天之疾。損下益上，損剛益柔，六四之損爻因其時位病入膏肓，故謂損其疾，則變天乎其來也，變天未必使遄有喜，善補過才是喜。是爻也，吾故曰非謂六四損，有疾。乃謂六四損，祈其疾速過去，疾速過去「損」這一時代也，其艱難乎哉？難去則遄有福而喜氣洋洋矣！祈艱難時代速去而艱難時段未必即速去也，其有天命在，疾去而後六四損，使遄有喜矣！作易者故補充說明「无咎」，敍善補過也。　而易變之論，羅列以資比較，俾更詳明可讀：

象：損其疾，亦可喜也。　蜀才：損去初，使承上遄喜。　王弼：能損其疾離咎，有喜乃无咎。

孔疏：疾者相思之疾。初九損己遄往，四不速納有咎。　李引：二疾上五（風雷益），三上復坎（水火既濟），坎疾，陽在五稱喜。欲損疾使有喜，二上得正承五故无咎。　張載：使六三速應上，則初應四无阻，故曰損其疾使有喜。　程頤：與初應損柔益剛，故曰損不善，損不過爲可喜。　蘇軾：上求益无已，下病，我去是病則遄者喜。四求我寡故酌損。　張浚：四德位俱陰，又互坤陰中，在損爲疾，得初剛賢助與用中，弊可革故亦可喜。　朱震：六四亟損其不善，初九益人不損己。　項安世：六四有過柔之疾。當損初剛，四得益有喜无咎矣！　李衡引牧：陰居陰，損甚成疾，求陽散之。引介：不得陰陽之中謂疾。　楊萬里：四柔近君，富貴誘於前，忿欲動於中，此其膏肓也。初九切磋救之。　朱熹：初九陽剛益己損疾，速則喜。　楊簡：六四偏陰之疾。　吳澄：四酌損初餘益己不足，是損初之疾使愈，取下賢益己故无咎。　梁寅：四承五弱甚，非求陽何以損疾？故初遄往，四喜損疾又何咎！　來知德：四變坎心疾。與初正應，賴其陽有喜矣！王夫之：內卦乾則陽擯陰，陰乘陽，四病矣！四當位柔无求益之心故无咎。　顧炎武：四賴初剛。疾之爲言遄之謂也。　折中引：四初應，四損陰疾，速則有喜。　李光地：下益我，不自損其疾，無以勸彼之來。　毛大可：大離反坎，去疾得喜。　李塨：坤虛爲疾，初九陽遄往損其疾。　姚配中：疾謂二，四應初隔二，二正，四得初應故損其疾。得位故无咎。　吳汝綸：以陰處陰，承乘皆陰故疾。資陽則疾損。　馬通伯：柔无可損，懲忿窒欲事。初盡職，四遠害，皆貴速。　丁壽昌：程傳四自損從初，則損上非損下矣！王謂柔納剛，本義損柔疾，皆得爻義。　曹爲霖：子產容國人議己，可謂能損疾懲忿。　星野恒：陰不中此資下之益，得善友速改，此損疾遄喜也。李郁：四得初陽實，物阜財豐，癡迷起，使返初，四仍柔而疾損故无咎。　胡樸安：損忿怒窒慾，使速行有喜。　高亨：古疾愈曰有喜，病速愈自無咎。　李鏡池：損、減輕，疾病求巫祭神，病就有起色。　徐世大：治疾不宜過於操切，減省疾病，使有喜樂。　張立文：疾、病也。損滅疾病，使迅痊則有喜。　金景芳：四當速損不善，初九與來往，有喜无咎。　傅隸樸：陰性多欲，初酌損益四，四窒貪病，使九遄有喜。　徐志銳：六四无剛稱疾，初九能損其疾，肯定損益合理。　朱邦復：糾正錯誤，越快越好。

以上有明言四之疾在：

1.初，損去初，四得承上遄喜。（蜀才）
2.相思疾。（孔穎達）
3.坎疾。（虞翻）四變坎心疾。（來知德）
4.使六三速應上，則四應初而无阻。（張載）
5.泛指疾。（象辭、王弼、程頤）下益我，不自損其疾，無以勸彼之來。（李光地）
6.上求益无已，下病。（蘇軾）
7.四德位俱陰，互坤陰中，在損爲疾。（張浚）坤虛爲疾。（李塨）以陰處陰，承乘皆陰故疾。（吳汝綸）

8.四柔近君，富貴誘於前，忿欲動於中，此其膏肓也。（楊萬里）

9.四承五弱甚，非求陽何以損疾？（梁寅）

10.內卦乾，陽擯陰，陰乘陽，四疾矣。（王夫之）

11.疾之爲言遄之謂也。（顧炎武）

12.疾謂二，四應初隔二。（姚配中）

13.子產容國人議己，可謂能損疾懲忿。（曹爲霖）

14.四得初陽實，物阜財豐，癡迷起。（李郁）

15.非疾病之疾，乃忿慾，懲忿窒慾也。（胡樸安）

16.疾病求巫祭神，病有起色。（高亨、李鏡池、徐世大、張立文）六四有所謂「損其疾」疾有右開十五種，初，二、三皆是障礙，皆是去之而後快，或變坎疾，變大離喜，承乘互皆陰，陰性多欲故疾！只顧炎武謂疾之爲言遄之謂也，勝過胡樸安謂懲忿窒慾非疾病。吾從顧之言疾遄速也，「損」六四其一階段之速去，蓋六四時乎艱難也邪？艱難時期渡過，則遄有福而喜氣來矣，蓋祈盼也，理想也。能「知其莫可奈何而安之若素。」正乃渡艱難之良藥，豈非善補過也耶？无咎也者想當然耳，想亦係當然妙方也。

六五、或益之十朋之龜，弗克違，元吉。

象曰：六五元吉。自上祐也。

馬融：爾雅：一曰神龜，二曰靈龜，三曰攝龜，四曰寶龜，五曰文龜，六曰筮龜，七曰山龜，八曰澤龜，九曰水龜，十曰火龜。

鄭玄：案爾雅云十朋之龜者一曰神龜……（周馬融引）

王弼：朋黨也，龜者決疑之物。陰非先唱，柔非自任，尊以自居，損以守之，故人用其力，事順其功，智者慮能，明者慮策，衆才用事，獲十朋龜，足盡天人之助也。

孔疏：居尊自損，天人莫不歸益之。故曰或益之也。群才畢用，自尊委人，天人並助故元吉。

李鼎祚引虞翻曰：二五變成益，故或益之。坤數十，兌爲朋，三上失位，三動離爲龜，十謂神靈攝寶文，筮山澤水火之龜也，故謂十朋之龜，三上易成既濟故弗克元吉矣！

張載：龜弗克違，言受益之可必信然不疑也。或益之，上九自外來而比之，況其下者乎。

程頤：虛中應二剛，人君虛中自損順賢，天下孰不益之。益事則十朋助之矣。十衆辭。龜決是非吉凶。衆人公論必合正理，龜筴不能違。可謂大善，古謂謀爲衆合天心。

蘇軾：受益中主，不求益者也。物自益故曰或。十朋之龜益人，六五无求九二，自上祐之，二效其智，欲避不可，知其非求也，故元吉。

張浚：或益之，蓋六五謙德既孚，上益之，群賢從而益之，天下益矣。元龜，大寶龜也。賢者如神故取象以龜。龜、地中物，龜損六五益六二，互坤成數十爲十朋之龜。

鄭汝諧：凡曰或……皆謂不期於得而得之也。五沖虛中順而居尊位，雖不期益，必有益之者。

張根：損主，柔得中，下說而附，所以獲福。

朱震：或益之言益之者不一也。五受益自天祐之，獲元吉何疑！上九益五，正也。元吉者始終吉也。泰三變損坤數十，四陰爲朋、十朋也。崔憬曰元龜直二十大貝，雙貝曰朋。三上，四初、五應二，十朋龜弗克違也。

項安世：六五既中，无待於補，九二亦不補之。九三忽補其上，補自上來，神天之降祐，龜筮之弗違，蓋福祿之補，非損下補上之補，故曰或益之。又曰自上祐之也。

李衡引子：益而損之，天道人理也。居尊柔能損己，天祐民歸。或者非意，十朋龜莫違，大吉也。引陸：五二位俱不當，用十朋龜正其志。五志損，行得中道，故朋龜兆不能違。引牧：上祐必天道也。引崔：元龜直二十大貝。雙貝曰朋。

楊萬里：六五損己從人之盛德，爲損卦之君，从下群賢，天下有善皆說，增益其高大，或非一人可指，十人朋從之，龜筮弗違，人謀鬼謀，百姓與能，此所以爲大吉。此大舜舍己從人之盛德也。

朱熹：虛中居尊，受天下之益。兩龜爲朋，十朋龜之大寶也，或以此益之，占者有是德則獲其應也。

趙彥肅：止中不求損益。然柔有可益之道。益非不足而益，如天祐人助之意，欲辭之而不可得。龜明知之物。

楊簡：上卦獲大益者，惟六五乎，中正之君，得則吉，人心歸之，天祐之。或者不一之辭。自或十朋之龜，天與鬼神祐之也。寂然無所動，故龜筮協從。

吳澄：五受二益，或不必然之辭。古五貝爲一朋。王莽改兩貝一朋，龜直五十貝。十朋之龜專指上九言，謂二儻益五，非但二益，上亦從其謀。元吉占也。

梁寅：君居尊位，當受天下大益，五柔中虛己應二，二剛中待五，其益之大如十朋之龜多而可寶，五必先致敬盡禮，二自當責難成善，其爲吉也宜哉。

來知德：兩龜爲一朋，十朋之龜，大寶也。柔順虛中應九二，受天下之益者也。占者元吉可知。然必有是德也。

王夫之：或，三非五正應，五不望其益也。兩貝爲朋，龜，守國寶。三益上非益五，卦坤體，三陰居外欲消上益，安於尊位，是五之寶，弗克違，理數之致元吉也。

折中引郭雍曰：益之至雖元龜弗能違！六五之元吉猶洪範之大同也。

李光地：有德受益乃天祐，故曰或益之，言不知其所自來也。十朋言衆多，累十朋而不違，其獲神人之助可知矣！吉孰大於是哉！

毛檢討：此有益者，然不知其誰益之也。且益亦匪利也。納龜爲十朋亦龜耳，非利也。然弗求弗卻，一似鬼神所賜，民不費上不貪，彖所謂元吉者。爲卜筮用，取予正不過如此。

李塨：得益者上九也。五君上益，所以祐五也。六五不貪，不期而至十朋之龜，欲辭不得，元吉者此。

孫星衍：（釋文）祐本亦作佑。

張惠言引注：二五已變成益故或益之，坤數十兌爲朋，三上失位，三動離爲龜，十謂神靈，故十朋之龜，三上易位成既濟故弗克違，元吉矣！

姚配中：二益五也。坤陰老龜，直十朋。二以十朋之龜益五，文王三分有二事殷象。二升五降皆得位故弗克違，元吉。君明臣福，紂用文則殷道中興矣。不用豈元吉哉！

吳汝綸：九二以中爲的，不損已以益五，五之十朋之龜，上九益之也。故象自上祐也。貝二枚爲朋。

馬通伯引郭雍曰：益之至，雖元龜弗能違，此其所以元吉，猶洪範之大同。引任啓運曰：元吉來自上者祐之也。自案益自上下下，在益以益爲益，損所當損。國奢示儉，去奢去泰之類。十朋大寶龜。損益不可執以爲常，故云或。

丁壽昌：注疏程傳以或益之爲句，十朋之龜弗克違爲句；本義以或益之十朋之龜爲一句。與先儒異讀，未敢從。朋，類也。譬喻辭。兩龜爲朋未知所出。坤順弗克違象。

曹爲霖：龜者決是非吉凶之物，賢者明能決疑故以爲象。

星野恒：古兩貝爲朋，十朋猶曰萬鎰之玉。此爻中正居尊，下應九二，虛中聽賢資其益者，親賢之益，鬼神亦莫能違。蓋民之所從，天必從之，豈容有疑哉！

李郁：剛來益五，居中正，可參天地，兩貝稱朋，其值最貴，寶龜靈擬人，告知吉凶咎吝，莫之能違，明德在中故元吉。

于省吾：按尚節之云易自覆象，損六五益六二皆互艮故皆曰龜，兩貝爲朋，龜值十朋也。尙說是也。漢食貨志元龜尺二寸，直二千一百六十，爲大貝十朋，注引蘇林曰兩貝爲朋，毛奇齡謂新莽所定。十朋卦象與古文朋字相類。

胡樸安：或益紂益之，言紂或賜十朋龜。弗能違背益者之意而不受。元吉者居損獲益。故象自（上）紂祐也。

高亨：十朋之龜值百貝之龜，弗克違，不能違。古人龜卜，購自漁者，購時當筮吉否。以十朋龜求售，筮遇此爻，則不能拒不購乃大吉。

李鏡池：或：人，指貴族。違：離去。有貴族賜十朋大龜，這不能不要，是用來占卜，不可減損。這說明只能益，不能損，即弗損，益之的例證。

徐世大：如人以鉅龜贈，受之而已，不能推辭，是大好。

屈萬里：遽父還彝：「遽父還作寶尊彝，用貝十朋又三朋。」弘父辛彝：「公中在宗周錫弘貝五朋用作父辛尊彝。」詩菁菁者莪：錫我百朋。箋古者貨貝五貝爲朋。克能，猶可也。弗違即謂不違龜。

嚴靈峯帛書：六五，益之，十（傰）之龜弗克（回），元吉。

克燉煌唐寫本作剋。

張立文：帛書無或益之「或」字。「傰」借爲朋。「回」借爲違。違，離也。譯：六五，龜値增益到百貝，但不能離去不買，買它始吉祥。

金景芳：程傳卜筮用龜。朱子當貨幣講。應依朱子。用現代語言說，就是很多錢。有人給你十朋之龜，你也不能違背，這就能得元吉。下三爻強調損，上三爻強調益。

傅隸樸：陽位陰居，是陽九自損應九二剛正之臣，或，有，龜決疑物，是說智士獻能，政通人和，豈不是大吉嗎？

徐志鋭：柔居剛位，九二不增益六五，上九或益之。六五雖不需要增益，陰陽相合本身就是補益，六五居受益之地，所以得元吉即大吉。

朱邦復：有其德必受天下之益，大吉。又九二損己，益六五之君以重寶，不可違也。

林漢仕案：人生起伏，有大起大落，有小起小落，有平淡無奇，要之各人際遇因汝志向規模而有所調整也。六四之莫可奈何而安之若素渡過損爻其疾速迎向喜福，六四之善補過也。其福喜之來，正六五之命爻或益之十朋之龜乎？龜陰之老，龜陰（白虎通蓍龜引）。龜，決疑之物，可以決吉凶。朋，坤爲朋（泰）。兌爲朋（豫）。十，陰數，坤數十。十者數之小成。是所謂十朋之龜乃十足陰類、龜陰，朋坤亦陰，十陰數，與六五正引同類朋來也。承余且之網，得顯神靈託夢宋元君，不能自污从爛泥之遊矣，而遊於廟堂之上，七十二鑽无遺筴，忠矣！靈矣。不避刳腸之患從君遊，得彼死力如是！損之六五，虛中居尊，九二位陰陽居，剛中待五，亦與六五同類，果眞千載一時矣夫，果能幹千載一時之事業乎？有負千載一時之大結合乎？千秋大業不能定，才知識見之缺也，而六五天益之十朋龜，同類相引歸五，弗克違離，以五馬首是瞻，唯五是聽，許五時爲大吉，許五之元吉是天意，五果能自珍自愛立功立德立言乎哉？千古名王多矣，賴同聲相應，同氣相求而克建樹留香萬年者可數，辜負元吉天示護祐吉祥音矣！可無勉乎？

丁壽昌質朱子，來知德之謂「兩龜爲朋」未知所出。古代貝之用作實數，後世只以貨貝，錢貝，不作吊、串、錠、兩之實質銀錢數量，故以朋爲貝，五貝爲朋邪？（詩菁菁者莪）雙貝曰朋邪？（崔憬）即漢書食貨志下兩貝爲朋？是或即朱，來兩貝爲朋之誤植兩龜爲朋也。茲聚衆賢之說如后：

象第言六五元吉、自上祐也。馬融鄭玄引爾雅十朋之龜：一曰神龜……王弼謂朋，黨也。龜決疑物。　李鼎祚：坤十，兌朋、離龜。（即爾雅十龜名）　程頤：十、衆辭，龜、決是非吉凶。衆人公論必合正理。　蘇軾：物自益曰或。十朋之龜益人。　張浚：元龜，大寶龜，賢者如神故取象以龜。互坤成數十爲十朋之龜。　鄭汝諧：或，不期於得而得之。　朱震：或益之，益之不一也。坤十、四陰爲朋，十朋也。　項安世：福祿非損下補上之補故曰或益之。　李衡引陸：五二位俱不當，用十朋龜正其志。　楊萬里：或非一人，十人朋從，龜筮弗違。　朱熹：兩龜爲朋，十朋龜之大寶，或以此益之。　趙彥肅：天祐人助辭不可得。　楊簡：自或十朋之龜，天與鬼神祐之也。　吳澄：古五貝爲朋，王莽改兩貝一朋。龜直五十貝，十朋之龜指上九。　梁寅：益之大如十朋之龜多而可寶。　來知德：兩龜爲一朋，十朋龜，大寶也。　王夫之：或，五不望三益。兩貝爲朋。　折中引：元吉猶大同。　李光地．或益之，不知其所自來也。　毛檢討：益不知其誰！納龜十朋亦龜耳！非利也。　姚配中：坤陰老龜直十朋，二以十朋之龜益五。　吳汝綸：貝二枚爲朋。　馬通伯：益，自上下下，損所當損，國奢示儉，去奢去泰。　丁壽昌：兩龜爲朋，未知所出。　星野恒：古兩貝爲朋，十朋猶萬鎰之玉。　李郁：兩貝爲朋，其值最貴，寶龜靈擬人。于省吾：損五，益二皆互艮，故曰龜。　胡樸安：或益，紂益。元吉者居損獲益。　高亨：十朋龜值百貝。　李鏡池：或，人，指貴族。有貴族賜十朋大龜，說明只能益不能損。　徐世大：如人以鉅龜贈，受之而已，大好。屈萬里：古貨貝五貝爲朋。克能猶可也，即不違龜。　張立文：五貝五枚爲系，二系爲朋。龜值百貝，不能不買。　金景芳：程傳卜龜，朱子當貨幣，應依朱子。有人給你十朋之龜（很多錢），你也不能違背。　傅隸樸：或、有。智士獻能，政通人和。　徐志銳：陰陽相合本身就是補益，六五居受上九或益之。　朱邦復：有其德必受天下之益。從上四十大家論著可歸納兩點：

(一)(1)朋龜是物。　2.朋龜謂價值。　3.朋龜謂賢者。

(二)1.九二爲或人，以十朋之龜益五。　2.上九益六五。　3.物自益曰或；不期於得而得曰或；或益之不一也；或非一人；或，五不望三益，三非應，三益上；或，不知其所自來；或益，紂益；或，人指貴族；或，有。

毛奇齡謂十朋龜亦龜耳，非利也。則出上(一)說中三類之外，不管大龜小龜，尺二寸或五尺白龜，皆地上爬之賤物，非利也。一似鬼神所賜。則不知其誰益之十朋龜亦龜耳，欲辭不得，與下文弗克違似接不上。至朱子、來子乃一大家，謂兩龜爲朋，疑宋末年私行銀兩上刻龜圖騰，否則龜有大小，五尺龜能示夢，半寸龜豈與之同値？手邊缺錢貝史資料，俟後之賢者。

坤爲朋，十陰數，龜小陰類與六五陽位陰居正同類相引，所謂廟堂之上，和衷共濟，弗可違離，六五時位言大吉者此也。或益之者，天人歸益之不一也，不知其所自來益之也，物以類聚，惟聖賢君主知芝蘭與荊棘同存之理加以辨別而任用耳。

六四時傅隸樸謂陰性多欲，至六五全陰，而幸其位爲君，得上下死力如是，正惟恐其少欲耳，英國殖民全球，英女王維多利亞所建立之無落日大英帝國，豈礙多欲之婦人執政耶？

上九、弗損益之，无咎。貞吉。利有攸往，得臣无家。

象曰：弗損益之，大得志也。

王肅：處損極，極則益，故曰弗損益之，非无咎也，爲下所益故无咎。據五應三，三陰上附外，內相應，上下交接，正之吉也，故利有攸往矣！剛陽居上，群下共臣故曰得臣矣，得臣則萬方一軌，故无家也。（集解）（撮要）

王弼：上无所奉，損終反益，剛德不損乃反益之，不憂咎，用正吉。不制柔，剛德遂長，故曰弗損益之，无咎貞吉。居上乘柔，損極，尙剛，爲物所歸，故得臣得天下。

孔疏：上九損極，上无所奉，損終反益。既剛得不損則不憂咎，用正而吉。不使三柔俱進，陽剛不爲柔制，所往无不利。得臣則天下爲一，光宅天下无適一家也。

李鼎祚集解引虞翻：損上益三也。上失正之三得位，故弗損益之，无咎貞吉。三之上故利有攸往。二五動成益，坤臣，三變成家人故曰得臣，動家人壞故曰无家。

張橫渠：上九本爲九三，雖爲損下，其實上行故曰弗損益之。損終反益，反如益損上益下，可大得志。得臣无家言所有之多也。剛上受下之益多矣，故无所施。損當反益於下。

程頤：損義有三：損己從人；自損以益於人；行損道以損於人。上九取不行其損爲義。損極當變，不損益下則无咎。正且吉。往則有益。得臣謂得人心歸服无遠近內外之限。

蘇軾：上九受益之地，不可有損。六三忘家徇我，我受其莫大之益。六三之德不可以无報，故以无損己者益之。故利有攸往，然後受之而无愧也。

張浚：上本陰宜損，三自下益之，曰弗損益之。處損而益，夫何咎！必貞而吉。貞止亢滿，三去乾陽从坤爲无家。反震，動爲大得志。謂上利大有爲於損，以得忘家臣。

鄭汝諧：位上陽有餘，不損下以有餘者益之，然後无咎。非特无咎，是謂正且吉利，有攸往者。得臣无家者，施益則得民之歸，非有遠近內外之間也。

張根：損而不已必益，苟患失之，焉能與此。

朱震：損極弗損，反以益三，何咎於損？故元吉。益下必正理即天理，取用不竭，故正吉。二爲家，坤爲臣，上九反三，則三不比二，故得臣无家。又易內爲家，言上九益下无遠近內外非適一家，其效至於得臣无家。

項安世：上九因六三之行而得其友，故曰弗損、益之。上九受損之補者也。上九不待損而固己无咎，可貞、利有攸往矣！此上所以安坐而大得志也。

李衡引牧：陰損陽益，故曰弗損、益之。居亢極務益，非所宜。得无咎下濟也。衆陰仰戴不可不正故貞則吉。引胡：施仁義益天下之民則无咎。益民以道，天下一家也。引句：爲五主所益，復何咎？得上賢之，正吉也。上九剛德長，物所歸，得臣非己所有，處无位贊六五之功。

楊萬里：贊上九不損之盛德也。上能不損下，益其下，宜无咎，宜貞吉，宜利有攸往，无往不得志也。得臣謂得天下臣民之心。无家謂无自私其家之益。禹菲食天下无飢民，文王卑服天下无凍老，皆損之上九也。

朱熹：受益之極而欲自損以益人也。能如是則无咎。必以正則吉。利有所往，惠而不費，其惠廣矣。故又曰得臣无家。

趙彥肅：三上二爻變，己損益者，故弗更損益。上六過陰得九已平，故无咎，貞吉。上九因益而平，陽極而時盛，又可往。蓋盈虛无常故也。三陰陽濟，盈則損，虛則盈，盡時中，適變无窮。

楊簡：損極過中，教弗損，又益之，疑人心不歸，聖人正之曰無咎，乃貞正也，有吉焉，往無不利，得人臣心，忘家所以得臣心之深也。

吳澄：三柔益上，不損下而自能益之。益上而下不損故无咎。陽剛之貞則吉。三往上有所益故利往。三得上爲友，上得三爲臣。臣无家而專於爲國，爲國而忘家。

梁寅：上益下不待損己，以天下之益益天下也。如養老，但教樹畜；富民，但禁游惰，此非弗損而益之乎？如是則可以无咎矣。貞則吉利往，效大，得大夫士則爲王公矣。

來知德：用剛損下，非爲上之道。今不損下自益，是即益其下也。上九弗損，益其下所以大得志如此。得臣國爾忘家，有國无家之象。占者有是德，方應是占。

王夫之：謂无所損而受益也。上宜損而陰數六，有可益无可損，於義无咎。守正受益爲吉。益則利有攸往矣！上君下臣，內損陽益上，忘家憂國臣，上三正應，得分義之可受者也。

顧炎武：有天下欲厚民生，不違農時，數罟不入洿池，斧斤以時入山林，所謂弗損益之者也。君子不賞而民勸，不怒而民威于鈇鉞，所謂弗損益之者也。

折中引朱子語類：得臣有家，所得小矣！无家則可見其大。案君不自利，莫匪王臣，所謂得臣无家，王道之至也。

李光地：卦主受益之極也。弗損下而益上，謂之大益，无咎可貞且利有攸往也。得臣則益我者大矣！然非爲私人也，故曰无家。既言弗損益，始見無求益心，終亦无受益意，王道始備也。

毛奇齡：三上爲卦主，上尤受益之主。上柔應不惟弗損抑又何益？所得者友，所得者臣也，剛柔相應，鄰於家室，視若無有，此不謂大得志不可矣！上九大得志，志歸陽，其重泰三陽如此。

李塨：上九則五財賦所聚益，與三應，實弗損下以爲益，情言之得友，分言得臣，則天下皆吾人，吾土，吾財，奚聚斂一家！故曰得臣无家。

張惠言引注：損上益三也。上失正之三得位故弗損益之无咎貞吉。三往之上故利有攸往，二五動成益，坤為臣，三變據坤成家人，故曰得臣，動應三成既濟，家人壞故无家。

姚配中：弗損謂不化，益之謂益五，上之五得位故无咎貞吉。上往三成既濟，故利有攸往，上降三，五得臣，之三稱家，一升五故无家，王者以天下爲家也。

吳汝綸：上九亦以不損爲益。象大得志得臣无家，猶言公爾忘私也。

馬通伯引游酢曰：得臣无家謂三之致一也。夏宗瀾曰：志弗損益，君子固以天下爲己任，視天下一家，不忍剝民富國。朱兆熊曰：受下益不過什一。案：受益主，損而有孚者，乃能得无家之臣，故无咎，貞吉。往謂與三應，初往三，一人行，征凶謂變之他卦。

丁壽昌：弗損乃所以爲益，承九五言君道。王者天下无私家。王子雍曰得臣則萬方一軌故无家也。蘇蒿坪曰臣家俱坤象，得與无以艮陽在上之義言也。

曹爲霖：思菴葉氏曰從古清節聖貞之士，風教所被，爲朝廷養元氣，爲各教扶綱維，其益大矣！故曰非許由無以成唐帝之大。得臣无家，公爾忘私，社稷臣也。

星野恒：以陽居上應三，雖過極而受下益故得無咎。貞固守之可往。六三損己益上，下顧其家，故云得臣無家。三以同志相父曰得友，上下相益曰得臣，互言之耳。

李郁：上本柔，剛來益之，雖非正，然无咎也。上不宜化柔故貞吉，上可往五，利有攸往，爲君故得臣。上有廬象，降五廬毀故无家，國爾忘家，損此益彼，志大不在小也。

楊樹達：漢書五行志谷永曰易稱得臣无家。言王者臣天下、无私家也。又蔡邕答災異：進清仁，黜貪虐，易曰得臣無家：言天下何私家之有！

胡樸安：弗損而益之對群臣也。此爻已得民心故无咎。損之事吉又利往，得臣歡心，損剛益柔，不自以爲家也。

高亨：勿損亦勿益，事物仍其舊乃无咎。又舉事則吉，可稱吉占，又利所往可得一無家室之臣僕。（无家謂臣無家室）

李鏡池：弗損益之：不減不增仍舊貫。臣：奴隸。家：奴隸以家什算，无家單身漢。不增不減沒問題。說明損益問題要具體處理。出門有利，可獲得單身的奴隸。

徐世大：得一奔走臣，無須祿養，在我似有益，在彼爲損。惟無家之臣肯眞心出力，必另有所圖，反致有損無疑。待人宜益不宜損，久則吉而獲益矣。

屈萬里：古者率虜人以爲臣僕。臣猶僕也。得臣无家意謂遠方所得之臣非有家之人。又有罪者亦往往役爲臣僕。鄭注周禮秋官朝士：俘而取之曰獲……。

嚴靈峯帛書：尙九，弗損，益之，无（　），貞吉，有攸往。得（僕）无家。

張立文：有以「弗損益之」爲斷，解爲弗損弗益，依下文貞吉，則弗損，益之爲勝。得「僕」通行本得「臣」古義同相假。譯：上九，不減而增益他，無災患，占吉祥，利有所往，獲得一沒有家室的臣僕。

金景芳：下三爻都是損，上九弗損，不損下益己，還要益于人所以无咎，貞吉，利往。得臣謂得人心歸附。无家謂无遠近內外之限。王肅說萬方一軌，意猶四海一家也。折中說此爻不損人益己。與九二旨異。

傅隸樸：上居損末，無須再損，便可得下之益。六三應，損盡益來故能无咎。上處不是本位，不正之嫌，故必守正乃獲吉。利往應三，得下應得臣，化家爲國天下一家故曰无家。

徐志銳：本乾九三來益坤上六，損乾補坤，合情合理，不能再有損益了，故言弗損益之。不損下得民心，對現狀滿足，所以象言大得志，心安理得故稱大德志。

朱邦復：不損且益之，無咎。正始吉，利用所作爲，大公無私，衆心相向。

林漢仕案：上九爻辭與九二「弗損益之」同，故其解亦宜相近，即弗損亦弗益，保持現狀也。以六五時位云元吉，得天人歸益，廟堂之上，公忠體國，和衷共濟，一片大好時光，最美善之工作環境也。上九豈可輕改斯一鳥托邦至善之「堯天舜日」奇景！承六五時風光，上九時宜乎利不百不易前轍，踵前迹蕭規曹隨，享前段時光餘福，雖不能賡續大吉，其必无咎也似可前知。貞吉者貞卜其吉也，貞固貞正其行則吉也。利往，爻從下往上爻移謂往，從上往下易謂來，今上九往，易六畫軌跡循環，故上九往前進一步亦謂往，是上九往初，初因壘位擠壓自然往二，如此，山澤☶☱損，成☷☰地天泰矣！泰之時得臣无家也，亦因得臣无家而成地天泰無礙之局勢，蓋損上九之遠景乎？占許上九弗損益保持現狀，貞正其行，不祇眼前无咎，前景亦得臣民擁戴，國爾忘家，「何以家爲」之輸忠誠以捍衛汝也。茲錄易家議上九爻位精說於后：

象：弗損益之，大得志也。

王肅：據五應三，內應交接，正之吉也。得臣則萬方一軌故无家。

王弼：上无所奉，損終成益。不制柔故弗損益，損極尙剛，爲物所歸，故得臣得天下也。

孔疏：不使三柔俱進，所往无不利，得臣則得天下爲一。

李引虞：損上益三，之三得位故弗損益之。三之上利往，三變成家人，動家人壞故无家。

張載：上本九三，反如益損上益下。得臣无家言所有之多也。

程頤：不損益下則无咎。得臣謂人心歸服无遠近內外之限。

蘇軾：上九受益地不可損，六三忘家徇我，我受莫大益。

張浚：處損，三自下益，三去乾陽以坤爲无家。

鄭汝諧：不損下以有餘者益之，然後无咎。施益則民歸。

朱震：損極反以益三，二爲家，坤臣，上九反三，三不比二故得臣无家。又易內爲家。

項安世：上九受損之補，不待損己无咎。此上安坐而大得志也。

李衡引牧：陰損陽益故曰弗損、益之。　引句：爲五主所益，得臣非己所有，處无位贊六五之功。

楊萬里：贊上九不損之德。上益下宜无咎。得臣謂得天下民心，无自私其家。

朱熹：欲自損以益人也。惠而不費，其惠廣矣。

趙彥肅：三上變，已損益故弗更損益。盈損、虛盈，適變无窮。
楊簡：損極過中教弗損，又益之。忘家所以得臣心之深也。
吳澄：三柔益上而下不損故无咎。上得三爲臣而專爲國而忘家。
梁寅：上以天下之益益天下，如養老、禁游惰，此非弗損而益之乎？得大夫士則爲王公矣。
來知德：上九弗損，益其下所以大得志。得臣國爾忘家，占者有是德方應是占。
王夫之：无所損而受益也。忘家憂國臣。
顧炎武：欲厚民生、不違農時，所謂弗損益之者。不賞而民勸，不怒而威。
折中案：君不自利，莫匪王臣。王道之至也。
李光地：弗損下而益上謂之大益。无求益心亦无受益意。
毛奇齡：上受益主，得友得臣也。上九志歸陽，其志重泰三陽如此。
李塨：上九財賦所聚，與三應，實非弗損下以爲益。天下吾土吾人吾財，奚聚斂一家！故曰得臣无家。
張惠言：上失正之三得位，三往上利往，二五動成益，坤臣，動成既濟家人壞故无家。
姚配中：弗損謂不化，益之益五，上之五得位故无咎貞吉。上往三成既濟，降三，五得臣，之二稱家，二升五无家。工者以天下爲家。
吳汝綸：上九亦以不損爲益。得臣无家猶言公爾忘私也。

馬通伯引謂得臣无家：三之致一也。君子固以天下爲己任。受下益不過什一。
丁壽昌：弗損乃所以爲益。王者天下无私家。蘇蒿坪曰臣家俱坤象，得與无以艮陽在上之義也。
曹爲霖引：從古清節聖貞之士，風教所被，養元氣，扶綱維，益大矣！得臣，社稷臣也。
星野恒：上受（三）下益，貞固可往，三益上顧家故臣無家。上下相益曰得臣，互言之耳。
李郁：上本柔，剛益无咎。上不化柔故貞吉，利往五，上有廬象，降五毀故无家。
楊樹達：言王者臣天下無私家也。又言天下何私家之有！
胡樸安：損剛益柔，不自以爲家也。
高亨：勿損亦勿益，仍舊乃无咎。无家謂得臣無家室。
李鏡池：不增不減仍舊貫。臣，奴隸。奴隸无家單身漢。
徐世大：得一奔走臣，無須祿養，必另有所圖，待人宜益不宜損。
屈萬里：古虜人爲臣僕。非有家之人，又罪者爲臣僕。
張立文：上九不減而增益他，占吉祥。獲一沒家室的臣僕。
金景芳：上九不損下益己。得臣謂得人心歸附。无家謂无遠近內外之限。
傅隸樸：居損末，得下益。得下應得臣。天下一家故无家。
徐志銳：本乾九三益坤上六，合情理。對現狀滿足，心安理得故稱大得志。
朱邦復：不損且益之，無咎。大公無私，衆心相向。

「弗損益之」之義有：

處損極，極則益。損終反益。（王肅、王弼）

損上益三，上之三得位故弗損益之。（虞翻）

上本九三，反如益損上益下。（張載）

不損益下；以有餘者益之。（鄭汝諧）

上九受損之補。（項安世）

陰損陽益故曰弗損益之。（李衡引牧）

爲五主所益。（李衡引句）

贊上九不損之德。上益下宜无咎。（楊萬里）

上以天下之益益天下。（梁寅）

欲厚民生，不違農時，所謂弗損益者。（顧炎武）

不損下而益上謂之大益。（李光地）

弗損謂不化，益之益五。（姚配中）

上九以不損爲益。（吳汝綸）（丁壽昌）

損剛益柔。（胡樸安）

勿損亦勿益，仍舊。（高亨）（李鏡池）

上九不損下益己。（金景芳）

損卦損下益上，其道上行，損剛益柔，陽有餘補陰不足，所謂陽實陰虛。今上九陽，六三陰無可損，又易家變：上九本三乾變六三，反如益上九臣奉君。或直謂：極損則益；上九受損之補；陰損陽益。此皆稱上九受益者也。　然有謂損上益三者；上以天下益天下者。第三說謂上九不損，益下，以有餘者益之；不違農時厚民者；上九以不損爲益者。　第四說謂上九爲五主所益；益之謂益五。五說損剛益柔。　六說勿損亦勿益，仍舊。　七說上九不損下益己。

顧炎武謂不違農時，數罟不入洿池，所謂不損益之者也。寧無僭職乎？蓋上九所謂損極，時過也，從事六五之所事，天下其誰聽？然若以執政者言，確然惠而不費，民大受益也。　又上三應，實上九則三損，三陰損，陰下益上九陽，損下益上乃益卦特徵，今損上九爻辭，其無損剛益柔，損上益下之義相混淆？　吳汝綸，丁壽昌以上九不損爲益，毋寧謂勿損亦勿益，貞固足以榦濟，得臣民擁戴，國爾忘家捍衛汝社稷，斯之大得志也。

䷩ 益（風雷）

益，利有攸往，利涉大川。

初九，利用為大作，元吉，无咎。

六二，或益之十朋之龜，弗克違，永貞吉。王用享于帝，吉。

六三，益之用凶事，无咎。有孚中行，告公用圭。

六四，中行，告公從，利用為依遷國。

九五，有孚，惠心勿問，无吉。有孚，惠我德。

上九，莫益之，或擊之，立心勿恆，凶。

䷩ 益，利有攸往，利涉大川。

彖曰：益，損上益下，民說无疆。自上下下，其道大光。利有攸往，中正有慶。利涉大川，木道乃行。益動而巽，日進无疆。天施地生，其益无方。凡益之道，與時偕行。

象曰：風雷益，君子以見善則遷，有過則改。

子夏：雷以動之，風以散之，萬物皆益。（孟子喜同）

鄭云：陽君陰臣，震臣多，巽應初天子，損其所有以下諸侯，人君益下爲德，雷動風行二者相成，猶君令臣行，故利有攸往，利涉大川也。（集解）

向秀：明王之道，志在惠下，故取下謂之損，與下謂之益。

蜀才：此本否卦，案乾上九下坤初，坤初六升乾四，損上益下者也。（孫堂案義海所引多訛。此從雅雨本）。

陸績傳象：內外順動風雷，四象分明，剛柔定矣。

孔穎達：損上益下故謂之益，聖人利物之无已也。向秀云明王之道，志在惠下，故與下謂之益，利益萬物，動而无違，何往不利？故曰利有攸往。以益涉難理絕險阻故利涉。

張橫渠：上巽下動，損上益上之道。木以動而巽故利涉。否九四下爲初九，故曰天施地生。又曰損上益下，自上下下。

程頤：益於天下之道也，故利有攸往。可濟險難利涉大川也。

蘇軾：六四自損以益下，巽之致用，未有如益者也，故曰木道乃行，涉川用木之道也。

張浚：損己而民心得，故无往不利。心民得，何爲不成？何難不濟？用是利涉大川。坤爲大川。

鄭汝諧：利涉大川，巽木之用也。損上益下，自上下下，上動下順，男先女从常也。上順乎下，男下於女益也。

張根：損上益下之時，何用不可。言中正中虛故。益者莫大于此。

朱震：否變，損反。九五一人之慶，益道何往而不利哉！故曰利有攸往。巽木，坎大川，乘舟象。上益下，百姓樂爲用，故曰利涉大川。卦氣爲立春，太玄準之以增。

項安世：凡稱損益，皆以下言。上下以中正相合，故利有攸往。震巽皆木，自震向巽，東流入海故利涉大川。以利言，損上益下則民悅，自上下下則君道光。

李衡引胡：利涉大川者，君能以仁義之道益下，受受其賜，捐軀報上，效命助君，可濟險難。

楊萬里：損諸己，益諸人則散聚，民說无疆；卑己尊人則謙益尊，天下事焉往不利？故曰利有攸往。有事涉險如夷塗，故曰利涉大川。初九天施，四地生，中五，正二。

朱熹：益，增益也。損上卦陽，益下卦陰，九五六二得中，下震上巽，皆木象，占利有所往，利涉大川也。

趙彥肅：益木在震上，木之動者亦舟，舟行於水。

楊簡：卦象損上陽益下，以貴下賤，自然民說，自然其道光大，豈不利攸往，濟大險亦利，故曰利涉大川。

吳澄：益謂增補之也。二柔中正往應五剛中正，自初至五有舟象。

梁寅：損上益下爲益。益者損之反。安寧時利有爲，險危時利濟難，五二皆中正，足有爲；震巽木象，足濟難。爲天下益，益之效大矣！

來知德：利有攸往者，凡事无不利也。利涉大川者，言不惟利所往，可以處常，亦可以濟變。

王夫之：損乾剛益坤柔，剛損四益陰初，陰益陽亦益，華歸根成實，君自節裕民，利有攸往允矣，利涉大川之義。

折中引陸贄：約己裕人，人必悅而奉上；上蔑人肆己，人必怨而畔上。引范仲淹曰：益上傷本，損上固本。引蔡清曰：益上君不能獨富，損上君不能獨貧。

李光地：益者進益也。利有所往而又利涉大川，自一身之長益，互濟人利物，未有不以爲而得，不以難而成者。

毛奇齡：損泰益上謂之損，損否四晝益下謂之益。陰上行謂之往，柔從內出爲往，往而利，卦位內坎，大川也，震巽皆木，涉川所利。卦從后來，利上之初，益初之陰。

李塨：益損上乾陽爲巽，益下坤陰爲震，二五居中正，震往有慶，其利也。巽震皆木道，震行涉川又不利乎！

孫星衍：（集解）宋衷曰：明君之德，必須損己而利人，則下盡益矣。（口訣義）

張惠言引注：三失正，動成坎，休渙，坎爲大川，故利涉大川。渙舟楫象木，道乃行也。

姚配中：二五相應故利有攸往，三之上涉坎成既濟故涉大川。

吳汝綸：孟僖云雷以動之，風以散之，萬物皆益。孔疏利涉大川，以益涉難，理絕險阻是也。

馬通伯引汪烜曰：益民之道，患惠不下究。引張英曰：益二五中正有慶。引范仲淹曰：益上損下則傷其本，損上益下則固其本也。引屈大均曰：木以生爲德，易道生生，故重木道。其袒案益利往又利涉，水陸大通，日進无疆，不可思議。

丁壽昌：釋文益增長之名，又以宏裕爲義。陸宣公奏議曰：損上益下曰益……約己而裕于人，人必悅而奉上矣，豈不謂之益乎！此程傳所本。又漢唐諸儒益皆作木、非誤。

曹爲霖：思菴葉氏曰夫子於益下之道極贊其美。利用大作，大繇役、大兵獄，依遷國，能以益下爲心，困心衡慮，無不吉而免咎。惟立心無恆，紀侯馬去，莫益或擊之凶，詎能逭哉！

星野恆：益，增益。外乾內神，初變爲震，損上益下象，二五中正應，故利攸往，巽木作舟楫以致遠，故利涉大川。

李郁：生產卦，重農則國安。初九卦主。三上失位，三往上故利有攸往，成坎故利涉大川。

楊樹達：漢書王莽傳：莽下書曰：惟民困之，雖溥開諸食以賑贍之，猶恐未足，易不云乎損上益下，民說無疆。又說苑：人君欲平治天下，必尊賢下士。易曰以貴下賤，大得民也。

胡樸安：益，饒飽，文王得民心卦。利有攸往之後，又可以利涉大川矣！繫辭謂文王德裕，雜卦周盛始殷哀始也。

高亨：筮易此卦，有所往則利，涉大川亦利。

李鏡池：益，增益。散雜之卦。利有攸往，利涉大川。屬常見附載之辭，但也說明有益之事。

徐世大：益之本字溢，引伸饒多，饒益，利益，增益。宜有目的，宜涉大河。

屈萬里：傳彖損上損四，益下益初；損官府以益民。自上下下，降尊紆貴。中正九五六二，木道舟也謂上巽。天施地生，損乾益坤象。其益无方，方比也。廣雅方表也。

嚴靈峯：益，利（用）攸往，利涉大川。

張立文：益有增益，增長之義。歸藏作誠，以合上下卦言。譯：益，利於有所往，利於渡過大河川。

金景芳：利有行動，有作爲，利做大事。這正好與損卦相反對。益是損上益下，損是損下益上。

傅隸樸：孔子曰：益損者其王者之事歟！向秀曰：取下謂損，與下謂益。嚴復譯原富說上下互惠。益民之政，人民感激政府惠政，必擁護，必死力解救故利有攸往，利涉大川。

徐志銳：益卦體來自否，否陰陽對立平衡被打破，對立面就有損益，否陽剛下居初，前途光明，可向上增益爲利有攸往，陽剛可以增益，爲益道大行之時，能涉險過大川。

朱邦復：益，事無不利。益者，損上益下，民衆受福無窮。

林漢仕案：治大國若烹小鮮，運用之妙也。在與取之間拿捏其分寸耳。濫益濫損，皆不得其情。情通則上下一體矣！可以死其長上，可以救其民災，一往無前，九死而不悔矣。上急下，下急上，視局面之大小？制度之確立也未？視國之大事若烹小鮮，無其才，直易其所難，匙有不僨事者。取與有道，是亦爲政也。損益卦，即論取與之道也，能不厭其取，及時與，必聖人之徒乎！惠而不費，開源也，開源之道千千萬，諸如：交通者，文明之母也，亦經濟交流之大動脈。如水火，闢水火則生活源頭方便，創造發明寓與其中矣！電力、環保、衛生、礦藏、旅遊、娛樂、教育、國防、農、士、工、漁業、畜牧、百業待興，尤須一自由發展之空間也。項項皆千頭萬緒，皆利國利民，利上利下者也。執政者可有「烹小鮮」之能耐？知易行難也，亦知難行易也，一念之間耳！一念之誠耳！古往皆知益之爲益，損益之通大道，明王聖君之所以裁成明王聖君之所必經，掌權者數千年，歷舵手百十其人，可有幾位是「堯天？」「舜日？」慚愧山澤損，風雷益之易教，風行天下而不能化民成俗，是推行易教之不力不能影響世道人心，政教分離，教育之所以不能興國也！

益，利有攸往，利涉大川。茲聚二千年來易學大家衆說以見指撝：

象：損上益下，民說无疆，自上下下，其道大光。

象：君子見善則遷，有過則改。

子夏：雷動風散，萬物皆益。

鄭玄：人君益下爲德，君令臣行故利往，利涉。

向秀：明王志在惠下。取下謂損，與下謂益。

蜀才：本否上九下初，初升四，損上益下者也。
孔穎達：損上益下故謂之益。利益萬物，何往不利？
張載：上巽下動，木動利涉，損上益下，自上下下。
程頤：益於天下故利往濟險利涉。
蘇軾：六四自損益下，巽木道涉川之道。
張浚：損己民心得，民心得何爲不成？何難不濟？
鄭汝諧：利涉巽木之用也。上順乎下，男下於女益也。
張根：損上益下之時何用不可！言中正中虛故。
朱震：九五一人之慶，百姓樂爲用。卦氣立春。
項安世：上下以中正合，損上益下則民悅，自上下下則君道光。
李衡引：君能以仁義之道益下，受賜捐軀效命助君。
楊萬里：損諸己益諸人則散聚，卑己尊人則謙益尊。
朱熹：損上卦陽增益下卦陰，五二得中木象占利涉大川。
趙彥肅：益木在震上，舟行於水。
楊簡：卦象損上陽益下，以貴下賤，自然民說道光大。
吳澄：益謂增補之也。自初至五有舟象。

梁寅：益者安時利明爲，險時利濟難，五二中正足有爲，震巽木象足濟難，益效大矣！

來知德：不惟利往，可以處常，亦可濟變。

王夫之：損乾剛益坤柔，損四益初，陰益陽亦益。

折中引：約己裕人，人必悅而奉上。范仲淹曰益上傷本，損上固本。

李光地：益者進益也。利有所往而又利涉大川。

毛奇齡：損否四益下謂益。否來移上之初，益初之陰。

李塨：震往慶，其利也。巽震木道，涉川又不利乎！

孫星衍：宋衷曰明君必須損己利人則下盡益矣。

張惠言：三失正，動成坎故利涉，體渙舟楫，道乃行也。

姚配中：三之上涉坎成既濟故涉大川。

吳汝綸：雷動風散，萬物皆益。

馬通伯引：木以生爲德，易通生生，故重木道。

丁壽昌：釋文益，增長之名，又以宏裕爲義。

曹爲霖引：夫子於益下極贊其美，大繇役，依遷國，以益下爲心，無不吉而免咎。

星野恆：外乾內坤，初變爲震，損上益下象。

李郁：初九卦主，三上失位，三往上有攸往。

楊樹達引說苑：人君欲平治天下，必尊賢下士。易曰：以貴下賤，大得民也。

胡樸安：益，饒飽。文王得民心卦。

高亨：筮此卦，往則利，涉大川亦利。

李鏡池：增益，散雜之卦。利往利涉附載之事。

徐世大：益本字溢。引伸饒多，饒益。宜有目的，宜涉大河。

屈萬里：損四益初。損官府以益民，降尊紆貴。方，比也。

張立文：益，增益。增長之義。

金景芳：利有行動。有作爲，利作大事。

傅隸樸：孔子曰：益損者其王者之事歟！嚴復譯原富說：上下互惠。益民之政，必死力擁護。

徐志銳：益來自否。陰陽對立，平衡被打破，對立面就有損益。

朱邦復：益，事無不利，民衆受福無窮。

損上益下，損下益上，以公天下者言，猶楚王失弓，楚人得之也。弓爲楚王用，爲楚人用，作爲器物，並無不同。故損上益下，損上益上，同爲安天下著眼：取下，爲建設、國防、教孝教忠；施下，爲賑災、寓富於民，減免稅役，近悅遠來在其中矣！吾故曰損益，一體兩面，兩面一體事也。孔子故嘆其爲王者之事。蓋施政目標也，無關乎「自上下下，降尊紆貴。」民爲邦本：足食、足兵，正是固本政策。足食，開源也，自上下下也。故減輕力役，稅收乃政策之一；足兵，下奉上也，損下益上也，徭役錢糧來自人民，亦安土重民政策之一環。明王志在惠下，惠此也。君行仁義之道益下者，益此也。無關乎君王卑己尊人，紆尊降貴，以貴下賤，形體表面之造作。若乎爲足食、足兵計而降貴下賤之尊賢如傅巖，渭濱，則卑己尊人，不落入形式，賢者又多能盡力馳騁，所謂選賢與能，則又另當別論。人君欲平治天下，舍此豈有他途？

茲從衆說中取其大者：

彖謂損上益下，民說无疆，自上下下，其道大光。光舍？光說足食、足兵也。子夏謂萬物皆益，所謂損，亦益也，損一時而益永久也。鄭玄向秀之人君益天下爲德，明王志在惠下，益惠舍？亦益惠足食足兵也。胡樸安之益，饒飽，徐世大之饒益，傅隸樸之上下互惠。皆能著力支撐損益原意，在固本邦寧民食充足之架構上發揮，至若謂雷動風散，巽震木道，舟楫利涉，三動成坎，三之上成既濟，乃其餘事也！

初九、利用為大作，元吉，无咎。

象曰：元吉无咎，下不厚事也。

王弼：處益之初，居動之始，體乎剛德以莅其事而之乎巽，以斯大作必獲大功。夫居下非厚事之地，三卑非任重之處，大作非小功所濟，故元吉乃得无咎也。

孔正義：益初動始，有興作大事之端，應剛能幹，應巽不違，有堪建大功之德，故曰利用爲大作也。

然有才无位，得其時尢其處，雖有殊功，人不與也。咎過生焉。故必元吉乃得无咎。

張横渠：以剛陽之德施益於下，故利大作，然必元吉乃无咎。

程頤：震主剛盛，才足益物，雖至下，六四巽主應己，輔作大益天下事，居下得上用以行其志，所爲大善而吉則无過咎。下當大任必元吉然後得无咎。

蘇軾：知損則知益，損益一也。損上九，益初九，正受益，自損益我，將厚貴我，故上九利往，初九利用爲大作。上易有功而利倍，下難有功，故益初九至元吉然後无咎。

張浚：初震剛健，上巽應，是可大有爲於天下，以輔成其益，曰利用大作。初自乾來爲元吉。獲謙仁之吉故无咎。

鄭汝諧：益下三爻惟初得益。爲大作者當爲大益之事。然位未崇，誠未孚，必元吉然後无咎。元大，吉善。其貴於大善者，以其位非厚事之地也。

張根：民忘其勞之謂。

朱震：大作者，作大事以益天下也。事大且善，獲元吉，動而无咎。陽爲大震，利用有爲而大作。田與追胥竭作其不可厚事，如此爲大作也。

項安世：初九益主，即損上九也。（大得志）。初九爲用大作。特下難厚事，起田漁揖遜，七十里而征伐，非盡善盡美不可當也。

李衡引子：受上益必有大功當之，初剛下動主，能堪大事，下非專厚之所。引陸：此后稷公劉之功。

然處下，不宜檀九五之民，惟志於奉上乃吉无咎。

楊萬里：不有益天下之大才，不可任天下大事；不有大德，不可御天下大才。初九陽剛之才，震主近四，卦最下，作益天下大事。如唐虞禪，湯武革，伊霍廢是也。元者善之長。作天下大事，興天下大利，爲天下大益，吉无咎矣！

朱熹：當益下之時受上之益者也。不可徒然无所報效，故利用爲大作，必元吉然後得无咎。

趙彥肅：益卦專論益。陽主行益者，陰主得益者。

楊簡：初九爲一卦得益之最。六四應，上下情和，故初九利用爲大作益利之事，然必以道致吉，元吉亦曰大吉。

吳澄：四益初，益之主，元大、益民故吉。益下非勞民故无咎。

梁寅：損之受益多者上九，益受益多者初九。初不可无所效，故利用大作，言當大有爲以報上也。必大善而吉也。

來知德：初動主，六四近君與初正應，故占者利大作厚事，然位卑有所不堪，必萬全良圖至元善方可无咎。

王夫之：初受益，乾道下施，而爲長子，可大有爲矣。非乾元之德，承天之祐不足勝其任，故必元吉後无咎。

折中引朱子語類：初爲四所任而大作者，必盡善而後无咎。案必大爲益人之事然後可以自受其益。得吉後可免咎。

李光地：居下受益，必有才德有過人者，故居上者利用之以爲大作。然居下當厚責，能致元吉乃可免咎耳。

毛奇齡：初二地道，民位，神農斲木爲耜，爲耒，以教天下，蓋取諸益。耕植具舉，即謂大作，衆所謂自上下而利攸往，此其利也。不竭民力而大有功，上之益下者。

李塨：益之大者莫如耕植，故初九利爲大作，下无厚事之苦則大吉，无咎矣。不違農時，什一歛薄曰不厚事。

張惠言引注：大作謂耕播耒耨之利益取諸此也。坤爲用，乾爲大，震作故利用爲大作。震三月卦，日中星鳥，敬授民時，故以耕播也。

姚配中案：風行雷動，震爲民天，富庶之本也，故曰大作。天氣下降，初得位，故元吉，无咎。乾元也。

吳汝綸：益初，損上也。益初即有不益損之之義。故象不厚事，不益事也。不益事下則大有爲於上矣！

馬通伯引侯果曰：震爲稼穡。益莫耕植，不奪時則元吉无咎。陸希聲曰：此后稷公劉之功。查愼行曰：初下民，震東作，上用人作，用其肇始。其昶案：初四互遷，利用大作矣！

丁壽昌：居下者不可踰分越職，所以元吉无咎之戒也。案初亦受益之極，卦之主也。利用大作必大爲益人之事然後可以自受其益。凡易言吉无咎者皆謂得吉而後免咎。

曹爲霖：此爻惟豫讓爲智伯報仇足以當之。次則張良樊噲鴻門宴，項莊舞劍，脫高祖險，智勇合成，其爲元吉故无咎。

星野恆，剛才居下，應四，此有經綸之才爲當路所知，受其益者也，可以大有作爲，然賤踰貴，疏踰親，非有大驗衆心不厭，此賈誼所以見輕於絳灌，孔明忌於關張也。

李郁：大作者耕播耒耨之利也。初卦主。國本在民，民生在食，故稱大作。陰陽相應，物阜民豐，故曰元吉无咎。

胡樸安：侯果曰大作謂耕植。用耕植事利民，不奪農畯，元吉无咎者，於事大吉，於理无咎也。

高亨：大作猶云大事。余疑此大作即今語興大建築（營宮室）。筮遇此爻則利，大吉无咎。

李鏡池：大作，大興土木、建築。太王遷岐后作廟築城，文王作豐，周公建洛邑，卜元吉，无咎是占筮結果。

徐世大：行大政，舉大事，興大工皆謂大作。宜用作大事業，大吉而無害。

屈萬里：因下不厚事故元吉始能无咎。

嚴靈峯：初九，利用爲大作，元吉，无咎。

張立文：大作謂春天農作物之耕作播種。高亨云利於興大建築義亦通。譯：利用耕作播種，始吉祥，沒有災患。

金景芳：卦辭講利涉利往，能做出大的事情，大的事業。朱子說初爲四所任而大作者，必盡善而後无咎！不善有咎也。

傅隸樸：初九是施行益改的先鋒，剛毅嚴正之材質，得信任，然位卑任重，功歸君，過歸己，故曰元吉，非常之功也，无咎，不能自免於咎了。初是受益，施益兩種身分。

徐志銳：四來居初成一卦主爻，發展无限所以元吉，无咎。然位最卑，有功則不顯，无功又招禍，盡善盡美得大吉後才是眞正大有作爲，作到這點，難能可貴。

朱邦復：可成就大事，至於至善方可无咎。

林漢仕案：「利用爲大作。」初九，潛龍也，想利用潛龍之位爲大作，無乃不可乎！程子謂居不得上用以行其志。張浚謂初自乾來，來知德謂六四近君與初正應，丁壽昌謂卦之主也。然潛龍之時，猶合抱之木，生於毫末。毫末非合抱之末，如令擔當大有爲於天下，作大有益之事，無乃奢望過望矣夫！益卦是以饒飽天下，上下互惠，使本固邦寧爲幟志，與初之用猶「欲速」，欲速則不達，始行，始泳即欲速者，駑馬也，多半途其力不逮而廢事，蓋始著猛鞭，行之不遠也。潛龍之時以養羽翮爲事可矣！今初九潛龍即寄大作之望，僨事害事無過於是者，故易家多轉化初：來自上九，初四應，初自乾來以減輕初之「下不厚事」之不能，大其有爲於天下之能耐，或乾脆直指：「位卑有所不堪，必萬全良圖至元善方可无咎」（來知德）。初之爻辭：利用爲大作，元吉，无咎。茲紀錄各家要點輯聚如后：

象謂下不厚事。

王弼：動始體剛，大作必獲大功，元吉乃得无咎。
孔疏：動始有興大作之端，應巽有堪建大功之德。
張載：以剛陽之德施益天下，故利大作。
程頤：震主，雖至下，巽主應，得上用以行其志，所爲大善而吉。
蘇軾：下難有功，故初九至元吉然後无咎。
張浚：震剛健巽應，是可大有爲於天下。
鄭汝諧：下三爻惟初得益，當爲大益之事。
朱震：陽爲大震，利用有爲而大作。
項安世：初益主即損上九（大得志）。
李衡引：初剛動主，能堪大事，志奉上乃吉无咎。
楊萬里：初九陽剛之才，震主近四，作益天下大事，如唐虞禪，，湯武革，伊霍廢是也。
朱熹：受上益，不可无報效，故利用爲大作。
趙彥肅：陽主行益，陰主得益。
楊簡：初九得益之最，四應，上下情和故利用爲大作益利之事。
吳澄：四益初，益主，益民故吉。
梁寅：言初當大有爲以報上也。

來知德：動主，四近君與初正應，故占利大作厚事。

王夫之：初受益，乾道下施，而爲長子，可大有爲矣！

折中引：初爲四所任而大作者。案必爲大益人之事。

李光地：居下受益，必有過人才德，故居上者利用之以爲大作。

毛奇齡：神農斲木爲耒耜，蓋取諸益，耕植即謂大作。

李塨：益大莫如耕植，故初九利爲大作。

張惠言：大作謂耕播耒耨之利。坤用，乾大，震作故利用爲大作。

姚配中：食爲民天，富庶之本。

吳汝綸：益初即有不益損之之義。不益事下則大有爲於上矣。

馬通伯引：侯果曰震爲稼穡，不奪時則元吉。昶案初四互遷，利用大作矣！

丁壽昌：初受益之極，卦主，利用大作必大爲益人之事。

曹爲霖：此爻豫讓爲智伯報仇足以當之。

星野恆：剛才應四，此有經綸之才爲當路所知，受益可大有爲。

李郁：大作者耕播耒耨之利，民生在食故大作。

胡樸安：耕植事利民，不奪農晙。

高亨：大作猶云大事，余疑今語與興大建築。

李鏡池：大興土木，作廟築城。
徐世大：行大政，舉大事，興大工皆謂大作。
張立文：大作謂春農耕作播種。興大建築義亦通。
金景芳：能做出大的事情，大的事業。
傅隸樸：初剛毅嚴正之材質，得信任，功歸君，過歸己故元吉。
徐志銳：四來居初成主爻，然位卑，有功則不顯，无功又招禍，盡善盡美俊才是眞正大有作爲。
朱邦復：可成就大事。

象首先標明「下不厚事」，並非有意與爻辭唱反調，爻謂「利用爲大作」，不厚事則不能大作，爻蓋如朱子常語，其卜可利用爲大作，象則以爻位下，不厚事，所以大作，垂簾乎？攝政乎？本身不能而宰輔能乎？賢者捧爻辭利用爲大作，故謂：動始有興大作之端；應巽有堪建大功之德；震主；即損上九；四近君與初剛才正應；長子；居上者利用之以爲大作；再轉變爲耕植即大作；興大建築，大興土木，作廟築城。位卑而寄望重，盼初能做出大事業，初之不夭折者天也！侯果以震爲稼穡，毛奇齡以神農斲木爲耒耜，以耕植稱初利用爲大作者，初之爲初，爲民而謂耕作者可也，然耕作無所發明，如神農發明耒耜教民稼穡，其爲一般農夫無異，雖百口尊農夫，謂民食爲大，農耕事業卑矣！農耕以個體戶言，又非農業政策，初個體戶，非發號施令者，作一快樂農耕者可矣！以爲初民之農耕爲大作則似有不可。故百家易者尋覓解套最近乎理者許初，皆欲速之造作，李光地謂：「居上者利用之以爲大作。」正欲速之良方，謂初當大有爲報上；不奪農時；初無是大能也。謂初如唐虞禪，湯武革，豫讓爲智伯報仇皆爲不當之比，疑大興土木，亦非初之時可能也。初之潛龍其位，謂吾家千里駒可也，謂吾家龍種可也，謂此子可利用爲大作，必元吉後无咎，蓋許其日後無窮希望乎？

六二、或益之十朋之龜，弗克違，永貞吉。王用享于帝，吉。

象曰：或益之，自外來也。

王廙作王用亨于帝。（釋文）

干寶：聖王先成其名而後致力于神，故王用享于帝。在巽之宮，處雷之象，是則倉精之帝同始祖矣。（集解）

王弼：以柔居中得位，處內履中，朋龜獻策同損卦六五，位不當尊，故吉，帝生物之主，興益之宗，體柔當位應巽，享帝之美，在此時也。

孔正義：體柔居中當位應巽，居益能用謙沖者也，物自外來，朋龜獻策弗能違也。同損卦六五之位，位不當尊故永貞乃吉。帝天，王用此時享祭於帝，明靈降福故用享帝吉。

張橫渠：損上益下之道，理不可易，人皆信之。

程頤：中正虛中求益。孟子曰苟好善則四海皆輕千里而來告之以善。或有可益則衆明助益之，理當龜不能違，戒永貞固則吉。用以享上帝，猶當獲吉。

蘇軾：益六二，損六五也。六五所獲之龜，九二引損之益也。六二所獲之龜，九五惠心之益也。是受益者臣永貞，五爲吉王也。享帝爲吉，皆受益不忘報者也。

張浚：二以柔中獲益曰或益之。十朋之龜賢智大者。弗克違，忠告之言無差忒也。獲益如是，王用足以定社稷，利百姓，養天下，上帝其歆喜之矣。享帝莫大得賢永貞。

鄭汝諧：二非得益者，然虛中柔順，不汲汲求益，人莫不益之，故曰或益之。古寶龜貨貝，五貝爲朋，龜擅十朋之價，乃神物。二虛中不憧憧所益，龜神智弗克違，守之以永貞則吉。以柔故戒。王用享帝，必獲天祐。

張根：籲俊尊上帝之義同。大有九三，隨上六，升六四用亨，惟益用享。

朱震：六二受益，五外來益，天下善皆歸之，故十朋之龜弗克違，當守不變則益无窮，故永貞。六二受益不已，乾五爲王爲帝，獲天人助享于上帝，吉也。

項安世：六二爲受益王，因九四爲初九而受益，故云自外來，以中正受衆益，故可用享帝，吉禮之最盛。六二有外來之益故曰或益之。

李衡引子：得位，得中道，受上益。通人信神，故外來非常之祐。陰利永貞，二能其吉也。雖王用享上帝亦吉也。引陸：下比初，初非應故曰外來。引逢：爲臣若是，王者用之可享上帝。

楊萬里：六二以柔居柔，故戒六二以常永貞固則吉。二虛中受一或人益之，十人之衆又朋益之。鬼神弗違益之，宜爲王用，享上帝，天亦益之以吉也。書曰咸有一德，克享天心。又籲俊尊上帝，皆王用享于帝，吉之謂也。

朱熹：虛中處下，與損九五同。然爻位皆陰，以永貞為戒，以其居下受上之益，故又為上效之吉占。

趙彥肅：損得益於上九，此得益於九五。初九陽微，必九五可爾。王享帝與臣享君同。

楊簡：得中正之道者必得人心，得天地鬼神心，同此一中正也。二臣道，慮其失正不能久，故永貞則吉，王者則無所患慮，其吉也無疑。

吳澄：益六二即損六五，十朋之龜指初九，五益二則初必從其謀，六陰故永久正主事則吉。王謂五，二地上也。猶王者於地上享帝，能致帝之來格也，故吉。

梁寅：虛中處下受上之益，然柔患不能貞固，故戒永貞則吉。王用享帝未詳其義，得非以帝出乎震歟？

來知德：綜同損六五，此受上益，十朋寵賜優渥之象。必長永貞固守虛中之德，小心翼翼，自得君之寵益者也。故有享帝之象。

王夫之：陽益初輔二消否，二得益大矣。二柔中得位，樂受陽施以保其正則其吉永固。柔不居功，乃禋祀上帝，所謂天子有善，讓於天神，斯享尤吉，二應五自有此象。

折中引郭雍曰：或益，人益之也；十朋之龜弗克違，鬼神益之也。王用，天益之也！引蘭廷瑞：如成湯用伊尹享天心。引李簡：王用猶言使主祭而百神享之。引鄭維嶽：王用，言王用六二享帝也。古人一德克享天心。籲嚌上帝。

李光地：有虛中之德，當受益之時，然居下位故永貞為戒。以在下故曰王用享帝，非一人私，因神依知爲帝所眷。

毛奇齡：益二即損五，位同所益亦同。然十朋龜下錫上，本無益物，虞翻謂二帝五王，以出震在二爻也。不知出震在二故二能享帝，不必二即帝也。

李塨：四益初，初民二臣，六二不敢必君益我，故十朋龜弗克違，而曰或益之，六二惟永守其正則吉。五王二地，祭因土饗帝，祭則獲福者。四在外故曰自外來。

張惠言引注：謂上從外來益也，故或益之。二得正遠應，利三之正，己得承之。坤數十，損兌爲朋，謂三變離爲龜，故十朋之龜。坤爲永上之三得正故永貞吉。震稱帝，謂五否，乾爲王，艮宗廟，三變折坤牛體噬嗑，故王享帝，得位故吉。

姚配中案：損二益五，五亦益二，五之二得位成益，不可化故永貞吉。王謂五，得二聖臣，二五皆得位故用享帝吉。此文之望於殷王者也。

吳汝綸：益二即損五，益之者初也。象自外來，初陽自否四來，卦變言之也。王二也，帝五也。易取陽氣宜通，故有享帝之義。

馬通伯引沈該曰：長子主鬯享帝象。引張惠言曰：二爲祈穀之祭。其昶案：周先世勤稼穡，耒耨之利以教天下，蓋取諸益。二享帝之吉，風和雨順。損益盈虛，與時偕行，皆爲民也。

丁壽昌：二五應，五用二柔中之德以享于帝，五自外卦來，損上益下之君。蘇蒿坪曰能常守柔中之德則吉。

曹爲霖：十朋之龜大寶也，或益，象以外來。周世宗時，遣曹彬使吳越，亟還不受饋，吳越追與之至數四，彬曰吾不受是竊名也。歸獻世宗。曰卿當取之，悉散親識，是弗克違永貞吉也。

星野恆：柔中正，上與五應，得君受其益也。卜亦吉，唯當永貞固守。陰爲陽所益，可以事上接鬼神，多助之至也。

李郁：二五應，二得中正故以永貞爲吉。帝者生物之主，誠心相格，萬物自興，秋收成，用秬鬯二卣享祀于帝，以報豐歲之功故曰吉也。

楊樹達：蔡邕月令論易正月之卦曰益，其經曰王用享於帝，吉。孟春令曰乃擇元日，祈穀於上帝。

胡樸安：或益諸侯益之，以其不自上祐而自外來知之，故永貞吉。受十朋龜告于上帝，爲受命之符也。

高亨：或益十朋之龜不能拒而不購，占問長期休咎者吉，故曰永貞。王祀上帝亦吉。疑王用享于帝亦古代故事。

李鏡池：這裡側重在益。文王遺大寶龜，叫我們繼承天命。弗克違是武庚作亂，違背天命不能成事。武王克商，享祭上帝，代殷有天下，與損六五辭同義有別。

徐世大：有人送値十貝殼的烏龜，勿能推卻，永保吉祥。王因而受享於帝，好。（如晉獻公以屈產之乘假道伐虢）

屈萬里：以漢石經殘字推證自弗克違句起至有孚惠心止，中間今本多一字。王用享于帝，六二與九五應。

嚴靈峯：九二，或益之十（朋）之龜，弗（亨）（回），永貞吉。王用（芳）于帝，吉。

張立文：九（六）二，倗假爲朋。亨，克之誤，能也，回假爲違，回違古通。有離，背叛，拒之意。芳假爲亨。帝天帝。譯：六二，有人增益十朋（百）貝的龜，不能拒不買，長久占問則吉祥。王用亨祭天帝，便吉祥。

金景芳：有人給你十朋之龜，弗克韋，你能永貞吉。朱子說六二陰故永貞爲戒！居下受之上益。亨帝是卜郊祭祀上帝。

傅隸樸：六二居中得位，行中正，柔虛中象，廣得賢人助，有如十朋神龜，獻替必合天人之理，世人莫能違。二人臣難免生非份心，故戒永貞。天子祭上帝報好生之德獲吉。

徐志鋭：二柔居陰，剛不足。初向上益二，外卦九五以有餘之剛增益六二，受益匪淺。

朱邦復：得到上寵，永遠正直則吉。心誠意敬，吉。

林漢仕案：損六五亦謂或益十朋之龜。象稱自上祐也。今益六二同辭，弗克違後，勉以永貞吉。與損六五遝著元吉不同。而其同爻辭之「或益之十朋之龜。」其義固當同也。坤朋，龜陰，六二位爻皆陰，十亦陰，同聲同氣同類相引也，君陽臣陰，以臣輔君，果可和衷公忠共事五陽，共創大業，千載一時之勢態已明擺，百僚群牧第永貞固幹濟以事明主，堯天舜日可期，是不只護祐九五君上，亦因輸誠貞正操守六二率群陰亦吉也。

損與益乃一體兩面，論語之庶、富、教。正損上益下也。上以十一之征，井田乃王者之政，爲政者不徒誦近說遠來，勝殘去殺，必有其可然後遠人服，教民克己復禮，庶而後人多國大，富而後知禮識義，教而後有序而文質相當。論語不也有足食、足兵、民信之矣。孔子答子貢問政耶？足兵，不祇兵源足，國防亦足，非以損下益上無以充實國防，無以抗禦外侮。民富而後徵。正乃百姓足，君孰不足也。故是君賢臣忠一心爲國、損益一體兩面也，損民亦保民也，益民之政，又何疑焉！益君與益民同，損君而民利，百姓足，何事其君也，敢不後吾君！若夫君非其君，臣非其臣，損下益上以奢其大欲，損上益下，如大旱之望雲霓，可望而不可即，損自損，益自益，孔子如何不嘆，蓋家天下而奴天下民矣！易之設定爲君子謀，讀易者亦以君子之心度君子，其可矣！

論語：武王曰予有亂臣十人。亂臣，治世之臣也。臣，陰也。孔子又謂有婦人焉，九人而已。婦人有謂文母大姒。有人謂子無臣母之義。蓋邑姜也。姜治內，九人治外。形體上臣亦陽也，然以體制上君陽臣陰。婦人實質上陰也而居其位，統百陽唯命是聽，是陽亦陰也，陰亦陽也。今十朋龜依損卦言，皆陰也，益六二亦陰也，是臣率百僚向益九五輸誠盡性命之時矣夫！臣不克違，永貞自然吉。而王用享乃其餘事耳，祭太山告天封禪，固其來有自也，亦想當然耳。

雖然，乃依例錄前賢佳構聚以論說爲依歸：

象：益自外來也。

干寶：聖王先成名爲致力神。

王弼：柔中位不當脅，故吉。

孔穎達：朋龜獻策弗能違，位不當尊，永貞乃吉。

張載：損上益下之道不可易。

程頤：理當龜不能違，戒永貞固則吉。

蘇軾：受益者臣永貞，五吉王。享帝，受益不忘報。

張浚：十朋龜，賢智大者。王用足定社稷，得賢永貞。

鄭汝諧：人莫不益故曰或益之。龜十朋價乃神物，獲天祐。

朱震：五外來益，當守不變則益无窮。

項安世：六二以中正受衆益，故可用享帝。

李衡引子：二得位，得中道，陰利永貞。通人信神，外來非常之祐。

楊萬里：受或人益，又朋益，鬼神益，宜爲王用享帝，天亦益之吉也。

朱熹：虛中處下，爻位陰，永貞爲戒，居下受上益，故又爲上郊之吉占。

趙彥肅：此得益於九五，王享帝與臣享君同。

楊簡：得中正必得人心，得天地鬼神心。二臣道故永貞則吉。

吳澄：十朋龜指初九，五益二，初必從。六陰故永正則吉。王謂五，二地。

梁寅：虛中處下受上益，柔患不貞故戒。王用未詳其義。

來知德：綜同損六五，十朋賜優渥，小心翼翼，自得君寵。

王夫之：益初輔二消否，柔不居功，天子有善，讓與天神。

折中引：或人益；十朋鬼神益；王用，天益。王用猶言主祭。又王用六二享帝。

李光地：虛中受益時，居下故永貞爲戒。

毛奇齡：十朋龜下賜上。虞翻謂「二帝五王。」出震在二，不必二即帝也。

李塨：二臣不敢必君益，五王二地，因土饗帝。

張惠言：利三之正。坤數十，三變離爲龜。震帝、艮廟、三變折坤牛故王享帝。

姚配中：二五皆得位，此文之望殷王也。

吳汝綸：王二帝五，益之者初也。

馬通伯：周先世勤稼穡，耒耨之利以教天下，蓋取諸益，二享帝之吉，風和雨順。

丁壽昌：五用二柔中之德以享于帝。

曹爲霖：十朋龜大寶也。或益，象以外來。

星野恆：得君受其益，陰爲陽所益，可以事上，多助之至也。

李郁：帝者生物之王，享帝以報豐歲故曰吉也。

楊樹達引：易正月之卦曰益，王用享帝吉。

胡樸安：受十朋龜告于上帝，受命之符也。

高亨：或益不能拒不購，王祀疑古代故事。

李鏡池：文王遺大寶龜，叫繼承天命，代殷有天下。

徐世大：有人送値十貝烏龜，勿推卻，王受享帝，好。

屈萬里：王用享于帝，二與五應。

張立文：有人增益十朋貝的龜，不能拒買。

傅隸樸：二得賢助，有如十朋神龜，難免生非份心，故戒永貞。

徐志銳：初益二，九五益六二，受益匪淺。

損與益既爲一體兩面事，猶楚王失弓，楚人得之，失與得皆自己人，故無得無失。損益之者，用以平衡其所不平衡，天下一家也。從平衡出發，於民間言，衣食足，然後知榮辱。從政府言，百姓足，君孰不足，而發展國防及其他便民建設乃有餘力從事。故是益上損下，益下損上，如大盆內水，如何激盪翻騰，水不出大盆，固未嘗移異也，有此胸襟，然後可以從政。此損益所以爲王者事也。

或益自外來？五外來益，受衆益，或人益，益之者初也。或益不能拒不購，勿推卻。是或益之解有：

五外來益二。受衆益。或人益。

益初輔二。或人推銷龜，不能拒買。

察諸爻意，或益之十朋之龜，或爲不定辭，楊萬里之謂或人益、朋益、鬼神益、天亦益。是六二之時位言，無所不益也。處柔處中應五，即使如王夫之言益初輔二消否，六二之時無所不益，故爻辭言或益，弗克違。六二之受益地，只受益而戒永貞。則王，五可用享于帝而告功也。然有謂六二帝，九五王者，十朋龜下賜上。則或人爲六二矣，謂六二益九五十朋龜，九五不敢違離！有是哉？必曹阿瞞而後可，似非爻本意。曹爲霖引思菴葉氏曰夫子於益下之道極贊其美。又損卦楊樹達引淮南子：孔子讀易至損益，憒然而歎曰損益者，其王者之事與，禍福之門，不可不察也。孔子之贊之歎，豈徒無的哉！

六三、益之用凶事，无咎。有孚中行，告公用圭。

象曰：益用凶事，固有之也。

王肅作告公用桓圭。（釋文）

干寶：固有如桓文之徒，罪近篡弒，功實濟世，六三失位，處震動，懷巽權，矯命之士，爭奪之臣，桓文之爻也。故益之用凶事。能保社稷撫人民故无咎。中行近仁，然後府列盟會，仰致錫命，故曰告公用圭。

九家易：天子尺二寸元圭事天，九寸事地。上公執桓圭九寸，諸侯執信圭七寸，諸伯執躬圭七寸，諸子執穀璧五寸，諸男執蒲璧五寸，五等，諸侯執以朝天子。

王弼：陰居陽，求益者也故曰益之。益自爲之，在謙則戮，救凶則免。居陽下上壯甚，救衰危，物所恃，故用凶事得无咎。不私不亢。不失中行，以此告公國主所任用圭也。

孔疏：六三以陰居陽，不能謙退，理合誅戮，若以救凶原之則可恕，用此救衰危所以用凶事得免咎。益不爲私，志在救難，壯不亢極，適時信實得中行，執圭以告公，公必任之救衰危事。

張載：中行者不私於應，无所偏係也。用心不私，以拯凶難，雖非王者之佐，可用之牧伯。體躁居陽，上有剛應，持此施益，用拯凶難，乃其固能也，故无咎。告公者未足專進爲王者之佐也。

程頤：君民上而剛決用事於患難非常之事，力庇其民，故无咎。必孚誠合中行使上信之。禮大夫執圭所以申信也三陰質何反剛果任事？居陽以剛應剛志剛故不論其本質。

蘇軾：益六三，損六四也。益之者我益人也。六三之於上九，用凶事以益之。君子遇凶惡衣糲食自貶則信我而來矣。故曰有孚中行。公告者語益之，圭致信，上九樂益矣！

張浚：處見雷變化之地，位居震動，上宜有非常之事，曰凶事。有孚，上下信也。上下信而行以中正，生物之功必大曰告之公用圭。居互坤中爲有孚，震陽圭。

鄭汝諧：柔下體，當得益而无有益之者。古遇凶歲則必殺禮從約，三動極多躁，好大過中，進迫上體求益，三深自貶損乃可无咎。有孚必中行，古臣見君執圭，圭通誠之物。

張根：與行險以毒天下而民從之，吉又何咎之義同。

朱震：凶事者患難囏阨非常之事。三居不正，上巽益三，巽爲事，凶事也。三震極，躁，當奮如救焚拯溺，果於益可也。乾玉圭，反三，三中道孚上誠信用圭禮，禮大夫執圭申信也。

項安世：居危疑之地，當受益之時，故以凶事爲宜，必有孚後可事君，此伊周事也。六三守固有之益故曰益之。

李衡引胡：位非正過中，民之凶荒，不顧身往可无咎。若汲黯發河內粟救民，越職救荒，益民安國之心固有之也。引介：過損爲益，徹樂殺禮所以用凶事者也。至誠中行不獨无咎，可以成功，上以圭告公侯成功也。三四皆公。

楊萬里：三柔處剛，動極，見有益天下，自我益之而忘其專：曰用凶事无咎者，惟危，不得已用則无咎，非危則咎。有孚者，惟愛君益國可，不然詐亂矣！中行者惟果於益，不過甚可，不然亂常濟姦矣！告公者告君也。用圭者動必以禮也。聖人五戒可不懼乎？

朱熹：陰柔不中不正，不當得益者也。當益下時，居下上，故有益之以凶事者，蓋警戒震動乃所以益也。戒中孚，中孚而告公用圭也。用圭所以通信。

趙彥肅：陰資陽，柔不足。六三居陽，不資它爻。陰體無以益人。居陽，志欲用益，惟施之凶事可无咎爾。蓋施補助故，與己相孚得中而行。告公自用己陰益人。此義欲推己及人，有剛德者其肯吝乎？

楊簡：三過中，竭誠盡力，雖不免過常，亦无咎也。在我者忠信誠確，人咸孚，又中行，告上九公用圭以通誠，象曰用凶事固有此道也。

吳澄：六三自益之，六質陰，三位陽也故能自益，非上九益之。占凶事喪禮，當隨其見在所有以供事，苟无矣，斂手足形還葬于槨，人豈非之！三居六畫卦中，初公，二圭，故六三用二爲圭以通信於公。

梁寅：三不中下與上九應，如人受橫逆，困心衡慮反於善者，故爲益之以凶事而可以无咎也。若孚誠合中道，可告公用圭通信矣。爲朝覲聘問之吉占也。

來知德：柔不中，受上益，用行凶事。必有孚誠信，中道可行之事告于公，如用圭通誠信，庶乎凶可免焉。告公者，告于四也。

王夫之：資益爲用，凶事。三當其中而請益也。公謂四，近尊位爲三公。陰求益於陽，三行請四求益，非君子之道。諸侯聘圭昭信。二陰同心，抒誠信，大夫訴訃之象。

折中引王安石：以至誠中行，不獨无咎，可以成功。圭所以告成功。引游酢：所謂吉人凶其吉也。三居下體上，震極，不用凶事則高危端滿益矣。引朱子語類：猶書言用降我凶德，嘉績于朕邦。引蔡淵：凶事，困心衡慮之事。三四皆中行。引蔡清：雖凶事亦益之也，動心忍性，功夫在有孚中行上。引張振淵：凶事，警戒震動之謂，无咎，遷善補過。有孚、滌慮洗心。中行奉公合中道不悖。

李光地：凶事增多陰人，三多凶之位當之，應其義故曰无咎。內積孚誠，外循中道，處凶事受益之道也。元圭告成功。

毛奇齡：民饑爲凶，周官凶事即荒政。凡王者憂凶出鎮圭以致王命，或去征、弛其政，此即益下之最厚者，三大離之中有孚者，合卦言三四稱中行，或亦周官所稱大行者乎？坤國雷鳴，用申布告，此上益下所自有者而何咎焉？

李塨：三本多凶，又處三坤之中，穿土交陷成凶象。民饑爲凶，王者委積待荒，用而益者，尚何咎！出以誠，行以中，鎮圭致王命，力拯救可也。

孫星衍：（釋文）用圭，王肅作用桓圭。

張惠言引注：坤爲事，三多凶，上來益三，得正故益用凶事无咎。公謂三，伏陽也，三動體坎故有孚，震爲中行爲告，位中故中行。三公位，乾圭之三故告公用圭。圭桓圭也。

姚配中案：凶事，征伐之事。除暴救民，凶事即所以益之也。仁人之兵所過者化。三失位不臣，故使上征之，三自化正孚五，伏陽中發故中行，誠服也。上復命告王用圭。此文王率叛國事殷之象。

吳汝綸：凶事者凶荒之政也。憂凶荒則遣使執圭以致命諸侯。孚，符信也。中行者，王國之行人也。

馬通伯引蔡淵曰：三四皆曰中。案三四通可稱公。乾鑿度曰：三公四諸侯。李舜臣曰：周官以委積待凶荒，或弛其政，去其征，皆損上益下之凶荒者。其昶案：三多凶。周禮珍圭云珍亦爲鎭，鎭圭鎭安之。

丁壽昌：王注以益之爲句，用凶事爲句，中行告公用圭句，本義以益之用凶事爲句，有行中行句。蔡伯靜謂三四居卦中稱中行非也，六十四卦稱中行唯二五耳，惠定宇說深得經義。凶事蓋軍旅事。惠定宇賵者執圭，此凶事用圭之禮。

曹爲霖：誠齋傳曰三柔居剛，見可益天下者決然自我益之，果於益忘專，故聖人戒之。惟危難不得已而用之則无咎。中行者果於爲益不爲過甚則可。用圭者動必以禮也。

星野恆：凶謂兵喪之類，中行中道也。圭以通信，陰不正，居下上，王事靡盬，埤益我固无咎。唯當誠中冀能通上，故有孚中行，告公用圭。誠之不可不存也。

李郁：凶事者荒政也。三失正，歲歉民饑，有所益之則可无咎。中指二五，二行五變故有孚。歲歉振濟，二變剛三兌口故告公用圭，徵積穀則民得其食矣！

胡樸安：凶事兵事。諸有不服者用兵伐之，當用而用所以无咎。民衆信之，依中道行也。文執桓圭九寸，告征伐之事於天子，受命征伐，告公即公告。

高亨：凶事即喪，荒、弔、禬、恤禮。贈之以財物或助之以力役，人有凶事，我助之，此自無咎。孚罰也，凶事乃上天加罰。中行猶中道。凶事以圭告公於中道，適公外出也。

李鏡池：益之，指祭祀有所增益，用人牲。凶事指武王逝世。中行，途中。用圭，代指祭祀。武王逝世，武庚作亂，周公東征出師用人祭，抓到俘虜在路上舉行祭祀。

徐世大：仍言謀國之利。中行者爲主帥。增益他用兵，無礙。臣中行氏請公發符信以便調兵遣將。圭爲祭祀及符信之用。

屈萬里：姚配中曰：「凶事，征伐之事。」中行中路也，中路諮公用圭以謹符信。白虎通文質篇：「圭以信質。」用圭「王肅作用桓圭。」惠氏易說：「凶事而曰用圭何也？凶禮有賵賻贈含，含者執，將命，賵者執圭將命，皆西面坐而委之，宰舉璧與圭，此凶事用圭之禮，將命所以告也。」

嚴靈峯：六三，益之，用（工）事，无咎。有（復）中行，告公用閨。

張立文：用工事，通行本作用凶事。謂增益之以作器物事。有復假爲孚，古俘獲字。中行，爲道之中。高亨注爲人名。閨圭同聲系。六三，增益作器物事，無災患，有俘獲，使人在中道以圭告訴公。

金景芳：查愼行解用凶事爲凶歲凶年，政府採取救災，這樣凶事自然无咎。古代用圭璋爲信物。

傅隸樸：三陽位陰居，不得上益自爲益象。居動極好專擅，當國有大難，不待命挺身赴難故曰益之，用凶事无咎。冒險救凶，使主上相信無異圖，中行即行事適中，有孚行的過程，告公事後補報。

徐志銳：用，以也。上九損害六三，所以上九言莫益之，對六三言是益之以凶事。六三以凶事及行中道是它爻位所固有的。

朱邦復：救民於災難，无咎，應將下情上達。註益之用凶事，指患難，救民災難。有孚句指誠信合中道，下情上達。

林漢仕案：益既是卦名，兼具上之益下，用凶事。凶事，前賢之謂患難黯阸非常之事；謂民之凶荒；困心橫慮之事。愈往後，說愈明，如民饑爲凶；凶事多陰人；凶荒之政；凶事兵事；凶事即喪，荒、弔、禬、恤禮；凶事乃上天加罰；凶事指武王逝世；凶事，征伐之事；凶事，凶歲凶年。如李衡引胡曰若汲黯發河內粟救民，越職救荒，益民安國之心固有之也。六三失位大臣，陰居陽位，居不正而中（吳澄謂居六畫之中。近尊位爲三公。（王夫之言）居陽志欲用事（趙彥肅言。）受上益而疾之者多矣，三本多凶（李塨言）而掌權居要，如一歲四遷者主父偃，如賈誼之歲中超遷至大中大夫，如鄭子皮授子產政，雖常與「何相見之晚也」之嘆，害之者毀辭不絕，即以實質從政一年，人民之誦：「孰殺子產，吾其與之」。六三因上益之而爲公爲侯，爲政行令，其招怨也必矣！主上知我且賢明，不惑於立桿見影陽春速成，孔子爲魯司寇，三月大治，路不拾遺，夜不閉戶。如孔子者尙自謂苟有用我者，期月而已可也，三年有成。今上下若急於治而望三年有成，不得上下之諒解矣！安有「子產而死，誰其嗣之」之頌？安得孔子泣子產之死曰「古之遺愛也。」與子產親如兄弟？故六三所謂益之用凶事者，當非如先賢之謂患難艱阨非常之事；謂民之凶荒；困心横厲之政；凶事兵事；凶事即喪，荒、弔、禬、恤禮；及上天加罰，武王逝世；征伐，凶歲凶年也！乃上之益六三其寄望殷切也。上之依重寄望濃，故其報之以鞠躬盡瘁，死而後已也！其審判也，百僚人民皆得言其所以害，上下能容之者蓋亦解矣！六三受益用事者愛惡相攻吉凶生矣，吉凶以情遷也，凶失，吉得，故受益之時即具吉凶相，失得相，而吉凶可生大業。三多凶五多功者，貴賤之等與柔危剛勝也。六三所以益之用凶事者豈不明乎？又何況侍君如侍虎耶？見愛可斷袖，見棄可數之啖我餘桃。六三之超遷，六三之疏離，端看上之愛惡也乎！言是其時位如此，非謂六三之必凶也。

茲輯錄衆議如后：

象曰：益之用凶，固有之也。

干寶：固有如桓文之徒，罪近篡奪，功實濟世。六三爭奪之臣，故益之用凶事。

王弼：陰居陽，求益者也故曰益之。

孔疏：六三救衰危所以用凶事。

張載：中行者不私應，以拯凶難，未足為王者佐。

程頤：必孚誠合中行使上信之。禮大夫執圭所以申信也。

蘇軾：六三之於上九，用凶事以益之。圭致信，上九樂益矣！
張浚：處風雷變化之地，上宜有非常之事曰凶事。
鄭汝諧：三動極多躁，无有益之者，深自泛損乃无咎。
朱震：凶事者患難艱阨非常之事。三不正，巽事凶事也。當奮如救焚拯溺。
項安世：居危疑之地，當受益之時故以凶事爲宜，必有孚後事君，此伊周事也。
李衡引胡：位非正過中，民之凶荒，不顧身往若汲黯發河內粟救民。引介：徹樂殺禮所以用凶事者也。
楊萬里：三柔處剛，見有益天下益之而忘其專。告公者告君也。
朱熹：三不當得益者，蓋警戒震動乃所以益也。用圭所以通信。
趙彥肅：陰體無以益人，居陽志欲用益，惟施補助之凶事可无咎爾。告公自用陰益人。
楊簡：三過中，竭誠不免過常，告上九公用圭通誠。
吳澄：三位陽故能自益，非上九益之。占凶事喪禮。三用二爲圭以通信初公。
梁寅：三不中正與上九應，如受橫逆反於善者，故爲益之以凶事可无咎。
來知德：柔不中，受上益，用行凶事。告公告四也。
王夫之：資益爲用，凶事，三請益，四近尊爲三公，三請四求益，非君子之道。
折中引王安石：至誠中行，圭告成功。引游酢：吉人凶其吉。不用凶事則高危滿溢矣！

李光地：凶事增多陰人，受益之道，元圭告成功。

毛騎齡：民饑爲凶。即荒政。三大離中，合卦三四稱中行，周官稱大行者乎？

李塨：三本多凶，三坤之中，穿土交陷，民饑爲凶。鎭圭致王命，力拯救可也。

張惠言：坤事，三多凶，上益三故益用凶事。三公伏陽也。震爲中行告，位中故中行。圭桓圭也。

姚配中：凶事征伐之事。除暴救民所以益之也。三不臣，使上征之。此文王率叛國事殷象。

吳汝綸：凶荒之政，中行，王國之行人執圭致命諸侯。

馬通伯：三四皆曰中，三四通公，委積待凶荒，去其征。

丁壽昌：蔡伯靜謂六十四卦唯二五稱中行。凶事蓋軍旅事。

曹爲霖：三決然果益忘專，故戒。用圭者動必以禮也。

星野恆：凶謂兵喪類。中行中道也。

李郁：凶荒政也。歲歉民饑，中指二五，徵積穀則民得食矣！

胡樸安：凶事兵事，執圭告征伐之事於天子，告公即公告。

高亨：喪、荒、弔、禬、恤禮爲凶事。人有凶事，我助之。孚罰，上天加罰，告公中道，適公外出也。

李鏡池：凶事指武王逝世。中行，途中。抓到俘虜用人牲舉行祭祀。

徐世大：中行，主帥，增益他用兵，發符言調兵遣將，圭爲祭祀及符信。

屈萬里：凶事用圭禮所以告也。凶事，姚曰征伐事。中行，中路也。
張立文：（帛書）用工事，通行本凶事，謂增益作器物事，有孚獲，中道以圭告訴公。
金景芳：凶歲凶年，政府採取救災。
傅隸樸：陽位陰居，不得上益，自爲益象，好專擅，不待命赴難，冒險救凶。中行即行事適中，告公事後補報。
徐志銳：用，以也。上九損害六三，對六三言是益之以凶事。
朱邦復：救民災難，應將下情上達。
六三之得柄執權，又得上信如此。雖百僚之衆口讒害，不得間離，然亦危矣夫！衆口之鑠金，三人成虎矣！安得竹苞松茂久安其位乎？非上之愛弛也，衆口悠悠也，實有其位也。故上所益於三者，其名，其榮譽，而有其位，適足以招忌以爲日後凶咎事也。爻文著无咎，正見三之寵不衰也。
孰益六三？中行何義？公宜謂初抑四？至孚之言信，言俘虜？用圭目的安在？似不必費筆墨再加比較，其意已明。
茲從衆賢中孰益六三說明於後。
爻辭益之用凶事。象謂固有之也。蓋指人性嫉妒弱點乎？有益即有害之者，固常有是因即有是果也。誣三爲爭奪之臣，如桓文非近篡奪！或以汲黯發河內粟救民，雖專而盡責，或以文王率叛國事殷。或以武王逝世爲凶事，張載以爲「未足爲王者佐。」漢仕以爲受命佐君治世大吉亦大凶也。故以鄭子皮授子產政方之，「孰殺子產」之怨歌，見上下反執政之強烈，政令扞搹難行之一般，蓋亦危矣！孰是人也：六三之益自上九（蘇軾）。吳澄則謂三位陽，故能自益，非上九益之。王夫之云三請四求益。姚配中則謂上征三，三不臣也。

故益之者上九也；益之者自益象；益之者六四也。徐志銳以上九損害六三，對六三言是益之以凶事附和蘇軾，傅隸樸以三好專擅，冒險救凶附和吳澄之六三陽位陰居故能自益。要之，益六三者止三說耳，上九益，六四益，三自益。睽諸爻理，固當以比應爲是，上九之益六三爲當然也。

中行：張載謂中行者不私應。是以德言中行。程頤亦以孚誠合中行使上信之。亦以德行解中行。李衡引位過中，或以來知德云柔不中，皆以六三所處之位言，毛奇齡突發奇想，以六三處大離中，合中者一，又合卦三四稱中行。李塨則更以六二、六三、六四坤之中。三從爻位中找到中象。馬通伯即以三四皆曰中，又通公，找到中行依據。丁壽昌持反對意見，謂唯二五可稱中行。中行之說似是而不是矣！日人星野恆謂中道爲中行。高亨、李鏡池、屈萬里皆響應是說。徐世大以中行爲主帥，傅隸樸以中行即行事適中。中行，見師六五象辭，泰九二爻辭，象辭。復六四象，夬六五象。愚前在泰六五洎，復六四爻辭中曾述及易家之謂中行之義有：行中和也；處中而行；尙中道；合中庸之道；路中，半路；以官爲氏如中行氏；又荀子上順下篤，人之中行也；（即中等之才）論語中行乃合乎中庸之道上上才。

上九益六三，由授之政，秉國大柄，徜關係不夠，主上認知有闕，可以衣朝衣朝冠斬於東市！凶事者，六三時之緊要關頭也。而无咎之文，有孚信確認六三中行之才，（中行，如論語：不得中行而與之，必也狂狷乎！）堅信六三爲治世能臣，告以用圭自通誠信于主上，動必依禮也。中行之義，此處爲上上材，依復卦六四中行獨復，謂上順下篤，謂貴裔亦無不可。下文告公用圭。公，有謂初爲公（吳澄），謂四爲公（來知德等）。三公伏陽也。（張惠言）。公，似以六三爲公爲是。以位言，三四公（馬通伯），以年齡言，五十亦可尊爲公，此處公，迨即六三也。合句謂六三，因得上九賞識而依重，由是居位招妒忌，或執事不能立桿見影之效致怨，然而得上賞識深信包庇故无咎，個人大才屈示誠信，上文告以用圭時刻也。

六四、中行，告公從，利用為依遷國。

象曰：告公從，以益志也。

王弼：巽始體柔當位，上應下，高不處亢，雖不中，用中行者也。以斯告公，何有不從？以斯依遷，誰有不納？

孔疏：以中行之德，有事告公，公必從之。用此道依人遷國，人无不納。遷國大事，明以中行，雖大事而无不利。

張載：陰居陰，體巽應卑，可依遷國。无剛故不足告王故曰告公。

程頤：近君位正，巽輔上順初陽。唯處不中，應又不中，行得中道向上獲信矣。遷國順下而動，依剛君致益。

蘇軾：益六四，損六三也。六四中行益初九。初九本陰，六四本陽而相易，故初遷國，四自損，初受益，初之遷四資之，故初九利用依我而遷也。

張浚：三四皆曰中行。曰告公。不敢專私意也。五上乾體曰公。四純陰用巽，其動不妄，是以中行告公從。而利用爲遷國，不得已而遷國便民如周太王順天告公從也。

鄭汝諧：四上體當施益，才柔不足致益，初四交變，四視初爲遷國，剛陽可依，益必中行无私，益之非私。三四皆曰中行，中不偏。謂其不足於中，故告之。

張根：事莫難于遷國，當依人而行。

朱震：三四中位下初故曰中行，中道行也。伏兌口告也，坤順允從，坤國，四之初遷國也。依六三後遷，故曰依遷國。易傳曰古國邑民不安其居則遷，遷國者，順下動也。

項安世：自損以益下，與初互遷而成益，故利用爲依遷國，損民志在益下，必有孚而後神其許之乎！故有孚中行而後告之公者，命筮入主人也。三四不中故必中行後告之，中行者向五而行。凡稱中行皆指五也。

李衡引子：益初，能得下也。承益主，奉中而行也。小人懷土，動之難，非得其心則不能，遷下附上，公從益志也。引石：得位行得中正也。上應五君，下應初民。民事莫大遷國邑，居巽能順民志，志務益下。引薄：三四告公不告王者，上施不廣，聖人許下之行也。

楊萬里：以順居卑，進中可行。柔懦必告公。見從乃可行焉。六四才不足，弱故依其與國乃可遷，如周依晉鄭，刑依齊，許遷依楚。

朱熹：三四皆不得中，故以中行爲戒。益下爲心而合中行，則告公而見從矣！傳曰周東遷，晉鄭焉依！此爻遷國之吉也。

趙彥肅：三居陽不敢求益，自用其剛。四重陰，從五而遷，以救其弱，二者皆爲其可，以其在卦中，能中行故也。愚者依明，柔者依強，以遷得益大哉。

楊簡：此不曰行中而曰中行，九五上既比，陰陽相得，九五爲公，言公則所包廣，公亦有不私之義。四柔，依公遷國耳。遷國所以益民也。以益民志告公，公從，非私也。

吳澄：六畫卦中位，四初應，交相爲益，不足則使人告公從之也。四初正應故告公，告三因二爲圭通信也。四遷於初而依六二，遷國之君也。初遷四依六三，新遷民也。故此爻之占利用之依於人而遷國。

梁寅：三四爻皆不中，故戒中行，近君故有告公則從也。遷國者必順下而動，又互體坤爲國邑，故利於遷國也。

來知德：三以中道可行事告于四，依其形勝而遷者，國有所依。四陰正，有益下之志與權，三受四益，告于四，上下協謀，利用爲依遷國，亦无不利也。

王夫之：三來告而四從之，陽固足益初也。遷國者陽益初，則陰遷居於此。依焉依之依，與三同柔德得所居。

顧炎武：無事國遷，晉遷于新田是也；有事遷國，楚遷于郢是也。皆中行告之益也。

折中引吳愼曰：四正不敢自專，必告於公也，中行則見從矣，案此爻不專己與上同德，乃可以益下，用六四遷國大事也，即卦利有攸往，利涉大川者也。

李光地：居人臣之位，義無專主，凡事循中道，稟命見從，上孚下信，雖遷國益民，其事甚大，依之以濟矣！

毛奇齡：四與三處卦中同爲中行，姑告君之從者，然遷國何利其所用以爲利者，非依也乎？周東遷，晉鄭是依。初應四又上所由依也，一若徒告公而益以志者。

李塨：四居中爻，中行也。損陽遷坤，坤爲國，有遷國家。遷國非輕舉，告益其志，艮爲言，坤順有從象。

張惠言引注：中行謂震位在中，震爲行，爲從，故曰中行。公謂三，三上失位，四利三之正己得以爲實，故曰告公從矣。故利用爲依遷邦也。案：吉凶軍賓之禮具於益焉。（馬其昶引）

姚配中案：中行三也，三化，故四告於五，坤國，三正坤象不見故遷國。依於險，遷國亦所以益之也。

吳汝綸：天子遣使命公從遷也。依，保也。如盤庚遷殷，亦所以益下也。

馬通伯：復益夬皆利往，爻皆曰中行。鄭注復四度中而行。徐幾曰：初四爲往來之爻，有遷象。引許桂林曰：大凶大烖遷國事，資臣工以達於民，故在三四爻。案：五卦主，國，五之國也。此論成卦之象。

丁壽昌：四諸侯，古者二公出爲方伯。五告也。古遷國必卜筮，謂遷國之吉占是也。四上公得蕃屏之寄，爲依從之國，五天子，益忠志勑之，故言中行告公從利用依遷國。

曹爲霖：日知錄曰：無事如晉從韓獻子遷新田，有事如楚子西言遷於鄀。皆中行告公之益也。凡遷國安民，依形勝即依民也。故利用爲依遷國。

星野恆：依託也，遷國所依。柔近君應初，得君利民者也。當以中行之道建明于上，必見所從，得志澤物不亦宜乎！

李郁：中行謂二五易成損，移民就食，損有餘補不足也，四公，三告公從，初遷四，民就肥饒故爲依遷國也。

于省吾案：依衣古通。衣殷古亦通。克衣即克殷。然則利用爲依遷國應讀作利用爲殷遷國。互坤爲邦國。指成王時代管蔡，遷殷國於宋而封康叔於殷虛朝歌也。

胡樸安：六三告用兵，此告遷國，告而後從事。用作豐邑，自岐下而徙都豐是其事也。

高亨：中行告公從謂有凶事者，中道告公有所乞請，公從其請，依疑當讀爲殷。殷王有凶事遣使持圭告周某公乞助，周某公從其請，遂以財力助之遷都。公古公亶父歟？

李鏡池：从，聽命。依，殷。東征勝利。班師路上成王命，把殷民處理好是有利的。微子啓封宗等就是爲依遷國。

徐世大：中行告而公從，目的在爲衛國遷移國邑。依即衣。周書一戎衣而天下定。指伐殷。殷後爲衛國。中行中軍。

屈萬里：國虞作邦，作邦是。金文多假衣作殷，此字疑亦應作殷，言利用爲殷遷國也。（康誥）中行中路。告同誥。

嚴靈峯：六四，中行告公從，利用爲（家）遷國。

張立文：道中將俘獲事告公。家，通行本作依，高，李訓依爲殷。然帛書作家，訓殷失當。家趙注卿大夫之家。譯：六四中道將俘獲事告公，公聽取臣民意見，利大夫遷徙邦國。

金景芳：六四要告公遷國之意，公必然依从。吳曰愼說：四正主于益下，然非君位不敢自專，必告于公也，中行則見从矣。

傅隸樸：就疊卦說，三四也是中行。四地位低而不卑，不卑不亢，行爲得中故曰中行。承平時政策告公必樂從，非常時遷都大事也能爲上上所依從。

徐志銳：損乾九四益境初六，這就是行中道得其益，公指未易前九四，告公，初來告請易位，九四贊同，益己爲志。

朱邦復：上下溝通，以大衆之利益爲依歸則利。

林漢仕案：益卦第四時段，蓋亦卜者之第四時段也。中行，依六三爻意爲中庸者，頂尖人材，才德俱爲上乘者。告公從：公，三四公，即上亦公。公有貴戚之公與勳功寵信之公。公亦爲您之尊稱。六四時段，人生才德到達頂尖（自己比），有告以政事，爲政之道，即採納嘉言，利用爲依據移風易俗。遷國，未必即爲依衣也，殷也，又硬派爲盤庚之殷。依，或解爲周東遷，晉鄭是依之依。茲輯各大家之珍見如后：

象謂告公從，以益志也。

王弼：謂巽當位，雖不中，用中行者也。告從依遷，誰有不納？

孔疏：以中行之德告公必從。

張載：陰應卑，可依遷國，无剛故不足告王、告公。

程頤：近君位正，雖不中，行得中道。

蘇軾：四本陽，初遷四資之，故利用依我而遷也。

張浚：三四皆中行，四巽動不妄，是以中行告公從。

鄭汝諧：四才柔，初四變，四視初爲遷國，不足中故告之。

朱震：三四中位，丁初故曰中行，中道行也。之初遷國。

項安世：與初互遷成益，三四不中，必中行後告之。中行，向五行，凡稱中行皆指五。

李衡引石：得位，行得中正。引薄：告公不告王者，上施不廣，聖人許下行也。

楊萬里：順居卑，進中可行。柔懦必告公，見從可行焉。弱，依與國乃可遷。

朱熹：三四不中，故以中行爲戒。益下合中行，告公見從矣！
趙彥肅：三四在卦中，能中行故也。愚依明，弱依強，以遷得益大哉！
楊簡：此不曰行中而曰中行。五爲公，公亦有不私義。益民非私、告公、公從。
吳澄：六書卦中位，告公告三，四遷初依二，遷國之君；初遷四依三，新遷民也。
梁寅：遷國必順下而動。
來知德：四陰正，有益下之志與權，三受四益，上下協謀爲依遷國。
王夫之：三告四從，與三同柔德得所居。
顧炎武：無事遷國與有事遷國，皆中行告公之益也。
折中引：四正不自專，必告公。不專己與上同德，乃可益下。
李光地：居臣位義無專主，凡事循中道，稟命見從，上孚下信。
毛奇齡：四三處卦中同爲中行。
李塨：四居中爻，中行也。坤爲國，艮爲言，坤順从象。
張惠言：中行謂震位在中，震爲行爲從，故曰中行。公謂三。
姚配中：中行，三也。三化故四告五，三正坤象不見故遷國。
吳汝綸：天字命公從遷。依，保也。
馬通伯：鄭注復四度中而行。五卦主，國，五之國。

丁壽昌：四上公，五大子，五告，言中行告公從利用依遷國。

曹爲霖：凡遷國依形勝即依民也。

星野恆：依，託也。當以中行之道建明于上，必見從。

李郁：中行謂二五易成損，損有餘補不足。四公，三告公從，初遷四，民就肥饒故爲依遷國也。

于省吾：依衣，衣殷古通，克衣即克殷。指成王伐管蔡，遷殷於宋，封康叔於殷虛也。

胡樸安：六三告用兵，此告遷國，自岐下徙都豐。

高亨：中道告公有所乞請。依疑當讀爲殷。公，古公亶父耶？

李鏡池：微子啓封宋等就是爲依遷國。

徐世大：中行，中軍。中行告公從，目的在爲衛國遷國邑。殷後爲衛國。

屈萬里：國作邦，衣作殷，言殷遷國也。中行，中路。

張立文：道中將俘獲事告公。家，通行本作依，訓殷失當。利大夫遷徙邦國。

金景芳：四正主益下，不敢自專，必告公。中行則見从矣！

傅隸樸：三四也是中行，四位低而不卑，行得中故曰中行。承平時告公，必樂從；非常時也能爲上所依從。

徐志銳：四益初，行中道得其益。初來告四，四贊同。

中行謂中路，中軍，中道，（中道行）、（行中道）、（中道可行），行爲得中。震位在中震爲行，四居中爻，三四處卦中同爲中行，三四爻皆不中故以中行爲戒，以順居卑進中可行，得位行得中正，用奉中而行，中行者向五而行（凡稱中行皆指五），三四中位下初故曰中行，中行之德（雖不中，用中行者也），處不中應又不中行得中道。

泰九二得尚于中行，復六四象中行獨復。項安世所云凡稱中行皆指五則必曰應與向五行也；朱熹三四不得中，處熹前之張浚謂三四皆曰中，朱震三四中位，下初故曰中行，處熹後之吳澄、毛奇齡以四居六畫卦中爻爲中行；是朱子必非前朱後吳。王弼云雖不中，用中行者也。孔穎達解以中行之德，其捨位直接介入德行論中行矣！故程子云行得中道，此處行得中道，異乎後來之行中道，中路，更非中軍。楊簡謂不曰行中而曰中行，正乃中行有其特賦寄之意也。論語夫子謂不得中行而與之，必也狂狷乎？是求其次也。荀子之上順下篤，人之中行也。允許更上一層樓，六四時距蓋棺尚遙，德業可賡續增長，而其天賦才質之謂中行不可變也，吾故曰上上材，當然尤非指大行官，王國之行也人也。

六四得下應，循三之蒙上寵信，依其中行之質，廣納衆言，有告公（四）以治道，四採納嘉言，如舜之察納雅言，善與人同。告公即告四也。三時公、四亦公，人事同時位不同而已，六爻皆同一人之卜而歷不同之環境與遭遇也。孰告公（四）？可以是上，可以是下，可以是客，有人告四（公），苟合邏輯，順大義，雖遷城徙都大難事无不依從，蓋信而后行事也，君不聞六三時即有孚中行乎〉有孚，孚信也，孚信而又具顏回之仁，臧武仲之知，公綽之不欲，卞莊子之勇，冉求之藝，言中倫，行中慮，六四時行事无不亨通矣！柳下惠降志辱身後，人民已歌「子產而死，誰其嗣之」矣！是六四時卜得如是也乎？

九五、有孚惠心，勿問元吉。有孚，惠我德。

象曰：有孚惠心，勿問之矣！惠我德，大得志也。

王弼：得位履尊爲益主，益莫大於信，惠莫大於心，因民所利利之，惠而不費，惠心者也。信以惠心，盡物之願。以誠惠物，物亦應之，故曰有孚惠我德也。

孔疏：九五得位處尊，益主兼張德義以益物者也。益莫大於信，惠莫大於心，因民所利利之，惠心者也。有惠有信必獲元吉。信惠被物，物亦信惠歸我，故有孚惠我德。

司馬光：惠心者何？惠之所施，孚于心然後善也。夫人墜于絕壑而遺之珠玉，寢疾垂死而饋之酒肉，其物非不美也，而不以德者何也，非其心之所欲也。

張載：體剛質巽，志應在下，位亢於上故立心勿恤，或擊之反或益之之義爲文，故又云自外來也。未嘗損己而云莫益之，作易者因益卦而言爾。

程頤：陽剛中正居尊又得六二中正相應以行其益，何所不利！陽實在中有孚，至誠惠物，其善不問可知。人君苟至誠益天下，天上莫不至誠受戴君德。澤爲恩惠。

蘇軾：益九五，損九二也。惠之於心則惠而不費。故勿問元吉，我惟信二，故二信我。我德二，二德我，永貞之報也。

張浚：九五獲二中德之助，其德日修，故有孚。上孚心，下孚德，上下交孚益之至也。聖人誠己不言而化，是爲惠心勿問，元吉，吉本仁也，仁行惠不待問利天下志得矣！

張根：堯舜之仁，不偏愛人，急親賢之爲務，益下之道，孰大于此。

朱震：六二應九五有孚。中者心象，惠者順人心而益之。五有惠心。五之二成兌口，問也，問後惠，惠亦狹矣，勿問則吉之至善。五不之二守中，勿問之吉。六二孚五，惠我中正之德也，九五不動而大得志。

項安世：元吉者履剛在上也，又中行，九五本元吉故曰勿問元吉。與二中正相應，故五以有孚惠心，二亦有孚惠我德孚，皆自有，非勉辭。此堯舜遇民信之事也。

李衡引崔：惠心及下，終不言以彰己功。問猶言也。引介：勿問所謂益无方。有孚惠我德，所謂反乎爾者也。

楊萬里：剛才中德，爲益君，益被於人，天下信之。有孚惠心，上之誠也；有孚惠我，德下之信；上下交孚，五得志矣！二帝三王，仁率天下而民從之，成康文景庶乎！

朱熹：上有信以惠于下則下亦有信以惠于上矣！不問而元吉可知。

趙彥肅：有孚惠心，其益无方，所過者化，風行草偃也。

楊簡：人君施益求諸己，求諸己心是矣！以財惠民，財有限，惠亦有限；小惠不免濫刑；惠今日不及他日：君心正庶政咸正，故君心惠民之大本。不必問必獲元吉！心民被我德惠斷可信也。民惠我德則順，主職不曠，聖哲志得矣！

吳澄：六二孚九五，益故孚。懷其恩也，勿問不待占筮也而知其吉。二孚初九，惠初九之德，初卦主，故指初爲我。二五應遠故惠心，初二比近故惠德，五二應因二比初，又得初之弗違意同。

梁寅：爲人君有至誠惠益天下之心，治天下以大德，不以小惠，勿問其效何如，大吉可知矣。聖人之益天下同天地之益，豈非九五乎！

來知德：我，五自謂。九五陽德中正，益下主，益下之惠心，有孚于四，不必問而知其元吉矣。五知四必能惠我之德也。占者元吉。

王夫之：五天德，施惠益陰，心固然也。四五相孚，惠心一也，四益初德，功歸五曰天施。德歸天子，不勞而惠行焉。

折中引呂祖謙：君但惠民，民皆交孚惠君之德，問民感是計功利非誠心惠民者，引蔡清：惠下之心，下惠我德，上感下應，實非二也。引鄭維嶽：九五但知民之當益而已，勿問元吉，民因德其惠，出於有孚，王道本於誠意。

李光地：居尊位，益下之衷也。有信實惠下之心，不必問乃得元吉。誠感誠應，下必實心惠我之德也。

毛奇齡：大離本爲孚，心，志，巽順命，凡受我益者無不有孚信而順其心。五柔與二，二即剛之五，情深矣，豈止有孚惠心也乎！其惠我以德矣，上下相益之志大得之。

李塨：四益下爲心，乃惠心也。五比四，孚不問，大吉之道也。四德即我德也。

張惠言引汪：謂三上也。震爲問，三上易位，三五體坎成既濟，坎爲心，故有孚惠心勿問元吉。坤我乾德，三之上體坎爲孚，故惠我德。

姚配中案：有孚惠心，入人深也。我五也，五上孚下，下亦孚上，故有孚，衆爻皆順五也。不必問天下歸之，故大得志。

吳汝綸：心，二也。惠，順也。有孚而順二之心，則二亦有孚而順五之德矣，勿問者使皆遂其欲，初不問諸其人也。

馬通伯引蔡淵曰：惠順，有孚惠我德，錫汝保極也。引姚鼐曰：中心至誠，不必盡人問之也。其昶案：九五中正而民信，加私惠於人，冀其知感，非大同之益也。

丁壽昌：虞坎心爲孚，坤我。蘇蒿坪巽近利有惠象。巽體半坎，上互一陽，亦有心系于內。上實下虛象。巽申命，又爲伏，故曰勿問，互艮爲得，有德象。

曹爲霖：五代漢隱帝時，劉審交卒，州人爲立祠，馮道曰劉君推廉愛心行之，非能減租賦，除繇役，此之謂有孚惠心勿問元吉也。

星野恒：仁惠之心，剛中正居尊位，應二賢，明君得賢臣，利民也。有誠心惠下，至善大吉，固不待問，勿問元吉。

李郁：惠順，有孚謂益孚于損。五中正篤實，無待于問，位天位故曰元吉。五爲我，中正，二順故曰惠我德。吾心誠，衆心悅服也。

胡樸安：民衆之孚須有仁惠之心，行仁惠之政，可勿問大吉也。

高亨：孚罰，心疑當作止。有罰特施恩赦，勿問罰事乃大吉，雖仍有罰，僅及它人，赦止之恩則我得之。德得也。

李鏡池：惠：安撫，引伸感激。問：送物給人。德：得。武王克商，浮虜紂兵；周公東征，服五十餘國，俘虜很多，好語安撫，無須用物質；用物質優待，使浮虜對我感激。

徐世大：恩結下人。俘奴慈心不去責他。大好。俘奴有恩，我也有所得。

屈萬里：有益於意志。問：遺人以物。有孚惠心者言我信於民，順民之心也。惠德，言民信於我，順我之德也。爾雅惠，順也。甲文叀唐蘭釋作叀當讀如惠，惟也。

嚴靈峯：九五，有（復）惠心，勿問，元吉。有（復）惠我德。

張立文：復假爲孚，古俘字，亦信成也。惠心施賜布施。勿問猶言勿言。惠而不費亦通。釋：將誠信布施於民，不布財物，始而吉祥。既得誠信惠被人物，人亦誠信待我。

金景芳：有孚有誠意。惠心對人民有益，一定元吉。有孚，爲人所信，能夠惠我德。蔡清說惠下之心，下惠我之德也。

傅隸樸：九五剛正至尊，益卦卦主，不天之廣不能偏益，故不在物質而在精神，使四民樂業，政府惠而不費，故民信惠足，勿問元吉。人民感激歸向我故有孚惠我德。

徐志銳：九五懷著眞誠惠下之心去增益六二，不必卜筮就知道大吉。二對五感恩戴德，大得志指九五得志。

朱邦復：互相信任，德惠爲被，大吉。

林漢仕：有孚二字即點出益卦九五時，經初二三四之努力累積其成果，俘獲民心，人民因孚信發出「子產而死，誰其嗣之。」之恐懼，敬愛，擁戴之誠流露無遺。九五乃人生德業高峯期，人民孚信我，實受我惠，德之於心。此時對我言，不卜可知：政策之推行、新思之構想，全民以我爲是，勿問皆順我意，大吉可期也。斯即所謂勿問元吉。初二三四時尙有所倚，九五之有孚，已毋庸假借，蓋惠我德之子民由來久矣！德我之民早習慣於猛寬相濟之政也，不競不絿，不剛不柔，布政優優，百祿是遒，和之至也。九五境界如是，又得時位如此，不疑何卜？勿問元吉也乎！

雖然，前賢鑽研功深，仍須一一拈出，供後學比較參照，前賢明燈利我探賾索隱也。

象以有「孚惠心，勿問之矣！惠我德，大得志也。」似九五爻辭之菁粹縮寫。既孚惠心，九五之得民勿問，九五之得志，操之在我者勝券已握，得民之死力如是，何用不臧，苟五有大志，朝秦楚，蒞中國，量力而爲，必足大得其志也。然前賢之敘，各有獨特之處。如：

王弼稱：益莫大於信，惠莫大於心，惠而不費，物亦應之。

孔疏：有惠有信，必獲元吉，物亦信惠歸我。

司馬光：惠之施，孚心然後喜。

程頤：陽剛中正居尊又得二應。陽實在中有孚，人君至誠益天下，天下莫不受戴君德。

蘇軾：我信二，二信我；我德二，二德我。

張浚：獲二中德助，德日修故有孚。聖人誠己不言而化，利天下志得矣！

張根：益天下之道，急親賢之爲務。

朱震：二應五有孚，二孚五惠我中正之德，五不動而大得志。

項安世：五本元吉故勿問元吉。五二皆自有孚惠心，非勉辭，此堯舜遇民信事也。

李衡引謂：問猶言，惠下不言功，惠我德，反乎爾者也。

楊萬里：中德益君，上誠下信交孚，率天下而民從之。

朱熹：上有信，下亦信以惠于上矣！

趙彥肅：益无方，所過化，風行草偃也。

楊簡：人君施益求諸己，民惠我德則順，主職不曠，聖哲志得矣！

吳澄：二孚五，懷恩也。二孚初惠初九，故惠德。

梁寅：人君至誠惠天下，治天下以大德，不以小惠，勿問其效。

來知德：我，五自謂，孚四，五知四必能惠我之德也。

王夫之：四五相孚，四益初德，功歸五，德歸天子，不勞而惠行焉。

折中引：王道本於誠意。

李光地：益下主，誠感誠應，下必實心惠我之德。

毛奇齡：五柔與二中，二即剛之五，豈止有孚惠心也！其惠我以德矣，上下相益之志大得之。

李塨：四益下爲心，五比四，四德即我德。

張惠言：三五體坎成既濟，坎爲心，故有孚惠心，坤我乾德，坎孚故惠我德。

姚配中：我，五也，衆爻皆順五，天下歸之，故大得志。

吳汝綸：心，二也。惠，順也。順二心，二亦順五德矣！

馬通伯引：中心至誠，不必盡人問也。案九五加私惠於人，冀其知感，非大同之益也。

丁壽昌：坎心孚，坤我，巽半坎，上互一陽，心系內，上實下虛象。

曹爲霖引：推廉愛心，非能減租賦，除繇役，此有孚惠心勿問元吉也。

星野恒：有誠心惠下至善大吉。

李郁：吾言正篤實，無待于問。五我二順故曰惠我德。

胡樸安：行仁惠之政，可勿問而大吉也。

高亨：孚，罰。心疑當作止。罰：特赦，赦止之恩我德之。

李鏡池：用物質優待，使孚虜對我感激。

徐世大：恩結下人。俘奴有恩，我也有所得。

屈萬里：順民之心也。民信我，順我之德也。惠，順。唐蘭惠，惟也。

張立文：復假孚。古俘字。布施勿言。惠被人物，人亦信待我。

金景芳引：惠下之心，下惠我之德也。

傅隸樸：卦主不能徧益，故不在物質而在精神，使四民樂業。

徐志銳：五眞誠惠二，不卜知吉。二對五感戴，五得志。

朱邦復：互相信任，德惠爲被。

本文重心在大得其志。五爲堯可，五爲桀亦可，堯桀之率民而民从之者，不分仁暴，蓋孚信惠心非一日矣！王弼、孔穎達、司馬光、程子皆著力於惠施心歸也。率天下以仁，率天下以暴皆可大得其志，五縱橫宇內而誰何矣，蘇軾將孚信局限在二，故二德我，二信我，五二應，五二聯手，亦可遮蔽天日，亦可大得其志，仍然可以是聖君，可以是桀跖。所謂聖人誠己，不言而化，能專一利天下，誠天下蒼生之幸也。張根故謂益天下之道，急親賢爲務。眞堯舜主矣！項安世言堯舜遇民信事也。所以勉責堯舜眞主所號者，利天下後世共主之進德也。故或模稜言惠下，反乎爾；上信，下亦信而惠于上；風行草偃。至專言局限于二五孚懷恩，或五（我）四孚必惠我，二孚初惠德；三五體坎，坎爲心，坤我德，似不如姚配中謂我五也，衆爻順，天下歸之。不必支離於心二，坎心，五我，坤我也。馬通伯案五私惠人，非大同之益。曹孟德能得人死力，諸葛公亦能得人死力。惠而羈於用，無惠不反其德，無惠而非私德，視九五之器宇與政策。惜乎前此無一策可行於人亡之後也！本爻應爲五時至孵化出一片大好空間，人際關係毋假借，寬猛相濟之政，人民已適應，端視五之才馳騁宇內可大得其志也乎？高亨之孚罰，李鏡池俘虜，與衆孚信異，並行聊備一說可也。唐蘭之惠，惟也，屈萬里引：即兩惠字皆作惟解，不影響其義。蓋孚信缺物質徒謂勉以精神可使四民樂業，烏托邦也。其然乎？

上九、莫益之，或擊之，立心勿恆，凶。

象曰：莫益之，偏辭也。或擊之，自外來也。

王弼：益極過盈者也。求益无已，心无恆者也。无厭之求，人弗與也。獨唱莫和是偏辭，人道惡盈，怨者非一。或擊之也。

孔穎達：益之過甚者也。求益无厭，怨者非一，故莫益之，或擊之。勿猶无也。立心无恆，必凶咎之。

司馬光：上九立心勿恆凶何也？戒人勿以求益爲常心也，莫益之。象日偏辭何也，知益于己而不知恕于人之謂也。

程頤：无位，非行益於人者也。所應者陰，非取善自益者。九剛求益極，衆人其惡，或攻擊之，戒人存心不可專利。

蘇軾：益上九，損初九也。二者皆不樂爲益。上九益不益在我者也。非无以益，非不可恆。我固莫益，勿恆。莫益則无與，不與故或擊之。或者物自外來吾不知也。

張浚：卦中三陰不應於上爲莫益，艮手爲或擊。上九本乾體，居巽而震承之，剛亢躁動，求益不已，心不恆，惟利之圖，人心以離，擊之者故凶。

鄭汝諧：居益極求益无厭，人莫益之。在上下係動，立心不常。交不定求偏。知責人不知自責，是以或擊之也。

張根：所謂益而不已，必決。

朱震：上當益三而莫益之。三中爲心，莫益持心爲恆，凶。相益後安，莫益，艮手上擊，欲益晚矣。

項安世：上九无益之者，獨不受益也。初四，二五皆正交能益，三上不正交故不能益。上不益三，三動而進，小象恐人以爲六三或擊之，故自外來釋之，上動坎來也。莫益之指六三。

李衡引子：極亢乘尊，過求莫附。自益人不益。立心无常，多求于人，人所忿也，故有自外擊之者。

引牧：陽居上應下，昰能益下也。姚益過惠偏而謗興焉，怨來聚攻者非一，故曰或擊之。損益之象在權衡，過則損，不及則益，在變通，守恆則凶。

楊萬里：善益己而人不損。上九益極位亢，非善益己者，利而已。利可均不可偏，上九偏以益己，爭者至矣！人莫益之，有擊而奪之者矣！不知均利常理，此所以凶自外來也。

朱熹：以陽居益之極，求益不已，故莫益而或擊之，立心勿恆，戒之也。

楊簡：莫益之者言無有之者。立心不善，宜即改易，切勿恆久，其象凶。衆皆莫之與，則或擊之矣！筮得此爻，畏明神而或改也。

吳澄：上九當下益六三而不能益之故曰莫益之。又虐害之，固守其在內之心勿恆如此，不害民而害民，凶之道也。

梁寅：九居上，故莫益之而或擊之，以其人徒務益己不能益人。戒之言立心勿以益爲恆也，於益爲恆不免於凶矣！

來知德：莫益者莫能益也。前儒不識象說放利行，不奪不饜。失易旨。立心當恆，不恆不能益而不已則凶矣！益民之心恆久不變，民說无疆，安有擊之凶哉！

王夫之：四有爲依之利，五有惠心孚四，歸德獲享帝之報，上九陽亢驕吝无益物心，物亦莫益者，或擊之矣！无恆自絕於天，上已亢故決言其凶。勿无通。

折中案：處益終，自益之極而得損爲義，書云滿招損，謙受益，損益下兩爻之意相備也。

李光地：處高亢無益下之象，但爲受損之極象而已！立心勿恆，言其亢也。

毛檢討：此不益之戒，無以益則或將擊之矣！上自立者無恆心，而責下有惠心能乎？上不孚，偏也；下無惠心亦偏也。擊則不敢斥下，故或之反曰外來，上已盡何有于外？

李塨：上三應，上乘剛，亢不下，或來擊殘虐之矣。雷上風下曰恆，今返風上雷下曰不恆，恆九三亦曰不恆凶。

孫星衍傳象：（釋文）偏，孟作徧。（集解）孟善曰徧，用帀也。（釋文）

張惠言引注：莫，无也。自非上无益初者，唯上當无應，故莫益之矣。上不益初則以剝滅乾，艮手故或擊之。上體巽爲進退，故勿恆，動成坎心以陰乘陽，故立心勿恆凶矣。

姚配中案：上不降三，三不益上。失位背五，五擊之，衆叛親離，喻殷也。上當之正，進退不果，故立心勿恆凶。五非應故曰或。

吳汝綸：勿恆，疏云勿，猶无也。

馬通伯引沈該曰：剛處極，居亢乘尊，極則相薄為災。引王應麟曰：或益或擊自外來。孔子曰自損者益，自益者損。引王又樸曰：勿恆者必偏矣！其昶案：一益一損謂偏。偏於求益，不顧人損，非可恆之道也。孔子嘆欲利適害，不可不察。

丁壽昌：偏，孟作徧，周匝也。惠定宇曰偏辭猶衆辭也，說當。吳草廬曰上九當益三而不能益，故曰莫益之。擊，虐害也。上九非徒不益反而又虐害之。固守內心恆常久不變。上九外來擊六三也。吳本仲翔，確有依據。

曹為霖：唐懿宗時路巖罷相，途人以瓦礫擲之，以其冤貶劉瞻。巖謂京兆尹薛能曰煩公以瓦礫相餞，能曰向來宰相出府，無例發人防衛，巖甚慙之。象曰無所容，路巖有焉。

星野恆：剛居上專益己必至仇怨，或攻擊之矣！戒立心勿恆如是，凶之道也。上玉食不恤下則衆畔親離，立心其可恆乎？

李郁：五為心，五動心變，外卦艮手擊。立心无恆，用力不專，雖耕未必穫，天降鞠凶，故有或擊之者。

胡樸安：莫益，非不益，受益自以為不益。一偏之辭，自外仁惠之政，私心來擊。立心不本中行之恆則凶矣！言文王施仁政猶有不服從者則分決之。

高亨：勿猶弗。此言人處事，既無人襄助輔益，且有人攻擊破壞，若立心不恆，守志不堅，因改故行，輟宿業，食舊德，渝大節，則事敗名裂，是凶矣！

李鏡池：沒有人助，有時被攻擊，守志不堅就壞事。作者四顧周室由盛而衰，有感而發。益卦著重周室興衰變遷。

徐世大：沒有利益他，或打擊他，居心無常，即是有禍。孚指未開化部落，猶後世稱虜賊！不能施惠，不如擊之。

屈萬里：之指占者言，謂無益之者。傳象有求不應是偏辭。自外來，打擊自外來。偏，釋文孟作徧。

嚴靈峯：（尙）九，莫益之，或擊之，立心勿恆，（兇）。

張立文：莫益之言無人增益之，或擊之言有人攻擊破壞。立心勿恆，立心守志不常久。譯：上九，無人增益他，有人攻擊他，如守志不常久，便有禍殃。

金景芳：居于上，沒有人益他，倒是有人攻擊他。因爲他立心勿恆，這是凶的。傳象莫益之，誰也不益他。

傅隸樸：陰位陽居，知進不知退，上九求益不止，人民無可滿足，只好攻擊他了，故曰莫益之，或擊之，从四面而來攻擊。勿恆，即無厭足的意思。貪心無厭故曰凶。

徐志銳：上九處窮極之地，窮則變，滋長損下益上之心，對六三不僅莫益之，反而或擊之，反其道而行之。強調不增益別人，還要別人增益自己，必受外來攻擊。

朱邦復：貪得無厭，衆人之敵，凶。

林漢仕案：治大國果如烹小鮮，苟取與有道，是亦爲政。意師三代，行法後王，知易行難，行易知亦難也。裁成聖君，舵引時代，易家寄損益饒足天下無窮希望，非是難其所易，逞口舌之能者也。觀初之養羽翮，潛龍時也，二之廣納衆友，同聲同氣相激盪，王者事，禍福門，孔子之嘆有的；三時處患難黯阨非常時期，以愛憎操諸人；得上賞識倚重，無畏讒間；四才氣冒出頭，察納雅言，善於人同，言中倫，行中慮，行事无不亨通矣；六五乃人生德業成熟期，高峯期，厚植惠信，不剛不柔，寬猛相濟，天下歸心，是堯則仁覆天下，是桀紂則率天下以暴而民亦相從矣，蓋从此得反乎爾者也。上九之莫益之，或擊之，立心勿恆，凶，已隱約可見其意也。茲輯衆賢纂述以爲比較：

象：莫益之爲偏辭；或擊之爲自外來也。

王弼：求益无已，人弗與也。獨唱莫和是偏辭，怨或擊之。

孔穎達：益之過甚者也。怨非一，勿猶无也。

司馬光：戒人勿以求益爲常心。偏辭：知益己不知怨人也。

程頤：非益人亦非取善自益，剛求益極，衆人共惡。

蘇軾：莫益則无與，故或擊之。物外來吾不知也。

張浚：三陰不應上爲莫益，艮手擊。九亢求益，人心離。

鄭汝諧：求益无厭，知責人不知責己，是以或擊之也。
張根：益不已，必決。
朱震：上當益三而莫益之，艮手上擊，欲益晚矣！
項安世：上不益三，三動而進。
李衡引子：亢乘尊，多求于人，人所忿。引牧：應能益下，然惠偏而謗興，聚攻者非一。守恆則凶。
楊萬里：上九偏以益己，人莫益，有擊而奪之者矣！
朱熹：陽居益極，求益不已，故莫益而或擊之。
楊簡：莫益，无有益之者，立心不善，切勿恆久，畏明神或改也。
吳澄：上九不能益三，又虐之，害民凶道也。
梁寅：徒務益己不能益人，戒勿以益爲恆也。
來知德：莫益，莫能益也。前儒不識象說放利行，失易旨。
王夫之：上九亢驕，无益物心，物亦莫益，自絕於天。
折中：自益之極，得損爲義。書云滿招損，謙受益。
李光地：高亢無益下之象，但爲受損象。立心言其亢也。
毛奇齡：此不益之戒！上無恆心責下有惠心，能乎？

李塨：上乘剛，亢不下，或來擊殘虐矣！
孫星衍：孟作徧，周匝也。
張惠言：上不益初則剝乾，艮手擊。
姚配中：上不降三，三不益上，背五五擊。五非應故或。
吳汝綸：勿猶无也。
馬通伯引：剛處極乖舛，相薄爲災。又案：一益一損謂偏，不顧人損，孔子嘆欲利適害。
丁壽昌：孟作徧，周匝也。上當益三不益故曰莫益之，三非徒不益又虐害之。
曹爲霖：路巖罷相，京兆尹慙之，謂無例發人防衛。
星野恆：上玉食不恤下則衆畔親離。立心其可恆乎？
李郁：五心，五動心變，艮手擊，无恆不專，天降鞠凶。
胡樸安：言文王施仁政，猶有不服從者則分決之。
高亨：勿弗，無人襄助輔益，有人破壞，志不堅是凶矣。
李鏡池：沒人助，被攻擊，志不堅壞事。周室由盛而衰。
徐世大：沒利他，或打擊他，不能施惠，不如擊之。
屈萬里：之，占者。謂無益之者。打擊自外來。
張立文：無人增益，有人破壞，守志不常久便有禍殃。

金景芳：居上沒人益他，象誰也不益他。心勿恆是凶的。

傅隸樸：上九求益不止，勿恆即貪無厭，故四面來攻擊。

徐志銳：不僅莫益六三，反而擊之。增益自己必受攻擊。

朱邦復：貪得無厭，衆人之敵，凶。

衆賢之意，皆謂上求益己无厭，三陰不應上九；上莫益三，益過甚而惠偏；上九驕亢無益物心，此不益戒；上不益初；乘尊相薄爲災；上貪無厭故四面攻擊！漢仕以爲皆不得爻旨。來知德斥前儒不識象說放利行「多怨」，張惠言謂上不益初，馬通伯云剛猛乘尊，星野恆云上玉食不恤下，李鏡池、徐世大、金景芳異口同聲斥上沒人助，沒人益，似皆非「莫益之，或擊之，立心勿恆，凶」之正解。蓋損益之所以裁成聖君賢相，孔子之所以嘆，六爻進程，應一貫而非截然南北分歧如是者，更何況歷時數十載，厚植信惠，安有老年不愛惜羽毛，不戒之在得，一反平生作爲矣！自我作賤者或有之矣！絕非益上九也！吾故謂莫益，或益者，乃政策，仁覆天下，率天下以暴之延續，繼六五而後之所謂「寬猛相濟」一貫行事也。莫益，或擊，說明政策行事操之在我，時當益則益，當擊則不手軟，務益務擊行事固定，孔氏之謂執一無權，容易生弊。易爲群下捉摸擺布，令下屬不能摸透上心，則必兢戒謹守分寸，不必逢迎上意，猜測下注。此韓氏之謂不爲臣乘君則主威不失。老氏之聖人無常心。知白守黑，知雄守雌。蓋統御者利器不可示人也。今易既爲君子謀，故謂立心勿恆，凶。立爲位之初文，謂在其位者，其心始終如一，恆常不動也。勿，說文，州里所建旗也。又勿勿猶勉勉。州里所建旗，標明圖騰所以趣民。立心，在其位者用心，勿，標明顯示。恆永不知變通，凶，其謂失乎？繫辭吉凶者得失也。韓康伯注虛己存誠則衆不迕，躁求則物所不欲。上九虛己而不務或寬或猛執一之政，庶可免乎上有好者，下必有甚焉，爲臣下所乘之病，未示人利器也。治大國若烹小鮮者，其易乎哉！

䷾ 既濟（水火）

既濟，亨。小利貞，初吉終亂。

初九，曳其輪，濡其尾，无咎。

六二，婦喪其茀，勿逐，七日得。

九三，高宗伐鬼方，三年克之，小人勿用。

六四，繻有衣袽，終日戒。

九五，東鄰殺牛，不如西鄰禴祭，實受其福。

上六，濡其首，厲。

䷾ 既濟，亨。小利貞，初吉終亂。

彖曰：既濟，亨，小者亨也；利貞，剛柔正而位當也。初吉，柔得中也；終止則亂，其道窮也。

象曰：水在火上，既濟，君子以思患而豫防之。

子夏：陽已下陰，萬物皆成。

荀爽傳彖：天地既交，陽升陰降，故小者亨也。　傳象：六爻既正，必當復亂，故君子象之思患而豫防之，治不忘亂也。

鄭玄：既濟，既，已也，盡也。濟，度也。

陸績：離坎分子午，水上火下，性相交敵，不間隔是曰既濟。

王弼象：皆濟爲義，小者不違乃爲皆濟，舉小明既濟。

孔疏：既盡濟故亨，小尙亨況于大！剛柔各當其位，非正不利。居安思危，愼始如初，故戒不進德脩業，終極則亂！

張載：通其變然後可久，故止則亂也。

程頤：大者已亨，小者未亨也。利在貞固以守之。初吉，方濟之時也，終亂，濟極則反也。

蘇軾：水在木上，火災不達，陰乘陽，陽奮其力必遂，此所以爲既濟。小者在上而亨也。

張浚：精神交感，君臣之德俱明，是爲既濟。亨小謂陰以陽亨。君用剛，臣用柔，禮行於上，分定於下，利在是。柔得厥中，二五互有明德故吉。終或止，明息則亂。

鄭汝諧：體柔得中，守之以靜，是以初吉。然靜止則蠹弊生而終亂。聖人通其變，欲其不止，然才下離明，上坎險，才如是，故初吉終亂之義生焉。

張根：小者皆亨，則上下偷情之時，故以利貞，終止爲戒，與率作興事同義。

朱震：既濟小大畢亨。剛柔不失正，无犯分躐等之非，故曰利貞。六爻當位而言既濟。濟初柔濟剛，所以正吉，濟終變艮成賁，止不文飾，哀亂復起故曰初吉終亂。

項安世：六二爲主爻，自泰變，六五降二，故彖曰柔得中。小字與亨相關。陰小故稱小。小者亨蓋脫一小字。

李衡引陸：水上火下，陰陽交通雖復，微小得以盡濟，剛柔正位得盡濟之功，故利貞。初以陰陽氣交故吉，終水火不同性故凶。引胡：亨小當作小亨，小者亨也。

楊誠齋：既濟之世，小者亨，況大者乎？无一人一物不亨。危安險濟，何憂之有！然人皆儆洪流，莫儆夷塗，是以初吉終亂也。人情多難必戒，戒憂則吉，上六柔怠自畫，非終既濟之才。

朱熹：既濟，事之既成也。水火相交各得其用。六爻各得其正，故爲既濟亨，亨小當爲小亨。占辭皆有警戒之意。

趙彥肅：陰陽錯居，陽皆交陰，至矣。泰乾坤全體交，陽志變陰，其功速。既濟雜交，情交，當位者承，乘，或逆辨位者，三男更窮，易之所以終无盡也。陽下濟陰故初吉，陰上乘陽故終亂。咸之不可爲恆也久矣。

楊簡：既，盡也。既濟無所不濟。亨小，小者亨則餘皆亨可知矣。奇剛純，耦柔純，五二當位，餘剛柔咸當，非貞正乎？非利乎？終亂者，水遇坎止，其義人情狃於既濟，怠止而荒，故亂也。能愼終如始，如初欲濟則何由亂？

吳澄：既濟：渡水已竟；二物相資相成；水火相成之義，成烹飪之功。亨者陰柔也。利正主事。二柔居明故初吉，外卦上六柔居險故終亂。

梁寅：火下炎上，水上潤下，水火相交，各得其用。六爻正。小事可亨，必利得正。離柔內是初吉，坎外陽窮是終亂。盛極將衰之時也。

來知德：方濟時人心儆戒，固无不吉；既濟人心般樂怠敖，未有不亂，氣數使然，亦人事之必然，故利于貞。

王夫之：既濟，人已涉事已成也。大亂之世，無恆小人，讎其欲，故亨者惟小也。陰無不乘陽而出其上，故利貞。初吉者，如涉乍登涯自幸濟而不恤前塗險阻，大亂之道，亂已萌生矣。

折中引谷家杰曰：亨小，言所亨者其小事也。引吳愼曰：剛柔正則體立，水火交則用行。體立用行所以爲既濟也。

李光地：亨小者，事既濟則人心懈，心本事末，亨在事不在心，是小者亨也。以利貞戒，又初吉終亂警之，皆一意也。

毛檢討：所謂濟，即春秋傳寬以濟猛，猛以濟寬也。亨小者，陰皆藉陽以通，三陽濟，三陰亦濟也。小利貞者，陰藉陽得其正也。終止柔則陰陽道窮易亂。句法以既濟亨，小利貞初吉終亂。

李塨：坎上離下，以二四之坎接外之正坎，濟至於盡，濟之力以剛，濟之用在柔，柔小，小則戒，戒則通，是小者亨也。柔更利在貞，三剛居剛位，三柔踞柔位，是利貞也。初之吉柔居二得中，終柔必止歸于亂，不可恃。

孫星衍：（釋文）亨小絕句，以小連利貞者非。（集解）鄭康成曰既，已也，盡也。濟，度也。（釋文）

丁晏：本義曰既濟下疑脫小字。孔疏但舉小者則大者可知，所以爲既濟也。疏又云當更有一小字，但既疊經文略足以見故從省也。

姚配中：六爻當位，防其化故言利貞，初吉柔得中，終止亂，其道窮也。虞翻謂中謂二。案治不忘亂則不亂，忘亂而亂生，其道窮也。

吳汝綸：太玄擬爲成。是濟有成義。亨者陽通也。小利貞者，陰不宜更進也。初吉者以剛始，終亂者，以柔終。讀亨小絕句者殊非。

馬通伯：陰小至既濟時，利且貞也。引俞琰曰：剛柔正位，故特贊。其祖案：自古及今未有能全其行者，堯舜猶病，故易小亨。引胡瑗曰：久治易隳，宜至兢至謹。其祖案：剛无不濟，內卦柔中所以吉，外卦柔止窮位，陽陷於陰，所以終亂。

丁壽昌：亨小絕句，以小連利貞者非。非誤倒也。案：既濟互未濟，故初吉終亂。二卦義取相成。乾鑿度曰：既未濟所以明戒慎，全王道是也。

曹爲霖：思菴葉氏曰垂成易怠，晏酖毒，易既濟三致意焉！秦滅六國而秦亡，晉平吳亂而自亂，人情多難則戒，无難則驕，聖人見其初吉探其終亂，戒之以利貞。

星野恆：濟者交相爲用，可否相濟之謂。火炎上水潤下陰陽相濟以成其用。六爻各得其正故利貞，亨小，孔云當作小亨，小者亨也。治亂相因，當守貞正不然初吉終亂。

李郁：既濟定也，定不變則窮，始安而終危也。既已，濟度，謂已度險難，屬小成，故亨小，六爻皆應，故利貞，應相係故初吉，久則變化生焉，故日終亂。

于省吾按：西谿易說引歸藏有岑霽。乃既濟同音假字。字彙補霽與霽同，按當从雨昕聲，說文昕从日斤聲，脂部，濟亦脂部，故得相通。

胡樸安：治平社會慶成功，小者小會民衆通泰也。君臣當位故吉，定而自佚，不思患之豫防，將終於亂也。止不動其道必窮。

高亨：亨即享字，古人享祀曾筮遇此卦。故記之曰享。又筮遇此卦，舉事小利，初吉而終有亂事。

李鏡池：與未濟成對立的組卦。既已。濟渡水，引申成就，成功。初吉終亂，說明既濟變未濟。

徐世大：已成事：普徧。少宜長久。起頭好，末了亂。釋文以亨小絕句。未濟尙言亨，既濟反言亨小，作者以始吉終亂詮釋小利貞，其義甚明。其觀察之深刻非儒老能識也。

屈萬里：水潤下，火炎上，二者相濟。濟，楚辭王注：渡也。卦辭亨小絕句，經文或原作小亨。傳象以水火皆可以成災也。
嚴靈峯帛書：既濟，亨。小利貞，初吉。（冬乳）
張立文：既濟即皆濟，終止義亦通。歸藏作岑霽，即霽，雨過日出。冬假爲終。乳當爲亂。不治，非禮義也。譯：既濟，亨通，占問有小利，初吉祥，結果有禍亂。
金景芳：易經認爲事物總是發展的，所以既濟了，還認爲初吉終亂。亨小有人認爲應是小亨，這是可能的，主要是柔得中。利貞，象傳說剛柔正而位當也。六爻陰陽當位。
傅隸樸：水在火上，完成烹煮的功用；三陽必爲陰乘，創造驚天動地功業故名既濟。不只渡多數人，一人求渡不得謂既濟。不能取大略小。循正途故曰利貞。天道惡盈，福過災生，聲色狗馬移情，宴安鴆毒致衆叛親離，終亂也。
徐志銘：既濟言大江已渡，歷險後成功，大功已成，亨小者，用發展變化觀點看，成功者退，方未者進。只能小亨不能大亨。
朱邦復：小亨，利於正，初始吉，最終則亂。象：小事亨通。
林漢仕案：成佛有八萬四千法門，門門可直通如來腳下。卻有禪師自謂：「丈夫自有沖天志，不向如來行處求。」原來十法界不離一心，修法即修心，所謂「佛法一切法，爲除一切心，我无一切心，何用一切法。」鄧州丹霞山天然禪師取木佛作燃料取暖，宣鑑禪師罵釋迦初生，唯我獨尊情狀，要一棒打殺與狗子吃。雲門文偃禪師答如何是佛謂乾屎橛！破有相皆妄也。慧廣法師謂一切善法與一互惡法皆是佛法。趙州授徒偈：「非法非非法，非性非非性，非心非非心，付汝心法竟」。无心即是佛也。一般談佛謂三界唯心，萬法唯識。所謂阿耨多羅三藐三菩提（正等正覺），必先具足波若波羅蜜渡彼岸知慧，波若是智慧，波羅蜜至彼岸。到彼岸即既濟。如何至彼岸？靠你頓悟，漸悟、悟出一條渡亦渡，回頭是岸亦渡。菩薩怕因果也，到彼岸及有一絲因果昧，問心也問迹，都得自負因果，由佛再落回六道。由覺悟之人落爲未覺悟之佛，所謂：「人是未覺悟之佛」，佛乃已覺悟之人。故是既濟不容有半點退縮及愛欲，未濟可容許再精進洗鍊其情。非是長江口，黃河渡頭濟與未濟也乎，無強大後盾飛渡長江、黃河，即使有「祖逖若不能澄清中原，有如此水。」之志，一去不回頭，渡亦何益？故既濟之功在不昧因果，人在做，天在看，舉頭三尺有神明！未濟則仍須努力，苟日新，又日新，日日新，止於至善，不畫地自牢，前路寬廣。常行精進，功必不唐捐也。

茲錄易學大家精髓論點約輯如后：

彖謂初吉，柔得正，終亂，其道窮也。

象云君子思患而豫防之。

荀傳象：六爻既正，必當復亂。治不忘亂也。

鄭玄：盡度，已盡濟度也。

陸績：水上火下不間隔，是日既濟。

王弼：小者不違，舉小明既濟。
孔疏：盡濟故亨。小尚亨況于大！居安戒進修德業，終極則亂。
張載：通變可久，止則亂。
程頤：小者未亨，利貞固守之。終極則反也。
蘇軾：水在木上，火炎不達，小者在上而亨也。
張浚：亨小謂陰以陽亨。君剛臣柔。終或止，明息則亂。
鄭汝諧：柔中初吉，靜止蠹弊生而終亂。通變欲其不止。
張根：小亨則上下偷情時。終止與率作興事同義。
朱震：濟終變艮成賁，止不文飾，衰亂復起故曰終亂。
項安世：小者亨蓋脫一小字。
李衡引：終水火不同性故凶。又亨小當作小亨。
楊誠齋：人皆儆洪流，莫儆夷塗，是以初吉終亂。上柔怠自晝，非終濟之才。
朱熹：水火交各得其用，事既成，占辭有警戒之意。
趙彥肅：陽下濟陰故初吉，陰上乘陽故終亂。
楊簡：終亂者水遇坎止，人情狃於既濟，怠止而荒故亂也。
吳澄：渡竟，水火相成。外卦上六柔居險故終亂。

梁寅：離柔內初吉，坎外陽窮是終亂。盛極將衰之時。

來知德：既濟人心般樂怠傲，未有不亂，氣數使然。

王夫之：人已涉，事已成，不恤前塗險阻，亂已萌生矣！

折中引：亨者小事。剛柔正則體立，水火交則用行，所以爲既濟。

李光地：事濟則人心懈，心本事末，是小者亨。以終亂警之。

毛奇齡：三陽濟，陰亦濟。陰陽道窮易亂。

李塨：濟之力以剛，用在柔。終柔必止歸于亂，不可恃。

孫星衍：亨小絕句。既已也，盡也。濟度也。

丁晏：脫小字說，既疊經文略足以見故從省也。

姚配中：治不忘亂則不亂，忘亂而亂生，其道窮也。

吳汝綸：濟有成義。終亂者以柔終。讀亨小句者殊非。

馬通伯引：久治易墮，宜至兢至謹。外卦陽陷於陰所以終亂。

丁壽昌引：既未濟所以明戒愼，全王道是也。

曹爲霖引：晏酖毒，既濟三致意焉！

星野恆：治亂相因，當守正，不然初吉終亂。

李郁：濟定不變則窮，久則變化生焉故終亂。

胡樸安：不思患之豫防，止不動其道必窮。

高亨：亨即享字。筮此與事小利。初吉終有亂事。

李鏡池：成就，成功，初吉終亂，說明既濟變未濟。

徐世大：始吉終亂。觀察之深刻非儒老能識也。

屈萬里：卦辭亨小句，經文或原作小亨。水火皆可成災。

張立文：初吉祥，結果有禍亂。

金景芳：易經認爲事物總是發展的。作小亨是可能的。

傅隸樸：天道惡盈，禍過災生，終亂也。

徐志銳：成功者退，方來者進，只能小亨不能大亨。

易家之先，總在爾來我往，使皆成理，如：亨小句，王弼孔穎達謂小尙亨，況于大？蘇軾：在上而亨也；程頤則謂小者未亨；項安世謂小者亨蓋脫一小字；李衡引胡云亨小當作小亨，小者亨也；孫星衍亨小句。吳汝綸謂讀亨小句者殊非。屈萬里卦辭亨小絕句，經文或原作小亨。金景芳作小亨是可能的。高亨以爻凡作亨字者即古享字。今出土帛書嚴輯句讀爲：既濟，亨。小利貞，初吉，冬乳（終亂）。

亨小、程子特點出大者已亨，小者未亨也。明顯有別「小尙亨，況于大」之孔疏，以及荀爽之「小者亨」，張根「小者皆亨」，朱震乾脆「小大事亨！」徐世銳「只能小亨，不能大亨。」

又水火不間隔既濟；水火交各得其用；水火相成邪？抑終水火不同性故凶！水火皆可成災矣？以既濟言，宜乎水火各得其用，水仍水性，火仍火性，各盡所長，皆爲我用。若夫「終亂」也者，是水火終不能矛盾統一，水是水，火是火，皆有一半反勢力作梗，統御者之偏也，不能兼容並蓄，以大胸襟包吾不如子房，吾不如蕭何，吾不如韓信，皆人傑吾能用之。封雍齒使不安者定。有漢四百年天下豈能一概以天音邪！一范增不能用，徒有姁姁仁而愛人之號，不能與天下同利，有負美人虞姬，名騅之常幸騎也！而其少時學書，學劍不成，又欲涉獵萬人敵，而不肯竟學，即已種下江東八千子弟兵之不歸路，及「悲歌時不利兮騅不逝，虞兮虞兮奈若何」之結局，志大才疏，以力不師智，不能容人致屢失時也！以三十一歲之年一體五分，不足以謝屠咸陽，殺子嬰，燒宮室三月火不滅之罪也。

既濟，大原則既濟渡成事故亨，小事利貞，初吉終亂者，試觀六爻進程：

初九曳輪濡尾，必須緩進待時，爻辭許其无咎。

六二婦喪其茀，亦所以泛指所以必須遲行之意，等待時機成熟也。

九三征伐共同外敵，艱難困苦中堅持理想，犧牲奮鬥以底以成，勉勿用小人，蓋亦勉勿爲小人所利用耳。

六四之整理烈業故窠，中流偶有閃失，躬親戒愼恐懼尙能補苴罅漏，渡過難關。

九五，既濟至五，治已忘亂矣，般樂怠傲，莫儆夷塗，福過災生矣！水火相成者，至此水火皆可成災，故示之以不如西鄰之禴祭，實受其福。則貶東鄰不依祖傳家法，祭神如神在之誠意其不選用犧牲之祭不可也！蓋戒五效西鄰之依禮慎重時祭，毋追東鄰不循禮法奢求神福。

上六柔懦亢滿，濡其首一葉之秋不遠，履霜堅冰至矣能起而革心，革新乎？其不能也，蓋亦自作孽不可活者乎？

既濟，待時而動，再忍片刻，動則威震異域，補苴罅漏，宜遵守祖宗禮法，奈何柔懦亢滿，成敗繫一念間，悟起厄難遠矣！

既濟者不論頓悟漸悟，不昧因果，豁達自然，今羈牽多，而私慾熾，佛家所謂墮入紅塵六道中矣！能起而回頭是岸乎？起則見回頭是岸也。

初九、曳其輪，濡其尾，无咎。

象曰：曳其輪，義无咎也。

宋衷：離者兩陽一陰，陰方陽圓，輿輪之象。一在坎中，以火入水必敗，故曰曳其輪也。初在後稱尾，尾濡輪曳，咎也。得正有應，于義可以危而无咎矣。

王弼：始濟未涉於燥，故輪曳而尾濡也。雖未造易、心无顧戀，志棄難者也。其爲義无所吝。

孔正義：體剛居中，是始欲濟渡也，未涉於燥故輪曳尾濡，但志在棄難，雖復曳輪濡尾，其義不有咎故云无咎。

司馬光：曳輪不速進也，濡尾後其難也。險已濟雖艱无咎。
程頤：火體進銳，上應四，進不已則及於悔咎。輪倒曳則不進，濡尾則不能濟，方既濟時能止其進乃得无咎。
蘇軾：濟者自內適外，初爲尾，上爲首，曳欲進而未進，初九方行於險，未畢濟者也，故无咎。
張浚：初慮患，量後進，自古亂亡常生於已治，初九止待上九而後志可行於天下。初互坎下曰曳其輪。離坎相乘曰濡其尾。
鄭汝諧：既濟始，以靜爲貴。初剛陽不可過於有爲也。曳輪不前，濡尾不濟，於義則无咎矣！
張根：既濟之初已如是，況其爻乎！此高宗伐鬼方，所以至憊而九五之禴祭，所以吉大來也。
朱震：三坎輪，初尾。初離體炎上，志銳進不已，必至咎，故戒。初動之四成艮手，曳也。輪在水火爻中，火上水下亦曳也。持重緩進，不至於極，既濟義得吳，故无咎。
項安世：初九不急於濟，初爲尾，自下上至首而終，則首亦終也。六二濟始，初獨後，馬已行而輪尚曳，身已濟而尾尚濡，雖濟稱遲，然无大害，故於義爲无咎。
李衡引子：剛濟初力微未達，故於陸曳輪濡尾。引牧：陽承陰動承靜，輪象。前已濟，初後溺致濡尾，剛能於義不可爲咎。引何：初濟始如車曳輪，狐濡尾，憂不前，然慮患故无咎。引介：輪有剛動之才，不中體後是以曳輪，志應上是以无咎。
楊萬里：以剛居剛，有濟難之才，如駕大車，涉大川，未離未登，竭力曳其輪，至濡尾不卹，何以能濟乎？宜其无咎也。此周公東征之事乎。

朱熹：輪在下，尾在後，初象。曳輪車不前，濡尾狐不濟。初謹戒如是，无咎之道，占者如是則无咎矣。

趙彥甫：陽動上進以變陰，坎在上故致其難。

楊簡：初未離乎下，有曳輪濡尾，不輕進。然大勢已濟，異乎濡首而方入於險者。

吳澄：二三四互坎爲輿爲輪，初在後曳之者。坎爲狐，初狐尾，在水之下，濡象。初可濟而守正不遽進，如車將濟水而曳輪，狐將濟而濡尾。不遽濟而終可濟故无咎。

梁寅：初陽應六四，見險能止，倒曳輪不進，謹戒如是可无咎矣。

來知德：狐曳之象。初，尾象。水下，濡象。輿象。輿曳輪則不前，獸濡尾則不濟，不輕舉妄動象。

无咎者能保其既濟也。

王夫之：二欲升而初制之不行，曳其輪也。初曳則二尾濡不得濟，雖爲柔乘而无咎，此獎陽以制陰之辭也。

折中引李簡：既濟之初以濡尾而曳論，見其用力之難也。案曳輪有心，濡尾非有心，衆皆競濟故有濡尾之患。

李光地：可濟未可輕濟，初濡尾，然有剛正之德，故能曳其輪不進，臨事而懼者也，故无咎。

毛檢討：二四互坎爲輪，初泄輪後是曳輪，坎爲水在前，初爲尾是濡其尾。車行曳，水行濡，其何以濟？然无咎者，既濟在初義未可濟也。此濟嘗恐其不濟者也。

李塨：初九濟水者也，乾圓輪象，初爲尾濡，義之當然，何咎。

姚配中：坎爲輪爲曳，初應在四，坎水潤下，坎降則成未濟，故曳其輪，不使降也。尾謂初在坎下故濡尾，得位，有應故无咎。

吳汝綸：濡尾者離爲牛也。劉牧云：世已畢濟，初在其後，志在濟而剛克，不可爲咎。

馬通伯引鄭剛中曰：坎爲輪。引李石曰：初曳輪以脫險水。其昶案：既濟初，舊染未盡除，當竭力求濟，曳輪坎象，初應乃行，四互坎爲曳故曳其輪矣！

丁壽昌引蘇萬坪曰：互坎有輪與狐象。初在坎下，又變艮爲止，故有曳輪濡尾象。案：艮爲手故稱曳，坎爲水故稱濡。

曹爲霖：曳輪則車不前，濡尾則狐不濟。宋眞宗初，李沆爲相，一夕手詔欲以劉美人爲妃，沆對使者引燭焚之，曰但道臣不可曳輪濡尾之无咎者也。

星野恆：上有正應，志勇銳進而位微，不得遂其所欲，如乘車曳輪，駕馬濡尾，不能進，無過亦無咎。蓋時有通塞，位有顯晦，當耐忍不可迫敗事。

李郁：初爲尾，濡滯也，輪行必有曳之者，首進而尾猶濡者，力之未至，既動必行，故小濡亦可无咎矣！

胡樸安：借濟水以況，以輪濟水，不可濟！濡漬其後，其尾雖濡，終可濟，所以无咎。輪疑借爲綸。

帶之垂穗。即曳其帶之垂穗也。古人飾尾。綸不可濡，知其輕重。
李鏡池：曳拉。這是渡水事。拉車過緩，上岸時濕了車尾，問題不大。
徐世大：初爻言小失而大得。惟能不捨其輪，則仍在前進。故譯作：拖著輪子，濕了尾巴，無妨。
屈萬里：初九濡其尾，无咎。此當謂牛馬之尾，僅濡其尾，水不深尚可濟也。
嚴靈峯帛書：初九，（抴）其綸，濡其尾，无咎。
張立文：抴假爲曳，引也。綸與輪通，音轉爲厲，帶之垂者，涉水的人手拽腰帶垂穗，尾即衣後假尾，被水打濕，沒有災患。
金景芳：程傳初應四，火體，進志銳也。進不已則及于悔，故曳輪。濡尾是指狐狸要過河。一定要撅起尾巴方可无咎。
傅隸樸：初陽力足經緯天地，彌綸六合。六四相應，增加他銳進之志。斗筲小人易盈而忘形，進銳退速，故拖車輪，濡尾巴延滯既濟，後患可免，故曰无咎。
徐志銳：曳，牽引陷在泥水裡的車輪。濡，浸濕。初爻艱苦危險取得成功，其義應該是无咎的
朱邦復：既濟之初，尚能謹戒守成，故无咎。
林漢仕案：曳輪審慎其行，退而結網也。掣止本當繼進之輪，止乎其不可不止之濟，是曳引拉煞車也乎？輪，本作綸。胡樸安疑借爲綸，帛書正作綸。張立文謂綸輪通音轉厲，帶之垂者。多數易傳大家以車輪釋字。未濟九二爻辭曳其輪，胡樸安以曳其輪，仍作車輪之意，高亨以飾之貴者疑輪借爲

綸。吾意以勞心勞力者皆在緩進待時，蓋尾大而濡，有礙平衡穩定，加之信心不足，顧後又瞻前也，時乎時乎其不可也？愼始乎。能愼始者其无咎是可預期之酬庸邪？今依各大家之意條例如后作爲比較：

象直評曰義无咎。

宋衷曰火入水必敗故曰曳輪。尾濡輪曳，于義危而无咎。

王弼：始濟心无顧戀，志棄難者，其爲義无所咎。

孔疏：始欲濟，未涉憚，雖曳輪濡尾，義不有咎。

司馬光：曳輪不速進，濡尾後其難，險已濟雖艱无咎。

程頤：火體進銳及悔，輪不進，濡尾不濟，能止乃得无咎。

蘇軾：曳欲進，未必濟故无咎。

張浚：初互炊下曰曳其輪，離坎相乘曰濡其尾。

鄭汝諧：初剛不可過於有爲，既濟始以靜爲貴。

張根：此高宗伐鬼方，所以至德而九五之禴祭，所以吉大來也。

朱震：初離炎銳進故戒，緩進不至於極，義得故无咎。

項安世：馬行輪曳，身濟尾濡，雖遲無大害，故无咎。

李衡引何：車曳輪，狐濡尾，慮患故无咎。引介：志應上是以无咎。

楊萬里：剛有濟難才，竭力曳至濡尾不卹，宜其无咎也。

朱熹：輪在下，尾在後，初謹戒如是，占者无咎矣！
楊簡：不輕進。然大勢已濟，異乎濡首方入險者。
吳澄：互坎爲輿輪，初狐尾，不遽濟而終可濟故无咎。
梁寅：見險能止，倒曳輪不進，謹戒如是可以无咎矣！
來知德：輿曳輪則不前，獸濡尾則不濟，不輕與妄動，保其既濟也。
王夫之：二欲升而初制，二尾濡不得濟，獎陽制陰之辭。
折中引：儒尾曳輪見其用力之難也。衆競濟故有濡尾之患。
李光地：可濟未可輕濟，臨事而懼者也，故无咎。
毛奇齡：車行曳，水行濡，此濟嘗恐其不濟者也。
李塨：乾圓輪象。尾濡義之當然，何咎！
姚配中：得位有應故无咎。
吳汝綸：濡尾者離牛。志在濟而剛克，不可爲咎。
馬通伯：曳輪脫險水。案竭力求濟，應乃行。互坎爲曳。
丁壽昌：艮手曳，坎水濡。
曹爲霖：曳輪不前，濡尾不濟。李沆道臣不可曳濡无咎者。
星野恆：志銳位微，乘曳駕濡不能進，當耐忍。

李郁：濡滯也。輪行必有曳之者。既動小濡可无咎矣！
胡樸安：輪疑借爲綸，垂穗。雖濡終可濟。
李鏡池：拉車過渡，上岸時濕了車尾，問題不大。
徐世大：拖著輪子，濕了尾巴，無妨。小失而大得。
屈萬里：此當爲牛馬之尾，僅濡尾，水不深，尚可濟。
張立文：涉水人手拽腰帶垂穗，假尾打濕，沒災患。
金景芳：火體進銳故曳輪，狐狸過河撅尾巴方可无咎。
傅隸樸：初陽，力足彌綸六合。斗筲小人易盈故延濟，後患可免故曰无咎。
徐志鋭：牽引陷泥車濡濕，艱危得成功，其義无咎。
朱邦復：初尚能謹戒守成故无咎。

義无咎乃初爻之大前提，故象直接切入。蓋亦因輪曳，尾濡也。輪帛書作綸，設因腰帶垂穗而拽引，又濕其尾而退身，以濟言，匹夫之行也乎？孟子所謂暴虎憑河之「憑河」也。不以輪渡，想必野狐、牛馬。狐與馬牛可有綸穗飾腰？曳謂拽牽引拖，輪當爲車輪之輪。古今大家多數之遺見。而其成象謂火入水，離炎銳進，火體進銳，初互坎下互坎爲輿輪，乾圓輪象，艮手曳，謂輿輪牽拖拽曳也，車不前也。而濡尾，謂狐尾，離牛尾，獸尾，牛馬之尾。謂狐尾者沿未濟卦辭小狐汔濟，濡其尾而定其濡尾者狐象，離牛，又以牛馬連文取義。牛馬何懼乎尾濡，即狐類中亦有習以水爲生者。然以前輩易傳大家習聞狐不慣水生言，信乎未濟之小狐濡尾爲危也。故同爲濡尾之文而類生其義，殆亦易之作者之原意耶？謂濡尾不前邪，觀乎程子濡尾不濟。楊萬里之竭力曳至濡尾不卹。來知德之獸濡尾則不濟。吳汝綸謂濡尾者離牛，屈萬里謂牛馬之尾。李鏡池別謂濕了車尾，云拉車過渡後也。敢情前輩連牛馬渡河象皆未之見也。牛馬過河豈畏濕尾？來知德泛指獸尤見閉門造車象，獸之水生者夥矣！

本爻曳輪，濡尾緩進待時，其爲初爻也審愼乎始也，掣止前進之輪，濡濕有礙平衡，待時之可也，待，故爻許以无咎，天意也哉！

六二、婦喪其茀，勿逐，七日得。

象曰：七日得，以中道也。

子夏作婦喪其髴。孟喜注髴，鬢髮也。馬融茀，首飾也。

荀爽作婦喪其紱。

鄭玄：茀，車蔽也。孫堂注引詩正義謂婦人乘車，前後設障以自隱蔽。

王肅作髴，謂體柔應五，履順承剛，婦人之義也。髴，首飾。坎爲盜，離爲婦，喪其髴，鄰于盜也。勿逐自得，履中道也。二五相應，故七日得也。

干寶：髴，馬髴也。（釋文）

王弼：居中履正，處文明之盛而應五，陰之光盛者也。然初三近不相得，不承比，能无見侵乎！故喪茀，稱婦明有夫，它人侵之，衆助不容邪，量斯勢不過七日而自得也。

孔穎達：茀，婦人首飾，六二居中履正，文明應五，近不相得而見侵，既濟時不容邪道，時明衆助，竊者勿逐七日自得。

程頤：文明中正應剛陽中正君，宜行其志也。然五尊既濟，自古而能用人者鮮矣，能識時知變可言易。二陰以婦言，茀，婦女出門自蔽者，喪茀則不可行，戒勿逐，七謂時變，無終廢理，不行於今，必行於異時也。聖人勸戒深。

蘇軾：六二居中，九五之配也，或者欲間之，故竊其茀，茀者婦蔽。喪茀，夫必怒求，見疑，怨怒生而憂患至，故竊茀者利吾之逐，吾恬晏然，盜者敗矣，故曰勿逐七日得。

張浚：茀，草盛貌。婦人飾首自蔽，陰居陽中，前有重陰，未可行曰喪其茀。臣用中必得君曰勿逐七日得。

鄭汝諧：二陰柔婦，離文明，茀也。茀者首飾文明之物也。二文明自悔勿逐求應其上，七日必得矣！卦有六位，七則變，吾志行矣。

張根：居既濟之時而中道自守，雖見侵于群枉，必无失矣！

朱震：離爲文，震爲竹，竹有文蔽車前，茀也。離婦，二雖中正，不得遂其行，婦人乘車不露有茀，婦喪其茀也。二五易，震足，逐也。五不下二，二戒勿逐。二數至上，初數至二凡七日以中道必復。中正之道无終廢之理。

項安世：本泰之六五，爲婦，九二爲茀，今婦降二，九去居五，故爲喪其茀。兩爻未他之故曰勿逐。二交五數七，故曰七日得，兩爻雖變，中道未變。茀，車蔽，弼注作髢，爲爲婦人首飾。

李衡引牧：初任剛陵于柔然不害其正，外飾有喪而躬无玷，存乎貞潔。初非正配來犯，七日少陽生爲明，陰私敗露。引介：茀，蔽車，九五蔽六二。九五與四則二喪茀矣！心无偏係，中正以待，上終與之不違，故曰勿逐七日得。

楊萬里：二陰居中，婦象，三在前爲蔽，茀象。三火進逼水，喪茀象。婦車喪蔽，不可行象。六二文明中正之德，五聖君，有小隔，衆躁競，君子宜靜勿逐，七日得。二與五爲七。六二九五應故爲七日，詩有翟茀。

朱熹：文明中正應五剛陽中正君，宜得行志。五不能下賢以行其道，故二有婦喪茀象。茀，婦車蔽。言失其所行也。然中正之道不可終廢，時過則行，故有勿逐自得之戒。

趙彥肅：離明陰見，婦喪茀也。從陽而化，陰隱其質，七日得茀也。

楊簡：茀者婦車之蔽。喪茀則無得行。九三阻二之前，故有喪茀象。六二不得行，患在外，聽其如何，久當自定，故曰勿逐。七日，歷六爻至七得之。得中道者無有不利。

吳澄：二五相應，猶女將從夫。坎輿婦所乘車。茀車後蔽，車失後蔽不行故曰喪其茀。居中守正，喪茀不尋，七日自得可行。二變剛成乾，七乾數。

梁寅：二五柔故以婦言之。以文明中正之德，上順剛中之君，宜可有爲。然五志滿，不復求才以盡其用，故二不行如婦喪茀蔽而不可行。二不逐，時久變道自行矣！

來知德：茀，草盛蔽道也。又婦人車旁設蔽以禦風塵。二中女，五中男，乘承皆剛故喪茀，無遮不能行。變則通，上下中正，但俟其時耳。勿逐，令其自得也。

王夫之：茀，車蔽。二陰，居中，爲婦人車。茀蔽容貌而全其幽貞。二欲上行，無所敬忌，喪茀則近亂！特居中離明，志不光貞，但戒勿亟馳逐，七日自得，亂定志白也。

折中引胡炳文：喪失在外，逐則失我矣，案：以木得濟爲我。輪，車所以行路，茀，車所以蔽門。義禮皆不苟行也。

李光地：曳輪車不行，喪蔽飾難行，夫義路，禮門，義不可則無異曳輪，禮不備無異喪茀。居內卦離體，有雉美未施故取此象。然中正應上，故勿逐七日得。

毛奇齡：二陰位婦也。本泰乾爲首，互震髮，易坎髮喪，當逐坎而勿逐，二五中道，二五合七日當得之。茀鬒通，首飾也。坎爲盜。王弼茀首飾，子夏作鬒，荀作紱，虞氏蔽膝之茀。漢晉前無以茀爲第爲車第者。

李塨：二中女，婦也。茀車蔽，互坎爲盜，喪茀則難行，二處得中，不可捕逐，但緩俟之，至爻歷七則復爲七日，自得矣。有風波而无傷濟。

孫星衍：（釋文）茀，方拂反，首飾也。子夏作鬒，荀作紱，董作髢。（集解）馬融曰首飾也。鄭康成曰車蔽也。干寶曰馬髴也。

張惠言：（注）离婦，泰坤喪，髴髮，鬒髮也。婦人首飾。（后夫之燕服。）髴或作茀，俗說婦人蔽膝，非也。（無膝象故知非）

姚配中：坎事坤裳，二化失位故婦喪其茀，六爻六日，二化之正故勿逐，七日得。虞翻曰離者爲婦。鄭玄曰茀，車蔽。案婦人乘車必有蔽，喪茀喻失其所以蔽。山東謂之裳幃，容即茀。

吳汝綸：婦二也。茀者車蔽喻陽。喪茀者陽變爲陰。七日得者終此卦至未濟之二則陽復矣！

馬通伯引李舜臣曰：離爲雉，有翟茀象。其昶案：詩疏翟茀，車蔽也，婦人乘車沒有障以自隱謂之茀。翟羽爲飾。勿逐言二五應，用此中道勿變。喪茀，車止而不行耳。

丁壽昌：茀，首飾也，王注本季長，亦古義，今從王注。案古髴茀通，即髢也，髲也，鬄也。坎爲元雲故稱髮。俗以婦人蔽膝。引王子雍首飾，坎盜，離婦，二五應故七日得。

曹爲霖：思菴葉氏曰此蓋良臣爲讒間。不得通于君之象。茀，婦車之蔽，無茀，婦不可乘而之夫家矣！濟世之具在我，舍我其誰，惟靜以俟之，如燕王潛霍光而帝自察。

星野恆：茀，車蔽，婦人乘車，設障自隱蔽。以文明中正之德，上應陽剛中正之君，治功既成，不爲舉用，猶婦人喪茀不可行也，明良契會終相遇，居易竣命，不躁進蹈禍。

李郁：婦指六二，茀車蔽。二以九三爲蔽，三往四來而茀喪，可勿逐，二在位，閱七日得茀，往來旋轉一周，得失非人力，奚必逐耶！

胡樸安：借遷徙以況。遷徙時婦喪其首飾，不追逐，倉卒間不失置何所，七日後自得。故象中道，中心定也。

高亨：茀，各家未言何物。髢，假髮也，作茀、鬄、紱，或即髲之聲轉。逐，尋求。婦失髢，不須尋求，七日得之。

李鏡池：茀，頭巾。婦人不小心丟失頭巾。不用找，七日內可以回來。說明不濟中有濟。

徐世大：不可因小失大。彼岸失茀，反渡以求，必歷兩渡之險，故慰勿逐。譯：女人失掉了她的遮陽，勿追尋七天得。

屈萬里：釋文茀，首飾，子夏作鬄，荀作紱，董作髢，孟喜虞翻作鬄。俗說婦人蔽膝，非也。

嚴靈峯帛書：六二，婦（亡）其（發），勿（遂），七日得。

張立文：亡假爲喪，丟失也。發假爲茀。遂假爲逐。譯：六二，婦人丟失首飾，不必去追究，七日內可得到。

金景芳：這也是講不前進的意思。古代乘車男站女坐，女人車有車蔽，沒有茀就不能前進了。喪茀不要逐，七日謂時變也，不行于今，必行于異時也。无終廢之理。

傅隸樸：二中女與九五大婦，六二光彩照人，初，三與比，不爲動，九三搶她首飾——茀，二亨小，被欺必引公憤，七日，或若干時日，茀會自然得回，故曰勿逐。

徐志銳：六二不可有作爲，无作爲才能保持穩定。六二只應坐享其成，不可動，丟失的車棚，七日有人送回來。用中道保穩定。

朱邦復：事已發生，勿究，異日可得。茀：車船防風篷。象：乘承剛，與五不相得，有喪茀象。上下正，勿逐，得象。

林漢仕案：既濟初九曳輪，濡尾已成定詞：躇躊不前，有負荷而自止乎其不可不止也。審慎乎有所待也。六二之勿逐，乃繼初九之躇躊乎不可前路，故命爻以勿逐。追逐二字今意均是追也，然古追者師，追人也；而逐者獸，所从者豕，故追逐獸也。追彘也。从茲可知爻謂勿逐者非逐人，非逐我同類。所追逐者乃異類也，異物也。其後追、逐二字混淆，追人逐物不再壁壘分明，如逐婦，棄婦七出逐出家門也。以男性為中心上古社會，婦人女子从男性言，亦異類也。婦喪其茀，姑不言茀之可解作茂，小，首飾，車蔽，馬髴，紱，髢，芾，道多草不可行。（草穢塞路）或當作殺。婦喪其茀可有二義：1.即婦喪失其茀。2.婦走失於塞路草叢中。

第一義婦失茀。此時茀，可以依茀義入：髴，首飾，紱，車蔽，馬髴，髢，蔽膝之茀，髮，頭巾，遮陽，車棚，防風篷。

本義為既濟，卜其初爻為待時而後動。六二以勿逐。七日得。則婦失茀乃喻六二之迷時，仍須待也。故失首飾於中路，孰與濟，行大？二有中正文明之德，與六五應。如楊萬里言：駕大車，涉大川。志在濟而未濟。如卦辭曹為霖謂秦滅六國，晉平吳亂，聖人見初採終。則知有大志於天下者，豈忽忽於婦人首飾，車蔽之不見而遲遲吾行，誤天下大事於婦人之手？況首飾也者，可在攻城掠池後再得也，車蔽者，失一車蔽，取它駕亦可得也，止於不可止之勢，恐婦人拋頭露臉而自止於渡，婦人之仁也，秦晉之君當非宋襄之迂腐！故天下大事不可止，因婦人失其所愛珍珠瑪瑙，或用具頭巾，遮陽而卻步，劉阿斗亦將嘆天下愚人賽我者多矣！賽阿斗之號將不脛而走矣！吾於是知第一義不如第二義之草盛貌解較爲入理。

第二義婦失蹤於草叢中。婦台六二，六二失蹤，則三四五六無由發生，故必須待，爻謂七日得，是謂所待時數也，亦即準備再出發之時數也。籲請勿逐，則婦人之未得時，仍以逐獸，逐彘待之也。

二雖居中文明，九五之配，然三四之蔽，義路，禮門未開，七日得，以中道。象謂以中道得，謂六二處中道，謂六二迷於草叢而處道路中，得者大衆得六二之復現，回復六二既濟爻辭之運作，開九三之伐鬼方，其既濟矣大！

雖然，易學大家之卓見，宜乎輯而比較一二，今約說如后：

象謂以中道得，謂履中，居中，文明中正，中道自守，中女，二五中道，中心定也。說者皆以爻位言。可否云中道即中路？即路中，中途。

子夏等以婦喪髴，首飾，紱，車蔽，馬髴。

王弼：稱婦，明有夫，它人侵之，衆助不容邪。

孔疏：既濟不容邪道，時明衆助……七日自得。

程傳：婦出門自蔽，喪茀則不可行。

蘇軾：二九五配，或者間之，或竊茀利逐，恬然盜者敗矣！
張浚：婦人飾首（茀，草盛）自蔽。未可行曰喪其茀。
鄭汝諧：茀者首飾文明之物。卦有六位，七則度志行矣。
張根：中道自守，雖見侵必无失。
朱震：竹有文，蔽車前，茀也。中正之道无終廢理。
項安世：二交五數七故七日得，兩爻變中道未變。
李衡引：九五與四則二喪茀（蔽車）矣！二中正以待，七日得。
楊萬里：三在前爲蔽，茀象。火進迫水喪茀象。二與五爲七，應故七日。
朱熹：五不能下賢行道，故二有婦喪茀象。茀，婦車蔽。
趙彥肅：離明陰見，婦喪茀也。從陽而化，七日得茀。
楊簡：九三阻二前故有喪茀象。患在外，久當自定。歷六爻至七得之。
吳澄：茀，車後蔽，失不行，不尋自得。二變成乾，七乾數。
梁寅：五志滿不復求才，二不逐，時久變，道自行矣。
來知德：茀，草盛蔽道也。又乘承皆剛故喪茀，（車旁設蔽以禦風塵），但俟時日令自得也。
王夫之：二陰欲上行，喪茀則近亂，戒勿逐七日自得。
折中：茀，車所以蔽門，義禮皆不苟行也。

李光地：喪蔽飾難行，禮不備無巽喪茀。然中正上應，故勿逐七日得。
毛奇齡：二婦人也。木乾首互震髮，易坎髮喪。二五合七日當得之。茀鬒通，首飾也。
李塨：二中女，茀車蔽，互爲盜，爻歷七則自得。有風波无傷濟。
孫星衍：茀首飾，子夏作髴，荀紱，董髢，馬首飾，鄭車蔽，干馬髴。
張惠言：離婦，鬒髮，婦首飾。髴或作茀，俗說婦人蔽膝，非也。
姚配中：二化失位故喪茀。六爻六日，二化正七日得。山東謂裳幃，容即茀。
吳汝綸：車蔽喻陽。喪茀陽變陰。七日者終此卦至未濟之二則陽復矣。
馬通伯引：離雉有翟芾象。詩翟茀車蔽也。喪茀，車止不行耳。
丁壽昌：古髴茀通，即髢，髮也。俗蔽膝。二五應故七日得。
曹爲霖：蓋良臣讒間，不得通君象。無車蔽則不可乘而之夫家。濟世舍我其誰？惟靜俟之。
星野恆：茀車蔽，猶婦人喪茀不可行。居易俟命，不躁進蹈禍。
李郁：二以九三爲蔽，三往四來而茀喪，得失非人力，旋轉一周，奚必逐耶！
胡樸安：遷徙喪首飾，七日自得，中心定也。
高亨：茀，頭巾，丢失茀，髴，紱，即髮聲轉。失假髮不須尋，七日自得。
李鏡池：茀，頭巾，丢失頭巾不用找，七日內可回來。
徐世大：彼岸失茀。（遮陽）反渡以求，必歷兩渡之險。

張立文：婦人丟失首飾，不必追究，七日內可得到。
金景芳：是講不前進，七日謂時變，无終廢之理。
傅隸樸：二五夫婦，三搶首飾，勿逐自然得回。
徐志銳：二不可有作爲坐享其成，丟失車棚有人送回。
朱邦復：事已發生，勿究，異日可得。
林漢仕謂：六二婦女走失於草叢中，其迷路，迷失方向邪？此時不祇婦逐群，群亦覓婦也，婦亡失於草盛叢中。勿逐以下乃卜者轉達神意，蓋卜得如此也。蓋亦繼初爻之躇躊不前，二爻之迷時卜師渡也乎？卜師渡也者，卜師謂須再待些時日也。今易家皆斤斤於婦喪失茀（首飾，車蔽，頭巾，車棚，假髮，蔽膝）而滯留，爲天下者如此，因小失大矣，如之何逐鹿中原？如之何開中興氣象？

王弼謂稱婦人，明有夫，人侵，衆不容邪。似較入理。然車以茀爲首飾，則導易家尋尋覓覓者茀也，茀草盛自蔽，草盛蔽道，雖張浚，來知德之睿智，亦不能出王注兩著以申茀義。故喪茀，失小勿逐，遲遲吾行，失而復得矣！

解喪茀象者謂：
五與四則二喪茀。（李衡引）
三在前爲蔽，茀象。（楊萬里）
五不能下賢，故二有婦喪茀象。（朱熹）

離明陰見，婦喪茀也。（趙彥肅）

九三阻二前故有喪茀象。（楊簡）

乾首震髮，易坎髮喪。（毛大可）

二化失位故喪茀。（姚配中）

喪茀陽變陰。（吳汝綸）

二以九三爲蔽，三往四來而茀喪。（李郁）

三搶首飾。（傅隸樸）

七日之來，亦有其自。

一泛指七日自得，或若干時日。

二交五數七故七日得。（朱震）

二與五爲七，應七日。（楊萬里）即二五合七日。

七日，歷六爻至七得之。（楊簡）

二變成乾，七乾數。（吳澄）

易家覓象，人人言之成理，人人是則未必可許爲是。又象似象矣，奈何爻文不與之唱和，如三搶二首飾，九三可是方面大員，獨霸一耦人物，高宗伐鬼方，寧能是如後來陳平盜嫂故事耶？又五與二應而三阻，五與四則二喪茀，二以九三爲蔽，三往四來而茀喪，易爻之間，雌雄同體，互相姦淫搞配，其所排列組合之象，可以橫跨數卦，混淆本體，天花亂墜，姑命之曰「是易也，唯上智可知。」

本爻殆指所以遲行之意，等待成孰時機也，不急於一時者乎？

九三、高宗伐鬼方，三年克之，小人勿用。

象曰：三年克之，憊也。

鄭玄謂憊，劣弱也。

干寶：高宗，殷中興之君。鬼方，北方國也。離爲伐兵故稱伐，坎爲北方故稱鬼。述先代功以明周因于殷有所弗革也。（集解）

陸績：備當爲憊。憊，困劣也。

王弼：居文明之終，履得其位，是居衰末能濟者。高宗伐鬼方三年乃克，君子能興，小人居之遂喪邦也。

孔疏：高宗殷王武丁之號，居喪末而能濟者也。伐鬼方中興殷道。三年乃克，小人日就危亂必喪邦故曰小人勿用。

張載：上六險而應此，處卦之未濟，以終亂者也，故以比鬼方。九三陽居陽，文明而正故用師雖久困必克，小人用之，取亡之道也。

程頤：剛居剛，天下事既濟，遠伐暴亂，威武可及以救民爲心，乃王者之事，戒不可用小人。三年克之，見其勞憊之甚，聖人因九三既濟用剛發此義，示人爲法爲誡。

蘇軾：既濟出難，民易怨，上易疑，九三以是爲憊，以九爲主，臣主皆強，代鬼方以見三爲五用也。既濟之世，民安无事不可用，雖高宗賢，三年後克之。小人勿用蓋疑其臣矣！

張浚：坎險在上爲鬼方。離戈兵爲伐。歷坎三爻爲三年。離明爲克。害除民困，三得二正中，剛德足任大事，故高宗伐鬼方象。主事者君，奉行在臣，既濟之治成矣！

鄭汝諧：剛居陽欲變，求功於外，戒以高宗之盛伐鬼方，猶三年然後克之，其可用小人啓多事之原乎！

張根：其憊者小人，好恃其強，出以取勝而不恤國家之患故。

朱震：坤爲鬼方，小國名，離體有戈兵，三往伐。上之上巽爲入，上之三坤爲順，入其險鬼方來順。四五六三爻，三年克之。上六之三柔小人。高宗賢君，戒小人勿用。

項安世：三全剛而濟，歷三爻，憊矣！高宗用之濟大難，不得已也。小人用之，好大喜功，禍大矣，故曰小人勿用，言小人占得此爻不可用也。（三爲衂）

李衡引牧：既濟爻辭不稱既濟，各得位逐爻明其義，初上居前後故以首尾言。引石：盛天子伐小蠻三年克之，言爲中興主難也。引白：三言取其中興者也。

楊萬里：九三有求過於濟之心，此小人好大喜功，不可用者也。雖中興賢君，一入其說，輕用軍師，民亦憊且困矣，賢君伐遠夷，宜速而久，況其餘乎！

朱熹：以剛居剛，高宗伐鬼方象。三年言其久也。而後克，戒占者不可輕動。小人勿用占法與師上六同。

趙彥肅：陰陽雜居，陰皆乘陽，故陽必克之。九三介乎二陰，以先發為主。二陽在外助之，一陽伐二陰，難也。二陽助之，其終必克。高宗伐鬼方似之，然則九五決上六，其舜之格有苗乎！

楊簡：高宗濟主，鬼方幽遠之國。大業就，遠國未從，脩文德以來之。今伐，三年後克，亦憊矣！武夫勇士，安能皆賢，當厚賞不可用也。三爻有三年之象，離戈兵。

吳澄：高宗代荊楚，荊楚南方國，好巫鬼故曰鬼方。離，南方窮處，又為戈兵。高宗九五，來三歷三畫，三年象。小人勿用，小人得此占則不可用，故戒以勿用。

梁寅：九三貪兵，意昔高宗嘗伐鬼方之國，三年力憊，不可小人用事，恃盛遠略，非義舉，可以戒矣。

來知德：離戈兵，哀震動。三上應，坎北故曰鬼方。離居三，三年之象。既濟無事之世，用小人，捨內治而幸邊功，未免窮於兵厲民矣！教占者既濟時當戒之深矣！

王夫之：高宗奮發中興，九三明終，介險居剛而為進爻，楚人尚鬼故荊楚為鬼方。三處二陰之中，陰欲濟，陽制不得，故有征伐之事。前臨險不易擊，故三年而後克，上六濡首小人，與三應，小人易鼬其狐媚，故戒勿用。

折中引沈該曰：初吉終亂，銳始怠終也。中興既成，小人預其間，貪功逞欲，憊民不息，不可不戒，是以小人勿用也。引龔煥：三言克鬼方則事已濟矣！三年言其濟之難，小人勿用，欲保其濟也。

李光地：三已濟，其成功之難。伐國欲人無忘始事之艱，小人勿用，防將來之禍，不如是則初吉終亂矣！

毛檢討：武丁高宗。三自益上來至二、三年，三當坎間，坎爲勞，亦憊矣！坎夾兩陰，小人覬覦，勿可用也。西羌傳云高宗征西戎伐鬼方三年乃克，此是實事。

李塨：互坎之中而濟者，高宗，商中興賢君，其伐鬼方，蓋歷三年之勞憊而後克之，濟難如此。爻變互艮爲小子，爲僮僕，小人也，豈可用之！

孫星衍：（釋文）憊，陸作備。（集解）鄭玄憊，劣弱也。陸績曰備當爲憊。憊，劣弱也。（釋文）

張惠言：（注）乾爲高宗殷王武丁，坤鬼方（坤爲鬼爲方）乾二之五故高宗伐鬼方。坤爲年，位在三故三年，坤爲小人（謂上也）二克五故三年克之。小人勿用，象曰憊也。（坎爲勞）

姚配中：鬼方，國名。案无可考。竹書高宗三十二年伐鬼方、次荊。蕩篇覃及鬼方云遠方也。後漢西羌傳以鬼方爲西戎。嚴助傳：鬼方小蠻夷，高宗殷盛天子，伐小蠻三年後克，言用兵不可不重也。

吳汝綸：殷道中興，事同此爻。乾鑿度云：九月之時，陽失正位，盛德既衰，而九三得正下陰，能終其道，濟成萬物，猶殷道至高宗而中興也。

馬通伯引李石曰：離爲甲胄兵戈於北方之坎。引淮南王疏：鬼方小蠻夷，高宗盛天子伐之，三年後克，言用兵不可不重。引潘士藻曰：小人居盛世不慮其衰，故戒勿用。案小人勿用，戒其化陰也。

丁壽昌引釋文鬼，遠也。干令升謂北方國，黃東發云鬼方即荊楚。以爲荊楚者非是。小人變坤之象。

曹爲霖：誠齋傳曰：既濟求過於濟，此小人好大喜功不可用也。斐度上表曰河朔逆賊，臣與諸將能翦，禁闈奸臣非陛下覺寤無以驅除！高宗伐鬼方其憊如此，不及高宗者何知矣！

星野恆：殷王武丁伐遠夷鬼方，用師三年乃能克之。以陽居剛，用剛之至，戒不徒可耀威，小人貪忿，戒其勿用。

李郁：高宗殷武丁，鬼方南蠻部落名，指上六。自三至上歷三爻故曰三年，用剛伐柔則克，用柔伐柔必无功，故曰小人勿用也。

胡樸安：殷高宗伐鬼方，用兵三年，力憊始克！可見成功甚難。既成後，小人必不可用也。引古鑑今也。

高亨：詩蕩云文王曰咨女殷商，內于中國，覃及鬼方。王觀堂考定鬼方在西北，非荊楚也。三年克敵之兆，小人不可有所施行。

李鏡池：高宗武丁時，鬼方威脅殷商，也威脅周人，故殷周聯軍攻打鬼方，三年克之，與未濟伐鬼方同一件事。不利小人，士卒傷亡不少。這說明濟中有不濟。

徐世大：殷高宗征伐鬼國，三年攻克，小人不配用這故事。

屈萬里：按卜辭有伐鬼方之文，皆在武丁之世。集解虞翻曰：高宗，殷王武丁，鬼方國名。

嚴靈峯：（　）（　），高宗伐鬼方，三年克之，小人勿用。

張立文：九三，鬼方當作畏方，北方國即後之玁狁。譯：殷高宗征伐鬼方，經三年而戰勝，小人則不可任使。

金景芳：高宗即殷武丁。九三陽居陽，當，既濟，伐鬼方，三年克之，說明打仗不容易。小象說憊也。用小人易亂邦，克了小人勿用是預防的意思。

傅隸樸：殷高宗興兵伐今貴州省境之鬼方，以九三剛明之資，英主處文明之極，必廢弛武備，歷時三載才克服。若換無才少德的人在位，不能完成此功。如東周失下是。

徐志銳：殷王武丁中興之君，外伐鬼方，三年克之，耗資費力疲憊不堪，產生了新的隱患。

朱邦復：不可輕舉妄動，不可任用小人。象：九三剛居剛位，既濟時天下無事，興兵伐夷，勞民傷財也。

林漢仕案：九三值曳輪濡尾，喪茀之後，即以高宗伐鬼方許其用兵得位。高宗貴爲皇帝，又是令聞廣譽之中興主，而爻列九三，非九五得中時位，是九三亦可大明於天下邪？不必九五亦可行天子令耶！九三雖有艱難，而處飛龍在天之得意境界矣！易家如椽大筆，祇見東坡先生留意焉，謂三爲五用也。餘多未交代九三何爲當中興王，第依爻述事「殷王高宗武丁奮伐鬼方。」而略言爻位。張載謂「九三陽居陽，文明而正。」吳澄謂高宗九五，來三歷三畫，三年象。張惠言引注曰「乾二之五故高宗伐鬼方。」上三位易家欲正名九三之邀行九五事之所從來也。皆未奮筆釋九三何爲行天子事？行天子之誅？吾嘗謂六爻乃卜者歷程，非是自我矛盾，自我吞噬，特歷第五爻時爲人生最成熟頂尖時期耳，借力爲治易於成功也。人人皆有一六五或九五高潮期，非爲吾君主上所專有。今九三握兵符行天子之征，知卜得是卦者第三階段時，得艱苦卓絕爲支撐理想而勞心勞力，犧牲奮鬥也，功豈唐捐也哉！

本文爲「高宗代鬼方」爻辭，高宗，殷王武丁之號，爲商中興君主，各家似無異辭。唯所伐之鬼方，或言北，或言南，亦有言其西者。如干寶謂：「鬼方，北方國也。」朱震之坤爲鬼方。吳澄則謂「高宗伐荊楚，荊楚，南方國，好巫鬼故曰鬼方。」毛奇齡謂：「高宗征西戎伐鬼方三年乃克。」在北南西外，另有謂鬼方爲遠方者。（丁壽昌），謂小國蠻夷者，謂鬼國者，甚而指定今貴州省境之鬼方。（傅隸樸）。謂荊楚，謂玁狁，南北西夷皆似有所本，如王觀堂考則另指爲鬼方在西北。其方位似非環扣所在，而高宗之伐乃九三主旨，奈何易學大家楊萬里前輩，責「九三有求過於濟之心，此小人好大喜功不可用者也。」九三直成爲勿用之小人矣！不祗由主子變奴才，所謂「中興賢君」爻與辭割裂釋卦，果眞夢囈之說耶！項安世謂「小人占得此爻不可用」說，亦給占者一莫名震撼！讀者諸君，汝占得是卦，是爻，汝自忖度爲一君子邪？抑自貶吾爲小人，請君勿用，吾將退避三舍？秦檜嚴嵩何曾以小人自居？即以雪茄、龜頭放人陸文斯基小姐上下其口者之克林頓，斯一橫跨廿、廿一世紀之美國總統，其爲君子邪？其爲小人邪？或視現場觀衆多寡而定其角色？暗室不欺心與立志做大事不拘小節並無直接關連。微管仲，吾其左衽矣夫；管仲之器小哉。聖人之口褒貶，不祗問跡，亦問心。管氏知禮，孰不知禮？現世之人，問跡問心，畫虎畫度難畫骨也，未蓋棺無以確認是非，而今爻辭明示九三，高宗伐鬼方，小人勿用，戒伐之後，即戒三年克敵之後，「小人勿用」，高宗勿用小人也。九三爻雖非九五，而九五之來，曾歷初，二、三、四爻也。九三蓋其歷程之一環節耳，居剛用剛，文明而正，英明外露求攘外亦即求安其內。是以動兵連年而不惜！亦見青年九三用心之長遠也乎。茲輯易家寶鑑於后以見指撝也：

象言憊也，謂三年出征，人力財力皆憊矣！鄭亦第解象謂憊爲劣弱。陸績謂憊爲困劣。

干寶謂：鬼方北方國。坎北稱鬼，離爲伐兵。

王弼之謂居喪末。迨謂殷自成湯後四百五十年間，至武丁九三時段爲居殷商之喪末耶？不然九三離明之終，其謂焰將息耶？殷道確然中落至武丁而中興，武丁而后尚有百餘年始傳紂王，安得謂武丁居喪末？

孔穎達稱小人日就危亂必喪邦。蓋小人志短見淺也乎！

張載謂上六險而應此，以終亂者也，故以比鬼方。

程頤：剛居剛，遠伐暴亂，聖人因示爲法爲誡。

蘇軾：伐鬼方以見三爲五用。小人勿用蓋疑其臣矣！

張浚：坎鬼方，離戈兵，主事者君，奉行在臣，治成矣。

鄭汝諧：高宗之盛猶三年後克，其可用小人乎！

張根之所謂：「憊者小人，取勝不恤國家之患。」然則九三爻辭高宗伐鬼方三年克之。象謂憊，張根則直指殷中興主武丁爲小人，不恤國家之患故邪？張誤以「小人物用」爲小人率兵伐鬼方，三年始著其功故憊。想略過高宗，而其文字則正誣伐鬼方爲不恤國家之患。非謂戒皇帝勿用小人也。

朱震：坤鬼方小國。離戈兵，三往伐，四五六三爻三年克之。

項安世：三剛，高宗用濟大難，小人用禍大矣。言小人占得此爻不可用也。

李衡引石：盛天子伐小蠻，三年克之，言爲中興主難也。

楊萬里：九三求過濟，此小人好大喜功，不可用也。

朱熹：剛居剛，高宗伐鬼方象。小人勿用與師上六同。

趙彥肅之謂高宗似之，舜格有苗。謂九三先發，二陽在外助之。在外者僅九五一陽。而九五決上六，五六本一體，何來五舜六苗之胡越矛盾若是！

楊簡所謂：「大業就，修文德以來之。」似不知高宗者承前烈業已四百餘年。然其謂武夫可厚賞不可用爲政，則是先哲之智言也。

吳澄：伐荊楚南方國。離南方又爲戈兵。高宗九五，來三歷三畫，三年象。

梁寅：「九三貪兵。小人恃盛遠略，非義舉。」意謂高宗伐鬼國，不可用小人。漢仕則以爲小人有遠略之才，爲高宗用，何非義之有？動皆爲中興王業也。

來知德：坎鬼方，離居三，三年象。教占者既濟時當戒之深。

王夫之：楚人尚鬼，故荊楚爲鬼方。上六小人戒勿用。

折中引：「中興已成，小人預其間。三年言其濟之難，勿用欲保其濟也。」案折中引沈該與龔煥言，謂濟之難，以三年功夫方濟，似太艱難其濟，濟，需三年？有是哉？中興已成，小人預其間。則明示小人亦曾參與流血流汗彼中興大業，與之共享榮華，有何不當？宋太宗嘗謂芝蘭與荊棘不能根絕任一類，要在能辨別孰是蘭，孰是棘。再說無小人則無從展示君子之崇高。言欲保其濟而勿用小人，彼人也心胸狹隘過管仲小器多矣！

李光地言：「伐國欲人無忘始事之艱。」立國已四百五十餘年矣，救亡圖存，其幸也延續祚業百有餘載。

毛奇齡：西羌傳云高宗征西戎伐鬼方三年乃克。

李塨：爻變艮爲小子、僮僕，豈可用之。此處小人，蓋即孟子食人，食於人之勞心勞力者之別，宜分工合作，苟理是，「築城蕩蕩，寇來不能上。」亦可悟主，免蒼生塗炭。

張惠言：乾武丁，坤鬼方，位在三故三年，坎勞爲憊。

姚配中：鬼方國名，無可考。竹書鬼方荊。蕩篇云遠方，後漢西羌傳以鬼方爲西戎。嚴助傳鬼方小蠻夷。言用兵不可不重。

吳汝綸：九三得正下陰，能終其道，猶殷高中興也。

馬通伯：離甲冑，北方之坎。小人勿用戒其化陰也。

丁壽昌：以荊楚爲鬼方者非是。小人，變坤之象。

曹爲霖：高宗伐鬼方其憊如此，不及高宗者可知。

星野恆：武丁伐遠夷鬼方，剛用剛不徒耀威。
李郁：鬼方南方部落，指上六。三至上歷三爻三年。
胡樸安：小人必不可用，引古鑑今也。
高亨：王觀堂考定鬼方在西北，非荊楚。
李鏡池：與未濟伐鬼方同一事。說明濟中有不濟。
徐世大：高宗伐鬼方，小人不配用這故事。
屈萬里：卜辭伐鬼方皆在武丁之世。
張立文：鬼當作畏，即後之玁狁，小人不可任使。
金景芳：說明打仗不容易。小人勿用是預防。
傅隸樸：兵伐今貴州省境之鬼方。三年才克服。
徐志鋭：高宗外伐鬼方，疲憊不堪，產生新隱患。
朱邦復：既濟時天下無事，與兵伐國，勞民傷財也。
象之點出憊字，蓋指商湯後歷四百五十年之武丁，殷衰，禮廢，國力已蹙，加之兵者費浩大，荊棘生焉，必有凶年，皆老氏之所謂師之所處，大軍之後必然現象。夫佳兵爲不祥之器，故象直陳憊也，以見勝方武丁，雖除外患，國力方虧損，不宜仍以武備雄耀四鄰也。宜對內政留意焉，故下文稱小人勿用。傳說之議邪？

鬼方，依經傳注：鬼方北方，遠方，國名，小蠻夷。高亨云王國維考定鬼方在西北。傅隸樸云鬼方在今貴州省境。至言荊楚，四戎，四夷者，以傅巖相高宗，臣能主明，當非主啓釁於外，多樹強敵者也，必有不得已處而伐者。鬼方，方國各似較允當。故是玁狁，西戎，南蠻皆特定祇一方耳。以中國古者外敵多來白北方推論，似仍依干寶注較佳。故鬼方者北方國也。

本文以衰殷因武丁繼統比譬，用傅說而興已衰，起禮樂，借外事而撫內亂，三年有成。囑小人勿用者，英壯有爲之年，宜起用有爲之士也。志小才弱者不能佐君之治耳。叮嚀也，非謂前此共同伐鬼方，有功於外斯武大勇士，當厚賞不可用。

九三値兩階段不如意後大翻身也。然仍多艱必須努力克服，攘外所以安內也。人事公開，賢者必至。經艱苦支撐理想，奮鬥犧牲，功成豈遠哉！

六四、繻有衣袽，終日戒。

象曰：終日戒，有所疑也。

子夏作繻有衣茹。孟子作需有衣絮。孫掌案絮，絜緼也，一日敝絮，從系奴聲，京房作繻有衣絮。王廙作襦有衣袽。（釋文）

王弼：繻宜曰濡。衣袽所以塞舟漏，履正近不與，三五相得，有隙之棄舟得濟，有衣袽也。鄰不親得全者，終日戒也。

孔疏：近不與，三五相得，如在舟而漏，濡濕得濟者，有衣袽也。鄰不親得全者，終日戒也。

程頤：四近君當任，四水體取舟爲義。繻當作濡，滲漏也，舟罅漏，塞以之袽，終日戒懼不怠，慮患當如是。

蘇軾：繻當作濡，衣袽所以備舟隙也。四居二陽之間不相得，故備且戒如是也。卦以濟事，故取舟。

張浚：補舟以袽，不忘備具，坤爲衣繻，離者終日，火戒陰爲疑。周公迨天未陰雨。讀之，三復不能已！詩曰衮職有闕，惟仲山甫補之，四之謂矣！

鄭汝諧：居坎底體虛，乃舟之漏者，當戒也。

張根：處坎之下當如是耳。

朱震：四坎水，初之四成巽木，舟象。四未交初，巽毀，舟漏也。四坤裳，初乾衣，艮手，袽塞也。離下終日也，兌口戒也。巽疑也。四近君資初賢，彌縫君闕如奉舟漏，終日戒，有所疑也。

項安世：四柔處坎，繻，子夏傳作襦，短衣。袽，絮縕。襦足矣，又衣表其外，袽實其內，可无憂矣，柔處坎，心危慮深，疑二剛也，安得不疑且戒乎？

李衡引陸：繻亦作襦，飾之盛也。袽者衣弊。得位，險乘剛，猶盛飾衣弊袽，終日戒不足爲醜也，善補過也。引牧：繻，細密羅衣之上加弊袽者。自晦終日戒免咎。引石：比五應初。美服有時而弊。引白：繻美裳在下，袽弊在上，若紂无道在上。文王終日戒以避紂疑。

楊誠齋：六四居水下火上，燥而涸時也，宜安而危，方皇皇求敝衣之袽，爲窒隙之具，備葺舟之用，又終日戒疑焉！有不至求而無之謂。虞翻曰繻，衣也；袽，敗衣。繻或作襦。

朱熹：柔居柔，能預備而戒懼者也。程子繻當作濡衣，袽，所以塞舟之罅漏。

趙彥肅：六四坎離雜，離則麗於陽，坎則陷陰者，未辨故疑，疑則二陽侵之。若斷然從陽，何戒之有！

楊簡：子夏繻作襦。襦說文短衣。茹衣，破敗如茹。濟至四，人心既安，異於怠忽，疑衰敗之至也。

繻或作濡。

吳澄：漢制裂帛邊繻頭以爲關門符信。繻，帛未成衣；袽衣成而敝者，四過半將敗壞，猶繻必爲袽也。四將昃漸終矣！終日戒者，慮其必至於此。

梁寅：坎體，故取濡舟之象。四柔居柔，戒懼不虞，如坐漏舟中，用弊敗之衣塞漏，安有覆溺之患！

來知德：繻袽者敝衣也，在外言；終日戒，以心言。出離入坎，陰得正，坎陷臨前，故有繻不衣，衣其袽，戒懼象。

王夫之：繻，霑濕，袽，敝絮，四坎體下，有滲漏霑濡象，衣袽塞漏者。柔居柔，不敢輕進，終日戒畏，謹之至。

折中引郭忠孝曰：思患豫防，四居多懼，是有繻衣袽之戒，終日言無怠時。引胡炳文：乘舟者不可無繻而忘衣袽，亦不可已備不戒！備患之具不失與慮患之念不忘，此處既濟之道。引張清子：濟道將革，罅漏必生，故取漏舟爲戒，取坐敝舟可免覆溺之患。

李光地：濟已過中，思患豫防，不可須臾離之時也。

毛奇齡：咸大坎，三剛連比，如舟濟水。然四來初，中虛，舟罅漏矣，漏則濡，四所以爲繻。四在咸時若舟，互乾爲衣，去乾中畫，衣已敝破而塡之，衣袽可恃乎？雖幸濟亦安，可不戒也。

李塨：四在互坎之上，正坎之初，陰虛中漏，非袽莫塞，坤帛乾衣，變兌毀折，是繻有衣袽也。釁舟用絮，顧終日戒懼，坎善疑固如是。

孫星衍：（釋文）繻，子夏作𧞣，王廙同。袽，說文作絮，子夏作茹，京作絮。按繻，說文一引作需，一引作繻。袽，說文引作䋈。（集解）薛虞曰𧞣古文作繻。

丁晏：繻有衣袽說荅友人，王注雖多浮虛，此訓則本漢儒，未可厚非也。襦𧞣需繻帤帑，袽茹䋈絮𧚍皆同音假借，古時字少多通用也。

張惠言：（注）乾爲衣故稱繻，袽，敗衣。乾二之五，衣象裂，離日坎盜，兩坎間故終日戒。謂伐鬼方三年，旅人勞，衣敗，鬼方之民猶或寇竊，故終日戒。（既濟不可恃）。

姚配中：案同襦，射禮君袒朱襦，文飾之衣也，詩謂衣錦尚褧者也。又繻（古文），子夏作𧞣（今文），即繻字，襦繻同，帤，鄭司農讀襦有衣絮之絮，弓人注繻作襦，袽作絮，蓋今文也。

吳汝綸：繻當作襦方。袽，說文作絮，襦有衣袽者，衣絮於襦中，所以戒寒也。

馬其昶引王引之曰有，或也。引郭雍曰：四居險又多懼地，是有衣袽之戒！謂勿以新繪忘敝袽也。又引蔡元定過中已變，必須終日戒愼。案在爻陰陽皆老將變，疑化失位也。

丁壽昌：釋文繻，而朱反。鄭王音須，子夏作𧞣。薛云古文繻。袽女居反，王肅音如。說文䋈，緼也。廣雅塞也，子夏作茹，京作絮。案說文絮一曰敝絮。古需繻濡通。袽絮茹音近通用。說文無袽字，當作絮。四變乾爲衣，坎多眚，故象袽爲敗衣也。

曹爲霖：誠齋傳：誠齋傳曰湯旱不僻，堯水不溺，此有備無患也！唐太宗嘗與房魏論創業守成孰難，曰創業往矣，守成方當與諸公愼之，亦此意也。陳氏曰汲黯諍武帝叶斯象矣！

星野恆：舟有罅漏，塞以衣袽，爻將過中，致衰替之漸，除柔得正，能知戒懼，豈至於凶哉！有衣袽戒備不可不豫也。

李郁：繻繒帛，袽敝絮。有同又，四在坎內，濡將及身，繻禦水袽塞漏，防患也，四在離上故曰終日，不可懷安忘憂也。

胡樸安：終日，衣此短敝之衣，以戒不虞。故象疑有不虞事！

高亨：按繻當作濡，作需當是古文。作襦，後人妄加偏旁。有猶於也。蓋古無棉花，冬衣貴者實亂絲，賤者亂麻，統名絮，絮異文。水漬必終日後乾，而後服，後可以行動。指冬日渡水而言。

李鏡池：繻當作襦，寒衣。袽，絮，敗襦。戒借爲駭。這說明窮人生活不濟，冬天穿寒衣，只是破爛的寒衣，整天驚懼不安。

徐世大：古來異說多而難得恰當解釋。譯：粉畫衣裳，一天到晚在警戒。

屈萬里：繻，釋文：「子夏作𧞤，王廙同。」說文作需又作繻。袽，釋文：「子夏作茹，京作絮。」說文作絮。按繻有衣袽謂濡于衣袽也。有于通訓。說文絮敝衣也。王引之云袽與絮同。（疑袽乃絮字）既濟爲涉水之卦，故云。

嚴靈峯：六四，繻有衣茹，（冬）日戒。

張立文，繻繻同聲系。茹當讀爲袽，敗衣也。冬假爲終。戒爲戒備，警惕。譯：用短衣或破絮去堵塞船的漏洞，整天戒備。

金景芳：漏水了，有衣袽就可塞上了。終日戒，仍有思患預防的意思。

傅隸樸：濡義爲浸濕。濡即濡舟省文，衣袽是敗絮。四陰居陰，乘三剛不能相安，應初不能專心承五，一陰處兩陽間，如漏舟航河，整日戒備，故繻有衣袽終日戒。

徐志銳：行船時帶破舊衣服備船漏堵塞。九三中興，六四稍安，但潛伏危機不能不有所防範，四居多懼之地也。

朱邦復：小心謹愼，終日戒懼。象：四近君防患爲先，故有此象。

林漢仕案：三征四戒，三征乃整理故業，重放乃祖光芒，永續先人烈業。四戒，乃祖蔭綿長，背負多少包袱，爛灘子必須改頭易容，庶能出舊窠巢，展新世紀之來到。三攘外雖歷三年折騰，以底以成，然本破舊殘局，無法予人立即耳目一新，立刻進入富足豐食。繻有衣袽者，正因簡就漏，自救也。如船渡中流，折衝巨浪中，小破洞不留意焉，終將無以保全承載者免巨浪之吞沒也。觀微知著，亦知彼欲湔雪前恥，出積弱爲中興轉強之氣象矣！茲輯先賢衆說以明全貌：

象曰終日戒，有所疑也。案戒並非即有所疑，蓋立志三戒五戒八戒十戒，至二百五十，三百四十八戒，非疑佛也，佛徒能舍愛欲，自然清靜大勇壯嚴相現矣！其所戒者，立志成佛也，是志而非有所疑然後戒。然以常道言，戒，確然有所疑，猶不疑何卜？卜蓋有所疑矣！象不讚斷然措施，而稱繻有衣袽者爲有所疑故終日戒。繻有衣袽乃斷然措施，直覺行動，亦前人經驗之傳承，其處理危機意識，不須經過大腦，如近代故事，荷蘭小孩以手指塞隄漏，祇須全神灌注手指塞處，則破洞不加大。此種危機意識，必須艱苦卓絕之意志奉行其無時無刻之不戒，則村落可保，家園免溺。今象謂終日戒者，謂六四之在攘外工作完成後，其安內之大計耶？

釋文引繻有衣袽句各家解說不同：

子夏云襦有衣茹。

孟子需有衣絮。孫堂案絮，絜緼也。一曰敝絮，從系奴聲。

京房作繻有衣絮。

王廙作襦有衣袽。

王弼完全推翻繻字及其从衣之襦，謂宜曰濡，濕也。並謂衣袽所以塞舟漏。然則衣茹，衣絮，衣絮，蓋即敝絮邪？王弼又云「鄰不親得全者，終日戒也。」似有斟酌。不能睦鄰守望相助，靠矛盾終日設戒生，矛盾生大業邪？四事五固然臣事君如侍虎，宜戒，所戒者己之言行也。四之與三，三能統帥大軍，縱横宇內，四大臣，豈戒三之坐大奪權邪？四能監視三扯掣其肘邪？如此上下不同心，惡能治國家也！推心置腹，赤膽事君全屬虛設矣！

王之衣袽塞舟漏。後世多從其說。繻，濡濕。

孔疏：濡濕得濟者，有衣袽也。鄰不親得全者，終日戒也。

程頤：繻當爲澤，滲漏也，塞以衣袽，終日戒懼不怠，慮患當如是。

繻爲滲漏，字當作濡，改經也。所戒懼者非「鄰不親」，乃舟漏塞以衣袽，慮患也。釋經至此，似拍板敲定。

蘇東坡：四居二陽間不相得故戒備。以濟爲事故取舟。案蘇軾依王注更明白謂：「衣袽所以備舟隙也。」

張浚：補舟以袽，不忘備具。周公迨天未陰雨，讀之，三復不能已！

鄭汝諧：居坎底體虛，乃舟漏者，當戒。

張浚尤進一步釋詩「迨天之未陰雨」徹彼桑土，綢繆牖戶。以爲爻意如此。以美仲山甫能補王之職有闕，謂四也。蓋崇六四之能備患補過也。

朱震：四近君資初賢，彌補君闕，如奉舟漏。

鄭汝諧謂坎底體虛，乃舟漏。朱震四坎，初之四成巽舟象。四未交初巽毀舟漏。極盡想象之能事，坎水一定能載舟，巽木不能爲傢俱房舍，便定爲舟象，猶之言乾爲聖人，坤爲牝母，天地否即聖人與牝母性交也，蓋乾聖安躺在坤牝肚皮上也。

李衡引陸：繻亦作襦，飾盛。衣弊袽不足醜，善補過也。引石美服有時而弊。引白：美裳在下，袽弊在上，若紂上，文王終日戒避紂疑。

楊誠齋：四居水下火上，燥而涸，求敝衣備葺舟之用。虞翻曰繻，衣也；袽，敗衣也。繻作飾盛，繻作衣，上水下火，謂美裳在下，弊在上。以破敗敝衣備葺舟用。爻辭之釋至此又一變。而謂水紂火文王以喻醜美似不夠妥貼。蓋謂坎陷離麗乎？

朱熹謂柔居柔，能戒懼者也。

趙彥肅：六四坎離雜，若斷然從陽，何戒之有！

楊簡：子夏作襦，說文短衣。茹衣，破敗如茹。疑至四衰敗之至也。

吳澄：繻，帛未成衣，四過半將敗壞，猶襦必爲袽也。（袽，衣成而敝者）四昃漸終矣。

梁寅：體坎取漏舟象。用敗衣塞漏，安有覆溺之患！繻从飾盛，上衣，短衣，至吳澄謂繻，帛未成衣。並引漢制裂帛邊繻頭以爲關守符信。繻之兩釋至此成定格矣！並行不勃。任讀者二選一，或綜合運用矣。

來知德：襦袽者敝衣也。外言；戒以心言。

王夫之：繻䨏濕袽敝絮，四坎體下，滲漏象，戒畏，謹之至。

折中引胡：備患之具不失與慮患之念不忘，此處既濟之道。

李光地：思患豫防，不可須臾離也。

毛奇齡：舟漏則濡。衣袽可恃乎？雖幸濟，可不戒也。

李塨：四在互坎上，正坎初，虛漏，用絮顧終日戒。
孫星衍：繻，說文一作需，袽作絮。
丁晏：襦褕需繻，帤帑袽茹絮絮裻皆同音假借，通用。
張惠言：伐鬼方旅人衣敗，民猶或寇竊，故終日戒。
姚配中：襦，文飾之衣也。袽作絮，蓋今文也。
吳汝綸：衣絮於襦中，所以戒寒也。
馬其昶：有，或也。勿以新繒忘敝袽也。
丁壽昌：古需繻濡通，袽絮茹音近通用。說文無袽字當作絮。四變乾爲衣，坎多眚，故象敗衣也。
曹爲霖：湯旱不懈，堯水不溺。創業守成孰難？唐太宗愼之，汲黯諍武帝叶斯象矣。
星野恆：爻過中衰替象。戒備不可不豫也。
李郁：繒帛敝絮，濡及身，禦水塞漏，防患也。有同又。
胡樸安：衣短敝衣以戒不虞。
高亨：繻當作濡，需古文，作襦，後人妄加偏旁。有猶於。古無棉花，貴者實亂絲，賤者亂麻，統名絮絮。水漬必終日後乾，服後行動，指冬日渡水言。
李鏡池：當作襦，寒衣。袽，敗襦。窮人穿破衣，整天驚懼不安。戒借爲駭。
徐世大：粉畫衣裳，一天到晚在警戒。

屈萬里：有于通訓。濡于衣袽。涉水卦。

張立文：用短衣或破絮去堵塞船的漏洞，整天戒備。

金景芳：漏水了，有衣袽就可塞上了。終日戒，仍有思患預防的意思。

傅隸樸：濡舟，衣袽是敗絮，一陰處兩陽間，如漏舟航河，整日戒備。

徐志銳：六四稍安，但潛伏危機不能不防，四居多懼之地。

朱邦復：四近君防患爲先，故有此象。

由象界定終日戒爲有所疑。繻褕需襦濡，繻有衣袽字形之爭，至濡，濕也，滲漏舟罅。有之爲用，或也，同又，猶於，有于通訓。衣袽，袽，丁壽昌謂說文無袽字，當作𥿇。作絮，帤帑茹絮𥿇袽，丁晏云同音假借。王弼而后幾成定論，後來者補增象使成漏舟，敗絮塞漏，六四爻辭所以必須終日戒。宋李衡引陸云繻亦作襦，謂飾盛。至有美裳在下，弊在上，若紂上，文王終日戒喻水火既濟，水上坎陷，火下離麗。再往後學者，即此兩位主流思路上翻騰。謂繻飾盛，上衣，短衣，云在上者紂，則紂衣錦矣，何來美裳在下？依卦，下火，火爲麗，衣袽，衣在上，衣袽，衣敝衣，則在上敝衣矣。若此混淆，明來知德乾脆合言「繻袽者敝衣也。」王夫之回歸繻爲濡，霑濕。袽，敝絮。王說之思路遂成定論。近世學者如高亨、屈萬里、傅隸樸皆以繻爲濡，不復斷斷繻襦需褕字說矣！

至謂卦至四衰敗之至也；居二陽之間故終日戒；四居多懼地；四體坎下滲漏象；四變乾爲衣，坎多眚，故象敗衣。皆欲覓象以合爻辭之苦心經營。三征在整理故業，承先人烈業者之兢兢博鬥，四戒，乃祖業綿遠，如何出故窠臼，使中興祖功以底以成，因簡就漏，免於時代巨流中有閃失，六四既近輔君，又爲大臣，小大巨細之事靡遺，躬親慎審戒遠，卦之所以能既濟也，渡過難關，出積弱爲另一番氣象矣！

九五、東鄰殺牛，不如西鄰之禴祭，實受其福。

象曰：東鄰殺牛，不如西鄰之時也。實受其福，吉大來也。

鄭玄：互體爲坎，又互體爲離，離爲日，坎爲月，日出東方，東鄰象也；月出西方，西鄰象也。禴，夏祭之名。

王弼：牛，祭之盛者也，禴，祭之薄者也。既濟時處尊位，物皆盛矣，何爲所務祭祀而已？祭祀莫盛於脩德，沼沚之毛蘋蘩之菜可羞於鬼神。故黍稷非馨，明德惟馨。故東鄰殺牛不如西鄰之禴祭實受其福。

孔疏：禴春祭之名，祭之薄也。九五履正居中，動不爲妄，脩德者也。苟能脩德，雖薄可饗。假有東鄰不脩德，不如西鄰祭薄能脩德，故神明降福。沼沚之毛略左傳之文。

張載：東鄰上六也，西鄰六四也。過於濟厚也，幾於中時也。濟而合禮，雖薄受福。九五濟主，舉上與下，其義之得，不言而著也。

程頤：東鄰陽也謂五，西鄰陰也謂二。殺牛盛祭，禴，薄祭。盛不如薄者，時不同也。二五皆有孚誠中正之德，二進受福，五无所進，以至誠中正守之。

蘇軾：東西者，彼我之辭也。禴祭，時祭，殺牛非時，特殺祭求福，小人以禴祭不足致福，故殺牛求之。不知時祭福大來也。聖人以既濟主在守常，安法而已。

張浚：東鄰指震，商也。四鄰兌，周也。離牛，禴，薄祭。九五明信之德著於天下，故能禴祭受福。不在乎禮文之末。重離有文明盛大，體受福爲吉大來。

鄭汝諧：東鄰謂坎，位東。西鄰謂離，位西。二離主，五坎主。二柔靜濟始吉而用禴祭，五濟終心侈，欲矯意外之福，故殺牛祭禮盛，不若禴祭之受福，治莫大於守成，福莫長於无禍。以无所事爲福，乃福之至也。

張根：文王之事。

朱震：泰震爲東，兌西，三四鄰。兌刑殺，坤牛，坎血，上宗廟。九三之五，有長子奉祀，東鄰殺牛，西鄰禴祭之象。殺牛盛祭，禴尙聲薄祭也。五既濟无所進，極而不反，時已往矣，中正守之而已！

項安世：即泰之大來吉也。泰五互震爲東鄰，泰二互兌爲西鄰，五非時主，殺牛不足致福。坤牛坎刑故爲殺牛。二卦主得時，祭禮薄，五同受福。泰五降二離爲夏，祭曰禴，自大饗降爲禴祭，失尊，然以成既濟功不可失時也。

李衡引陸：祭得時爲敬，東君西臣，臣得時用薄，明神所饗。引侁：二東五西，殺牛用順道，禴祭篤誠，二文明厚禮薄信。引憬：五坎爲月，二應在離。

楊萬里：五剛明中正。祀過豐傷財，以爲用大牲不如薄祭之福。思患豫防，急時之勤，聖人爲五深慮。殺牛，大牲；禴，薄祭。西鄰之時，言急時而不懈也。

朱熹：東陽西陰，言九五時過，不如六二得時。又當文王與紂之事。彖辭初吉終亂亦此意也。

趙彥肅：九三克二陰以象殺牛。九五有事於上六以象禴祭。

楊簡：東鄰陽位，殺牛盛禮，五象。西鄰陰位，禴祭薄禮，二象。既濟盛極則衰，當持盈保益。西鄰之時，守以損約，故終受福。

吳澄：東鄰謂六二，離牛，九五西鄰，於時爲夏，祭最薄。九五剛中正應六二之柔，雖祭薄而二實受其福也。

梁寅：既濟當戒盈滿，滿招損也。東鄰殺牛，商紂乎？西鄰禴祀，文王乎？殺牛不如禴祭，其德馨之不足乎！

來知德：東西乃文王圓圖，水火之鄰也。濟終不當侈盛，當損約則五受其福。六四不衣美衣，九五不尚盛祭，善處終亂者也。聖人戒與其侈盛，不如艱難菲薄，亨濟之福。

王夫之：九五剛中得位，陰所求也。坎正北，東上西下，上六東鄰，六四西鄰。四愼居約，薄祭象；上盈僭，太牢之祀。當下比四爲宜。祭神而享曰福，東鄰濡首，絕之可爾，五雖剛中，戒之使之取舍焉。

顧炎武：馭得其道，天下皆爲臣，失道則彊而擅命者謂之鄰。臣哉鄰哉，鄰哉臣哉。漢書郊祀志引此，師古註：東鄰謂商紂也，西鄰謂周文王也。

折中引潘士藻曰：五陽剛中正，時得則黍稷可薦，沼毛可羞，實受其福。東西者彼此之辭。引姚舜牧曰：人君享治平之盛，驕者誠敬不足，故借兩鄰爲訓。享神在誠不在物。保治者以實不以文。此教祈天保命之道。

李光地：五時濟過矣！故戒與其殺牛，不若薄約致誠，實受其福也。爻義與泰三同。

毛奇齡：泰乾中陽塡坤中陰，陰陽易而東西分，坎水西，離火東，國無兩大，水火敵應。東離牛，坎刑刃，殺牛也。西坎豕承夏離是禴祭。冬蒸用牛不如夏禴用豕，得時則吉，豈止小者亨而已哉！

李塨：九五居尊既濟矣！上六其鄰，變巽東鄰；上亦以五爲鄰，五變坤西鄰也。東鄰椎牛陳饋豐盛，西鄰乾惕修禴禮，西鄰九五居中得時，吾知神明鑑之，以陽大之福來，五實受之矣！

丁晏案：坊記引易作寔受其福。古寔實通。鄭注東鄰謂紂國中也，西鄰謂文王國中也。漢書郊祀志小顏注瀹祭謂瀹煮新菜以祭，言祭道莫盛修德，故紂牛牲不如文王之蘋藻也。文選曹大家注東鄰謂紂，應劭東厸紂。㕕 古文鄰。

張惠言：（注）泰震東兌西，（東西爲鄰）坤牛震動，五殺坤故東鄰殺牛。坎多眚，爲陰所乘，故不如西鄰之禴祭。（五震東，二兌西。正國大事在祀與戎，故三言伐五言祭）離夏得正，承五順三故實受其福，吉大來也。

姚配中：坊記疏東鄰紂國，西鄰文王，離牛，坎豕，殺牛凶不如殺豕受福。奢慢不如儉敬，春秋傳曰黍稷非馨，明德惟馨。竊謂非經本旨。泛意有德无德者耳。行穢祀豐不祐，德修薦薄吉必大來。泛言其義，非專有所指。又案二升之五故吉大來。

吳汝綸：貴禮不貴牲。五爲坎主，二離主，離東鄰，坎西鄰，以文王與紂說之者，非是。

馬其昶引禮記：君子不以菲廢禮，美沒禮。苟無禮，雖美不食。鄭注：禴用豕，殺牛而凶，引劉向曰：重禮不如貴牲。引杜鄴曰：行穢祀豐，不祐，德修薦薄，吉來。案：鄰，臣也，二互坎爲西鄰，四互離東鄰，五祭主，五實受其福。

丁壽昌：案程傳東鄰陽謂五，西鄰陰謂二。易皆就本爻設戒，若六二受福，无此例。鄭云東鄰紂，西鄰文王。言殺牛凶，不如殺豕受福。喻奢慢不如儉敬也。

曹爲霖：日知錄云漢書郊記誌引此，師古注東鄰商紂也，西鄰文王也。馭失其道，則強而擅命者謂鄰臣哉！陳氏曰東鄰動而淫祀不若西鄰靜而時祭受福也。

星野恆：東鄰五，西鄰二，東陽西陰，君臣分也。殺牛盛祭，禴薄祭，五陽居尊而陵替之兆已萌，二尚卑，方升之德日新。商罪貫盈，周命惟新，當文王與紂之事乎？

李郁：東鄰商紂，西鄰文王。離牛坎豕。禴薄祭，故不用大牲，坎中實離中虛，殺牛豐而心未誠，西禴約誠至，實受其福。

胡樸安：當去奢崇儉！東鄰殺牛用奢，不如西鄰禴祭。（薄祭）以時行之也。實受祭之福而吉來，象故曰吉大來也！

高亨：鄭，王之說是也。禴爲薄祭，見萃卦。

李鏡池：礿，古代祭名。東鄰殷人，西鄰用人。殺牛祭祀，東鄰祭不如西鄰祭得福。指殷變弱，被周滅，說明濟與不濟相互轉化。

徐世大：言事貴速行，東鄰殺牛爲祭享，而未祭，反不如西鄰在禴祭先受其福。世之好大喜功不如積點滴而獲益。

屈萬里：禮記坊記鄭注：「東鄰謂紂國中也，西鄰謂文王國中也。」易林噬嗑之巽：「東家殺牛，污臭腥臊，神背西顧，命絕衰周。」

嚴靈峯：九五，東鄰殺牛（以祭），不若西鄰之（濯）祭，實受其福，吉。

張立文：通行本無以祭二字。濯假爲禴，瀹通，祭之薄者，既可用麥，菜，禽，也可用剛鬣豕等。譯：東鄰殺一元大武祭宗廟，不如西鄰用豕祭實得福祉，且吉祥。

金景芳：這強調時字。吉祭用牛，殺牛是盛祭，禴是薄祭，殺牛盛祭不如薄祭，這是講誠。折中引潘士藻說祭時爲大，得時黍稷可荐，沼毛可羞，不在物豐，東西彼此之詞，不以五與二對言。折中肯定其說。

傅隸樸：九五飛龍在天，登基郊祀天地！感激之誠不如創業艱難的道途中祭神，祭品雖薄，執禮卻恭，神所歆的是虔敬不是犧牲，降福也依虔敬的厚薄。不如指恭儉說。

徐志銳：東鄰指九五本爻，西鄰指六二，殺牛盛祭，禴薄祭。六二成功之初，可无爲坐享其成，五久安後大勢已去，鬼神也无可奈何，殺牛盛祭豈能降福？

朱邦復：既濟之深，與其奢也，不如菲薄反而有福。

林漢仕案：依伏羲八卦方位東離西坎；文王八卦則南離北坎，西兌東震。

依爻辭：東鄰殺牛，不如西鄰之禴祭，實受其福。

帛書：東鄰殺牛（以祭），不若西鄰之（濯）祭，實受其福，吉。

依文義：東鄰厚祭，不若西鄰薄祭，實受福吉。——受福吉者似言西鄰薄祭。如此，必須另以文字說明神受祭賜福原因，譬如：

「鬼神非人實親，惟德是依，故周書曰：『皇天無親，惟德是輔。』」又曰：「非德民不和，神不享矣。」（左僖四年傳）又禴祭，說文通訓定聲云礿字亦作禴。夏祭也。春曰祠，秋曰嘗，冬曰烝。詩天保禴祠烝嘗；禮王制春曰禴，祭統春祭曰禴。假爲鬻，瀹，爚，躍。爾雅夏祭曰禴，新菜可汋。孫注禴，薄也。夏時百穀未登，可薦者薄也。周禮大宗伯：以禴夏享先王，大司馬獻禽以享。

注以瀹，春祭爲殷制，周改夏祭曰礿。

從通訓定聲礿義可得如下解：

1. 礿，夏祭。（祠礿嘗烝，春夏秋冬四季祀名）

2.禴，春祭。（禴祠烝嘗，詩之四季祀名）

3.夏祭，大司馬獻禽以享。

4.夏祭，新菜可汋，薄也。百穀未登，可薦者薄。

5.字又作礿汋鬻瀹爚躍。

易有謂伏羲氏作，又謂文王演易。而今據孫注爾雅定爻九五禴祭為夏季薄祭，明依文王變殷春祭為夏也。又依周禮「禴，夏享先王，大司馬獻禽以享。」是謂夏祭先王，豈因百穀未登用儉先王之享？又四時之祭皆當是大祭，祭以一元大武，求其騂且角。周禮牧人云：凡陽祀用騂牲。鄭司農注曰陽祀春夏也。又周用騂，前朝則尚白牡。而謂殺牛以祭，必當為大祭而又未必出於時祀盡敬之時祭也。祭神如神在盡其誠敬矣，而不以時賄賂神靈矣，神豈受之？神其正矣，必吐其所食而視為非類而祀，豈能獲天福祐？故曰東鄰殺牛，不如西鄰之時祀盡敬之獲賜福。東鄰殺牛，祭，不如西鄰之時祀獲福其為本爻之正解耶？設是，則孰為東鄰？孰是西鄰？以九五為本位，則東西鄰皆非九五本爻而為兩側之近鄰或遠鄰也。故依伏羲八卦東離西坎言，是下卦離，上卦坎也。是下卦前半生諂媚鬼神，神弗祐矣；後半生依時祀盡敬獲福祐。

又依文王八卦則西兌東震，今兌上缺，震仰盂，依其半象則未嘗不可謂五六爻為西兌，初二爻為東震也。當然亦可謂五六爻為東震豐象，初二爻為西兌半象。易家因此迷貿而各伸己意，皆忽略禴祭之為四時大祭之，所謂時祀也。茲記載各家競言東西之理論如下：

鄭玄：互體坎離，離日坎月，日出東，月出西，鄰象。
孔穎達：假有東鄰不脩德，不如西鄰薄祭能脩德降福。
張載：東鄰，上六也；西鄰，六四也。九五濟主。
程頤：東鄰陽也謂五；西鄰陰也謂二。
蘇軾：東西者彼我之辭也。
張浚：東鄰震，商也；西鄰兌，周也。
鄭汝諧：東鄰坎位東；西鄰離位西。二離主，五坎主。五欲矯意外之福。
朱震：三四鄰。震東兌西。
項安世：泰五互震爲東鄰，泰二互兌爲西鄰。二卦主得時。
李衡引：五坎月二應在離；東君西臣；二東五西。
楊萬里：西鄰之時，言急時而不懈也。
朱熹：九五時過，不如六二得時。當文王、紂之事。
趙彥肅：三象殺牛，五有事，上六以象禴祭。
楊簡：東鄰陽五象，西鄰陰二象。盛極則衰，當持盈保益。
吳澄：東鄰六二離牛，九五西鄰應二，二實受其福。
梁寅：東鄰紂，西鄰文王，殺牛不如禴祀，其德馨不足乎？

來知德：東西乃文王圓圖水火之鄰也。四不衣美衣，五不尙盛祭，戒奢不如薄，亨濟之福。

王夫之：上六東鄰，六四西鄰。五剛中戒之使知取舍焉。

顧炎武：馭失道則彊而擅命者謂之鄰。臣哉鄰哉，鄰哉臣哉。師古曰東紂西周文王也。

折中引姚舜牧：借兩鄰爲訓，教祈天保命之道。

李光地：五時濟過矣故戒殺牛，不若薄約致誠受福。

李塨：上六其鄰，上亦以五爲鄰。五度坤西鄰。西鄰九五居中得時，福來五實受之。

丁晏：紂牛牲不如文王之蘋藻也。東鄰紂。

張惠言：五震東，二兌西，離夏，承五順三故實受其福，吉大來也。

姚配中：東紂國，西鄰文王，離牛坎豕，殺牛不如殺豕受福。泛意行穢祀豐不祐，泛言非專有所指。

吳汝綸，貴禮不貴牲。離東鄰，坎西鄰。以文王紂說者非是。

馬其昶引：不以菲廢禮，美沒禮，苟無禮，雖美不食。案鄰，臣也，二互坎西鄰，四互離東鄰，五祭主受福。

丁壽昌：易皆就本爻設戒，程傳西鄰二受福无此例。東紂西文王，喻奢慢不如儉敬也。

曹爲霖：東鄰動而淫祀不若西鄰靜而時祭受福。

星野恆：東鄰五，西鄰二，東陽西陰君臣分也。五陵替兆萌，二升德日新，商罪貫盈，周命惟新，當文王與紂事乎？

李郁：東鄰紂，西鄰文王。
胡樸安：東鄰殺牛用奢，不如西鄰薄祭，以時行之也。
高亨：鄭，王之說是也。
徐世大：東鄰殺牛爲祭享而未祭，反不如西鄰禴祭先受其福。
屈萬里引易林：東家殺牛，污臭腥臊，神背西顧，命絕衰周。
張立文：東鄰殺一元大武祭宗廟，不如西鄰用豕祭實得福祉。
金景芳：殺牛盛祭，禴薄祭。東西彼此之詞，不以五與二對言。
傅隸樸：九五登基祀天地，不如創業途中祭神。神歆虔敬不是犧牲。
徐志鋭：東鄰指九五本文，西指六二。五久安大勢已去，殺牛豈能降福？
朱邦復：與其奢也，不如薄反而有福。
東鄰謂離日出，下卦也。（鄭玄）
東鄰謂上六。（張載）
東鄰陽也，謂九五。（程頤）
東西彼我之辭。（蘇軾）
東鄰震，商也。（張浚）
東鄰坎位東。五坎主。（鄭汝諧）

三四鄰，震東兌西。（朱震）

泰五互震爲東鄰，泰二互兌爲西鄰。（項安世）

五坎月二應在離，二東五西，東君西臣。（李衡引）

九五時過不如六二得時。當文王、紂事。（朱子）

三象殺牛，上六象禴祭。（趙彥肅）

東六二離牛，西九五應二，二受福。（吳澄）

東鄰紂，西鄰文王。（梁寅）

東西乃文王圓圖水火之鄰。（來知德）

疆而擅命者謂之鄰。臣哉鄰哉，鄰哉臣哉。（顧炎武）

借兩鄰爲訓。（折中引）

上六其鄰，上亦以五爲鄰。（李塨）

二互坎西鄰，四五離東鄰。（馬其昶）

未定中心點，世界何處非東，何處非西，東點即西點，西點亦東點。以五爻坎主，以爻論爻，其所謂東西，宜乎就九五一爻言，以下爲東，上則西，以上爲東，下則西。易家之言東鄰者：如離日出，上六，陽，彼，震，商紂，三四鄰，二東，東君，三殺牛，疆而擅命者爲鄰，臣，四互離爲東。東鄰謂坎。準此言，下卦爲東，六二離主爲東，坎爲東，九三爲東，六四爲東，九五爲東，上六爲東。迷貿難從矣夫！六二以應爲鄰，六四以近五爲鄰，下卦以上卦言亦爲鄰上六與上九比鄰，似皆言之成理。蘇軾宋時即知不可理喻，故首先謂東西者，彼我之辭；其後張浚等更以地理環境說明紂在東，周在西，周命惟新，幾成定案，學者從茲發揮與其奢也失禮，由寧儉也從簡成祭。相率成禮！其失則何止千里也！來知德謂四不尙美食，五不尙盛祭。如此成風，盛世物阜以儉祖上血食，可乎？吾祖方茹毛飲血，享子孫犧牲已成，粢盛已潔，騂且角之禴祭，或易之沼沚之毛，蘋蘩之菜，強加神明曰黍稷非馨，明德惟馨。姚配中云：「竊謂非經本旨！」以文王，紂說者，吳汝綸亦言非是。丁壽昌已評程傳東鄰五，西鄰二，易皆就本爻設戒謂无此例。然則九五爻辭東鄰殺牛，不如西鄰之禴祭何謂耶？東坡先生云：「東西者，彼我之辭也。」折中引潘士藻曰：「東西者彼此之辭。」引姚舜牧曰：「借兩鄰爲訓。」不必實指離六二，上六，文王，紂等馭雜難理也。既濟九三之伐，六四之戒，如九五之盛者雖實臣戒君王而不名戒者，蓋悅人以福，人易悅而遵行。況祭與戎本國家大事，以祭設況喻譬，不言而自喻矣！若一之矣沼沚之毛可羞神，則四時之祭：祠、礿、嘗、烝。享先王以蘋蘩之菜可矣！何必大牢小牢，講究騂且角耶？禴之爲夏祭，大司馬獻禽，雖百穀未登而鮮嫩血食正茂，以年豐物阜，薄享脩德，神明亦降福邪？神任由能臣塑造「黍稷非馨，明德惟馨」之儉吝假相矣！

又東鄰殺牛以祭，雖不如西鄰之時行大祭，實受其福。其謂東鄰殺牛以祭，實受其福，神其歆享矣！若是，神受賄賂，唯豐祭是受，神靈被污染同生民之劣根性矣！吾知神不爲也。

又東鄰殺一元太武隆重視神，不如西鄰定時定量之礿祭，依規矩行事。定時則神靈无饑餒之憂，神實受人依法行事之福。受福者指得祀之有主神明。王夫之曰祭神而享曰福。三解：東鄰殺牛以祭，牛雖名大牢，而非特別畜養之犧牲，其色又非專指騂耶？角正邪夫，故禮雖重而誠意未達。不如西鄰按時依典之季祭，大司馬獻禽；依時序祭奉時羞新菜皆可。若以周禮之用騂牲，鄭司農謂春夏祭，則禴祭亦殺牛以祭，其牛乃犧牲且經挑選蓄育專用祀祭品，西鄰實受其福也者可无疑意矣！精神所到，神其來格矣。

第四依傳統衆易家謂厚祀穢祀淫祀奢祀，不如薄祭脩德誠信盡敬，實受其福。說者又以東紂西文王比附。

漢仕謂：東西不必専指任一爻，如東坡先生，潘士藻前輩之說，姚舜牧之謂借兩鄰爲訓。彼九五殺牛以祭，不如我九五亦殺牛而行時祭之實受其福。勉時祭時祖宗家法傳遞信息不可替也夫！東西鄰皆泛指作喻也矣！

上六、濡其首，厲。

象曰：濡其首，厲。何可久也。

荀爽：居上濡五，處高居盛，必當復危，故曰何可久也。

王弼：處極道窮則之未濟，首先犯焉，過不已則遇於難，故濡其首，將沒，危莫先焉！

孔疏：極則反於未濟，首先犯焉，若進不已，必遇難。既濡首，危莫先焉。

程頤：極，不安而危，陰處險體之上，坎水，濟亦水，故言其窮至濡首，危可知，既濟終，小人處之，敗壞可立待也。

蘇軾：既濟上六，畢濟之時也。陰居上末免於危也。

張浚：厲，危至。君德不剛則昏，讒害殆濡身，至濡其國而淪亡之矣！坎上互體重坎又在下爲濡其首。

鄭汝諧：終當變，又陰柔處之，烏能久哉！坎水故取濡首。

張根：此亦飲酒而濡其首，故謂終止則亂。

朱震：既濟極，六安位不變，必有顚隕陷溺之患。反三乾爲首，濡坎中危極矣！濟之窮可長乎？巽爲長。易傳曰：濟終小人處之，敗可立而須也。

項安世：上爲終，爲首，居濟終復陷險，如病愈復病，其能久乎？

李衡引陸：初沾尾象難在後，上沾首象難之極，極力不能濟，危甚，安可久乎！引薛：濡尾有後顧義，濡首不慮前也，恃濟至沒，危可知，險不虞後，終亂其義見矣！

楊誠齋：上六柔懦，懷亢滿之志，不知濟一又遇一，求載无宿舟，乃欲褰裳馮河，此必溺，危不可久生也。濡至則溺其身矣，坎水故濡。上六在上故首，此所謂初吉終亂者與！然猶有不信者何也？

朱熹：既濟極險體上，陰柔處之，爲狐涉水濡首之象。占者不戒危之道也。

趙彥肅：二陰克五，爻皆陽，上交沒之而已！

楊簡：上六不能豫防於早，至一卦之極，猶陰闇不悟，至濡首，危厲矣！何可久也，言其行沒溺矣。
吳澄：上爲首，居坎終，濟將及岸而濡首，雖不至溺死，亦危矣！
梁寅：陰居上，溺於淫樂如狐之涉濡首，安得不危乎！
來知德：志盈滿則惟知涉，上六澤水深矣，故滅頂，危可知矣！
王夫之：陰亢居上，恃得位而應，濟淹頂不恤，危哉！陰之亂至此不可弭矣！濡首則耳無所聞，目無所見。
折中引胡瑗曰：治極必亂，理之常也。治不思亂至窮極反於未濟。引薛溫其曰：濡首不慮前也，恃以濟至陷沒，危可知！
李光地：濟終則亂，又以陰柔之德居之，濡首象，不能自振矣，危之道也。
毛奇齡：首濡矣，故曰柔不可止也，濟亦不可久也，所謂終亂如此。
李塨：上六陰柔，自足自玩，不覺沉溺坎窞而濡其首矣！欲久可得耶！上六濟而惰止遂成終亂。既濟不可苟安也。
張惠言：（注）乾爲首，五從二，上在坎中，故濡首，厲，位極乘陽，故何可久。
姚配中：案坎爲下首，位極乘陽，反成未濟，在兩坎下故濡其首，厲。坎水潤下爲下首故濡其首，此既濟之極，反成未濟，所謂終亂也。
吳汝綸，上之濡首，苟以必當復危說之，最善，復危則難又在前，故象濡首也。

馬其昶引薛溫其曰：濡尾有後顧，濡首不慮前，遂至陷沒，終亂之義見矣，引王子申曰：不言凶言厲者，欲人知危速改則濟可保。案：終亂，當動化陽，不以失位爲嫌，言當速化。

丁壽昌：未濟上九亦言濡首，不必定指爲狐。首上六象，在坎之上故濡其首。位極乘陽故何可久。

曹爲霖：上陰居險極象，爲濡首，如宋徽宗惛德，梁武帝嘆自我得之，自我失之，對侯景之陷臺城復何恨，此眞既濟侈肆無備，以至濡首者也。

星野恆：陰柔居險極必至招災，猶人濟水濡其首，宜其見厲也。

李郁：上爲首，坎水沒頂故濡首，言進化之遲緩也，危難而能自勉故曰厲。

胡樸安：濡首危矣！不可久持！始終借濟水言之，思患豫防義也。

高亨：亦指渡水言，渡水濡其首，其去滅頂之禍不遠矣！

李鏡池：與初九濡其尾參看。或指車過河時，車頭跌進水裡，很危險。初上說旅行，二四服飾說，三五邦國大事。說明對立轉化之理。

徐世大：濡尾小小失算，濡首是根本錯誤。濕了頭有毛病過涉滅頂，成等於未成，不可不戒者。

張立文：濡漬濕也。上六處極位，過進則遇難也。譯：上六，渡水而水濕了他的頭，有危險。

嚴靈峯：（尙）六，濡其首，厲。

金景芳：濡首和濡尾可對照聯系看。狐狸過河，把腦袋都淹了。

傅隸樸：上六在九五之外超過既濟，由安全回到險難中，頭沒入水故濡其首厲，厲爲險難。上六陰柔小人，帝王之德先敗，禹湯之業所以亡於桀紂者，勢所當然。

徐志銳：上六經過五爻位變化，成功轉向失敗，濡首是將頭浸在水裡。既濟从矛盾統一到矛盾排斥、對立，鬥爭，最後以失敗告終。

朱邦復：既濟之終，不知其機，危厲。

林漢仕案：既濟卦辭初吉終亂。初之濡尾失平穩，掣止前進車輪，緩進審慎待時也，故爻許无咎；六二附屬主體失蹤，躊躇不得前進，迷時卜師議遲遲吾行可也，不必急於一時；九三雖仍處艱難，然得伸展大志，犧牲奮鬥，攘外以求安內，果然功不唐捐；六四烈業有瑕疵，背負包袱重，補苴罅漏，如在巨流中折衝，戒慎恐懼，兢兢業業；九五勉祖宗家法不可廢，傳遞血食，廟祭依規矩來，則神受血食得福，人亦相得而安也。今本爻上六濡首厲，濡首當係指濕首言，首濕則耳无所聞，目无所見（王夫之言）滿頭霧水，不祇自疑，人亦疑之。又濡首象謂飲酒不知節。（未濟）曹爲霖謂濡首非水，酒也。漢仕特點出獨樂樂與衆樂樂孰樂。以孟夫子諷齊王語作本爻關鍵性之詮釋。上六與衆樂樂而樂，則江山萬里，固若金湯，唯恐王之不飲酒耳。顧相謂曰：吾王迨有疾病矣？否則何爲不酒飲也？然則六四之烈業有瑕疵，戒慎恐懼以來至九五而漸廢血食矣！有諷以不如西鄰之禴祭，實受其福。既濟結構已見鬆弛。王夫之謂濡首則无所聞，目无所見。先輩有謂濡首者酒，沉溺坎窞，濡首不慮前，從而可知上六之酒食拒於衆樂樂，與群小佞給作長夜飲也，此獨夫之樂，象故斷然指斥「何可久也」！茲輯衆賢對本爻要點評論如后：

象曰：濡其首，厲，何可久也。

荀爽：居上濡五，必當復危。

王弼：過不已則遇於難，故濡首將沒。孔疏謂若進不已，必遇難。

程頤：險處坎體上，窮至濡首，危可知。

蘇軾：畢濟時陰居上，未免於危也。

張浚：君德不剛則昏，讒害濡身至濡國而淪亡矣。

鄭汝諧：終當變，烏能久哉！坎水故取濡首。

張根：此飲酒而濡首，故終止則亂。

朱震：六不變必有顛隕陷溺之患。

項安世：上爲首復陷險，如病愈復病，其能久乎？

李衡引：濡尾有後顧，濡首不慮前。終亂義見矣。

楊誠齋：上六在上故首，柔懦亢滿，欲褰裳馮河，必溺，此所謂初吉終亂者與！

朱熹：柔處極險體上，狐涉水濡首象。占者不戒危之道也。

趙彥肅：二陰克……上六沒之而已！

楊簡：上六陰闇不悟濡首，危厲矣！何可久也。

吳澄：濟將及岸而濡首。雖不至溺死，亦危矣！

來知德：志盈滿惟知涉，澤深矣故滅頂，危可知矣！

王夫之：濡首則耳無所聞，目無所見，淹頂不恤，危哉！

折中引：治極必亂，治不思亂，窮極反於未濟。

李光地：濟終則亂，又柔居之，濡者不能自振矣！

毛奇齡：首濡柔不可止，所謂終亂如此。

李塨：上六濟而惰止遂成終亂。既濟不苟安也。

張惠言：上在坎中故濡首，位極乘陽，故何可久！

姚配中：在兩坎下故濡其首，極反成未濟，所謂終亂也。

吳汝綸：上之濡首，苟復危說之最善，復危則難又在前。

馬其昶引：言厲者欲人知危速改，當動化陽。

丁壽昌：坎之上故濡其首，位極乘陽故何可久。

曹爲霖：上陰居險極，如徽宗惛德，梁武嘆自我得，自我失。既濟侈肆無備也。

星野恆：陰居險極必至招災，猶人濡首宜見厲也。

李郁：坎水沒頂，言進化遲，危難能自勉故曰厲。

胡樸安：始終借濟水言之。思患豫防義也。

高亨：渡水濡首，去滅頂不遠矣！

李鏡池：或車過河時，車頭跌入水裡，很危險。從旅行服飾，邦國大事，說明對立轉化之理。
徐世大：濡尾小失算，濡首根本錯誤。成等於未成。
張立文：渡水濕了頭，有危險。
金景芳：狐狸過河，把腦袋都淹了。
傅隸樸：上六陰柔小人，帝王之德先敗，亡，勢所當然。
徐志銳：上六成功轉向失敗，既濟以失敗告終。
朱邦復：既濟之終，不知其機，危厲。

獨樂樂，人民百辟舉疾首蹙頞相謂曰：吾王何以不仁而至此哉，救祖宗基業功敗垂成。好飲酒使我至於斯極！其成也蕭何，敗也蕭何邪！天下自我而化，自我而失，醒醒起來，吾王庶幾免乎！王之充耳不聞也，蓋或陰柔志滿，欲起拯而乏力，所謂柔懦亢滿，蹇裳馮河者也乎？厲，起也，免也。因濡首而起惕厲，聞善足喜，聞過即改，天下无亡國敗家之事矣！祖宗家業可保，本身亦圓滿以終也！奈何其占既濟上六當如是。易家從中理出起衰振微仙方，盼有惛德侈肆無備之君，起死人肉白骨而成治，猶盼惡色狼與黃花閨女同室而謀全貞操；眼鏡蛇，波斯貓，老鼠同籠祈和平共存，其不可得也明矣。既濟上六濡首者，能從一葉知秋之不遠，起而革心，革新乎？能履霜知堅冰至乎？孟子所謂不仁者可與言哉！安危利災，樂其所以亡者。是自作孽也，不可追也乎？上六剛愎自用者，自作孽也。上六不暇自哀而後易家哀之；後人讀易而不知鑑，亦使後人而復哀後人也！

䷿ 未濟（火水）

未濟，亨。小狐汔濟，濡其尾，无攸利。

初六，濡其尾，吝。

九二，曳其輪，貞吉。

六三，未濟，征凶。利涉大川。

九四，貞吉。悔亡。震用伐鬼方，三年有賞于大國。

六五，貞吉。无悔。君子之光，有孚，吉。

上九，有孚于飲酒，无咎。濡其首，有孚失是。

䷿未濟，亨。小狐汔濟，濡其尾，无攸利。

彖曰：未濟，亨。柔得中也。小狐汔濟，未出中也。濡其尾，无攸利，不續終也。雖不當位，剛柔應也。

象曰：火在水上，未濟。君子愼辨物居方。

子夏：坎稱小狐。孟喜汁坎，穴也。狐穴居，小狐濟水，未濟一步，下其尾，故曰汔濟濡尾。

荀爽傳彖：柔上居正，與陽合同故亨也。雖剛柔相應而不以正，由未能濟也。

鄭玄：汔，幾也。

王肅：坎爲水，爲險，爲隱伏。物之在險，穴居隱伏，往來水間者狐也。

干寶：坎爲狐。說文汔，涸也。案剛柔失正故未濟。五居中應剛故亨。小狐力弱，汔乃可濟。水既未涸而濟故尾濡无所利。　傳象：狐，野獸之妖者，喻祿父。中謂二，困處中。託紂雖亡國，祿父猶得封矣。祿父不敬奉天命，叛被誅也。六爻皆應故微子更得爲客也。

陸績：離炎上，坎務下，二象不合，各殊陰陽也。

王弼傳彖：以柔處中，不違剛也，能納剛健故得亨也。

孔正義：未能濟渡，小才居位不能建功立德，拔難濟險，若能執柔用中，委質賢哲，則未濟有可濟之理，所以得通。汔者將盡之名，小狐渡水无餘力，必水汔方可涉。

司馬光：狐審于濟水。汔，幾也。幾濟而陷，猶未濟也。濡其尾无攸利，未出險中而力盡不繼也。

程頤：未濟時有亨理，狐濡尾則不能濟。小狐勇濟，汔當爲仡，壯勇狀。不能濟，无所利矣！

蘇軾：柔得中謂六五也，陽乘陰，上下分未定，未可有爲。汔，涸也。初六，六三見水涸以爲可濟，是小狐汔濟。九二以爲不可，曳其輪不進。初六濡尾，知者不能善其後。

張浚：未濟何以亨？蓋六五柔得中，正位在上，二四剛德，應比之卦剛柔莫不相應，是終可濟是亨。小狐喻不度德量力，果行以濡尾，无攸利焉。未濟柔在下，剛德衰若小狐之濡其尾。

張根：處未濟而不果如此，何利之有！

朱震：六二柔中上行，天地交則亨。柔中不能亨乎？故曰未濟，亨，柔得中也。以二五言未濟。艮坎狐、小狐初爻。上首初尾，孟喜曰小狐濟水，未濟一步，下其尾，故曰小狐汔濟，未出中地，濡其尾，无攸利，不續終也。爾雅蟣汔也。詩汔可小康。鄭康成汔，幾也。

項安世：柔爲主，六爻皆不當位，小，狐皆陰類，儒尾即不能全濟，險未濟，他又何利？故无攸利。柔中與剛應，自有致亨之理。初至五幾濟，未能出中，至上事猶未終，故爲未濟。

李衡引虞：六爻皆錯故未濟。引于：剛柔失正。五中應剛故言。小狐力弱而濟故尾濡。引陸：小狐所疑之象，失位違衆獨濟非正，後莫之繼，沾尾故不續終。引石：未濟終篇者，存王道知終始也。易取生生不絕義，火在水上不能烹飪。曰未濟言猶有可濟之理。

楊萬里：易之辯邪正，儆勤怠，戒治亂，變无息，聖人處之亦无息，此易道也。未濟在有進爲克終之才，濟斯亨矣！三陽失位而弱於才，如狐濟恨小，幾濟而衰，事幾成而敗。柔得中謂六五，未出險中。二五一陰一陽自相應。

朱熹：未濟，事未成之時也。水火不交，不相爲用。六爻皆失位。汔，幾也。幾濟而濡尾，猶未濟也。如此何利哉！

趙彥肅：陽皆在上，陰皆在下，情未濟；陰陽皆不當位，義未濟。

楊簡：六五柔得中，有亨道。然柔疑懦象。狐好疑，小其弱者，汔濟微濟也。六五未出中，有濡尾無攸利象。

王應麟：未濟三陽失位，程子得之成都隱者。朱子謂火珠林已有，蓋伊川未曾看雜書。集證引語類：伊川在涪，方讀易，有箍桶人問伊川，伊川不能答，其人云：三陽失位，火珠林上已有，火珠林猶漢人遺法。又史記引易狐涉水，濡其尾。言始易終難也。

吳澄：水火不相爲用。六五柔中故亨。三四五坎狐，五柔故小狐，汔幾，言幾及上，出水登岸而猶未濟。初六尾濡水則不能濟，故无所利。

梁寅：火水不相交，六爻皆失正也。五柔知人，二剛中出陰爲己任，小狐勇濟，老則多疑。勇不度時量才故濡尾而无所利矣。

來知德：時至則濟，俟時故亨。居下卦曰小狐。水涸曰汔。此指水淺處。深則濡尾，不能涉矣！占者无攸利可知，必持敬畏心方可濟而亨也。

王夫之：火炎上散，水流下涸，不相爲用。三陰三德失位，以陰道成毀言。陰得中而麗明故亨。得位而亨，欲行則无利也。故擬之小狐濡尾，若有幸辭焉。

折中引胡炳文：水火不交爲未濟，非不濟也，未焉爾！案戒人敬愼，不可一息忘敬愼也。

李光地：既未濟猶泰否也。汔濟濡尾之戒則其亡其亡之心也。

毛奇齡：未濟亨，終濟也。內坎爲狐，三五坎小狐，乃小狐之濟，正丁坎剛之外，離剛之內，柔未能出，幾濟仍未濟！汔，幾也。六爻皆不當位，剛柔相應，何勿終焉！

李塨：離上坎下，內之正坎接三五之坎而阻於上九，濟不至於盡。五柔正居兩剛上卦之中，可濟而亨。三五互坎，體未全爲小狐，至五幾濟，尾濡不續其終，何所利乎！

張惠言：（注）否二之五，柔得中，天地交故亨。六爻皆錯故稱未濟。艮爲小狐謂四，汔，幾也。狐濟幾渡而濡尾，未出中也。艮爲尾謂二，在坎水中，失位无攸利，不續終也。

姚配中：（注）未濟男之窮也，物不可窮，故受之以未濟。窮則變，變則通，窮不窮矣！故未濟亨，尾謂初，初最下故曰尾濡，尾不進不能成既濟，六爻失正，故无所利也。

吳汝綸：太云擬未濟爲將。未濟之亨，以其有可濟之才也。以陽言謂二也，剛在險中，上求四與上皆無阻，故亨。狐陰象，狐小前大後，小狐濡尾，則大狐不濟矣，故不續終也。

馬其昶引喬萊曰：小狐專指初，既濟亂在終，未濟難在初，過此未必不濟。案：二未出中，初在二下值尾位，濡固宜。史記黃歇曰濡尾言始易終難也。引胡炳文曰：水火互藏其宅。案：剛柔失正，陰陽皆老可變化成既濟。

丁壽昌：說文汔云水涸也。鄭云幾也，康成是也。既濟生亂，未濟無終，皆一念之怠，君子所以貴自強不息。

曹爲霖：子夏傳坎爲小狐。未濟求濟，狐有媚人求濟者。宋徽宗乙巳九月有狐升御榻。按狐胡也。金人取小舟濟，金人笑南朝無人，以一二千人守河，我豈得渡哉！

星野恆：汔幾也，可小康。卦上下不交，不相爲用。六五柔中，事能亨通。初陰下小，狐陰類，用剛必敗事。君子外審時勢，內量己才，所以能處世而無過也。

李郁：六五卦主，水火不交，弗相爲用是稱未濟，非不濟也故有亨理，狐柔多疑，祇小物耳。初尾在坎下故濡尾，六爻失正而相應，內外維係難于自動，故无攸利也。

于省吾按：汔乞古通。鄭康成訓汔爲幾。按幾，祈古通。祈乞同訓。小狐乞濟，言小狐求濟也。虞讀幾如字失之。

胡樸安：男子處窮之道也。既濟後當存未濟之懼也。亨者會議以未濟處既濟之道。言小狐力弱，幾濟而濡其尾，无攸利者，以未濟道處既濟，窮則變，並非有利未濟。

高亨：亨即享字。古人嘗享祀，筮遇此卦故記亨。汔，涸。小狐不能泅水，涸後渡，乃水未盡涸，急欲渡，遂招濡尾身沒之禍。此誤濟溺身之象。自無所利。

李鏡池：小狐渡水，差點渡過時卻濕了尾巴，不妙！說明濟中還有未濟。

徐世大：未成事；普徧。小狐渡水將畢，濕了尾巴，沒有什麼好處。未濟或將到岸，可能發生不及料之事故，從事者宜全力避免。

屈萬里：風俗通：「里語稱狐欲渡河無如尾何。」釋文鄭玄曰汔，幾也。傳象方，猶事也。見后不省方，王注。

嚴靈峯帛書：未濟，亨。小狐（气涉），濡其尾，无攸利。

張立文：漢初易本作「涉」，後人改「濟」。「气」假借爲「汔」。說文水涸也。毛傳詩汔可小康爲「危」。水涸未盡仍有危險也。濡濕，水濡尾則全身沒水中，必將溺死，小狐無知也。

金景芳：處未濟時代，可以亨，但要敬愼。程傳說小狐未能敬愼故勇于濟。本義汔，幾濟而濡尾，猶未濟也。

傅隸樸：未濟是待時而濟。初六坎下故曰小狐，汔，幾。差不多，差不多快上岸時沒入水中，接既濟濡首，本卦連尾也沒入。志雖可嘉，又有何用呢？對有濟世志而無才的惋惜。

徐志銳：未濟爲未取得成功，繼續奮鬥，亨道在其中。未濟至五，功虧一簣，過柔不濟，過剛壞事，六五陰居陽位得亨。幼狐經驗不足，幾濟，凶多吉少无有利了。

朱邦復：亨，事未成，半途而廢，無利。

林漢仕案：小狐汔濟。按字書汔，解作1.涸也；2.盡也；3.近也；4.蹺也；5.其也；6.幾也；6.危也；8.或曰泣下从水气聲。今易傳前賢釋汔，程子另起爐灶，以汔當爲仡，勇壯狀。于省吾：汔乞古通。

其餘如鄭玄汔，幾也。干寶：說文汔，涸也。孔穎達：汔者將盡之名。司馬光：幾也。蘇軾：涸也。朱震：爾雅譏，汔也。詩汔鄭注幾也。朱熹：幾濟猶未濟也。楊簡汔濟微濟也。其後學者即从涸，盡，幾，危著力。程子改字，以汔當爲仡。于省吾回歸本字乞，求也。大意皆在小狐未濟終，嘆其始易終難，勉人慎始敬終，試觀六爻之意爲：

初六一往無前，濡尾疑有物掣其後也，疑多必瞻前又顧後，蓋時未可矣夫！

九二徙前濕尾之躁，剛中應五，察乎見不可，行不可，際不可，時不可之勢，退而結網有所爲也。

六三繼初，二之戒。六三前期正（征）亦凶，動輒有咎也。六三後期利涉矣，動象已著。

九四之卜吉乃物理循環也，天定大逆後大順，經由立功獲賞，由外而內穩固基礎也。

六五天命吉无悔也。役人而不自役，文武爭馳，賢者聽使，不肖者亦皆兢兢已業不敢稍解，居中天盛位，光被四表，不造作，一任自然，故其吉之又吉，懼其日方中方仄也乎？

上九與衆樂樂也，繼六五又孚續杯，享久安長治之樂，然縱肆而信失，親近幸而遠賢臣，孟子所謂憂患生，安樂死者，正戒人久要不忘平生之言也。知其病病，是以不病。滿頭霧水，甩甩可去，如其孚信失何？戒之深也。

今卦辭未濟，亨。小狐汔濟，濡其尾，无攸利。正見全卦之意爲未濟亨通，嘉之會也，无所壅礙也。小狐汔濟者，狐，項安世謂小，狐皆陰類。彖傳謂未出中，子夏傳狐穴居。干寶謂狐，野獸之妖者。若以人喻，不正乃人君所嬖幸得寵之近佞乎？以君寵，引君遠賢獨樂，小狐，近幸佞給也，甭管狐之涸濟，勇濟，盡濟，幾濟，危濟，乞濟，皆以小狐言，濟與未濟，影響人君之濡濕其尾，所謂尾大不掉，疑神疑鬼，迷濛政事，於家，於國，於事業皆无所利，不能慎終如始也。而其大原則仍未濟，雖晚昏於私暱，所幸群小之幾濟而未濟，不能誘導順承君之變而成災也，故以无攸利作結。雖然，仍須檢視易學大家之廣視以爲借鏡，集說如后：

彖謂柔得中，未出中，不續終。

象謂君子慎辨物居方。

子夏謂小狐未濟一步，下其尾。

荀爽：柔上居正與陽合故亨，剛柔應不正，由未能濟。

鄭玄汔，幾。干寶引涸。五亨二困，剛柔失正故未濟。

王弼：柔處中不違剛故得亨。孔疏：未能濟渡。必水盡方可涉。

司馬光：幾濟而陷，力盡不繼，猶未濟也。

程頤：汔當爲仡，壯勇狀。不濟无所利矣！

蘇軾：柔中六五也。上下分未定，未可有爲。

張浚：終可濟是亨。柔在下剛德衰，若小狐之濡其尾。

朱震：亨，六二柔得中也。小狐初爻，汔濟，未出中也。

項安世：柔中與剛應，有致亨之理，未能出中故未濟。

李衡引：六爻皆錯故未濟。沾尾故不續終。火在水上不能烹飪。未濟有可濟之理。

楊萬里：柔得中謂六五，未出險中。三陽失位弱才，如狐濟恨小，幾成而敗。

朱熹：水火不相爲用，幾濟濡尾，猶未濟也。

趙彥肅：陰陽皆不當位，義未濟。

楊簡：六五柔得中有亨道。然懦好疑，汔濟微濟也。

王應麟：三陽失位。狐涉水濡尾，言始易終難也。

吳澄：六五柔中故亨。五小狐，言幾及上猶未濟。

梁寅：小狐勇濟，不度時量才而无所利矣。

來知德：時至則濟，俟時故亨。必持敬畏心方可濟而亨也。

王夫之：陰陽失位，陰得中麗明故亨。欲行无利故擬小狐。

折中：戒人敬愼，不可一息忘敬愼。

李光地：汔濟濡尾之戒，其亡其亡之心也。

毛奇齡：未濟亨，終濟也。汔，幾也。六爻皆不當位。

李塨：五柔居兩剛上卦之中，可濟亨。尾濡不續終。

張惠言：否二之五柔得中，天地交故亨。艮小狐謂四，失位无攸利，不續終也。

姚配中：未濟男窮。窮則變，故未濟亨。尾（初）不進不能成既濟，六爻失正故无所利。

吳汝綸：未濟亨，以其有可濟之才也。謂二。小狐濡尾，大狐不濟矣，故不續終。

馬其昶：小狐指初。二未出中，初在二下値尾位。始易終難。失正可變化成既濟。

丁壽昌：既濟生亂，未濟無終，一念之怠，君子貴自強不息。

曹爲霖：坎狐，媚人求濟。宋徽宗乙巳九月有狐升御榻。按狐，胡也。金人取小舟濟。

星野恆：狐陰，用剛必敗。君子量才處世而無過也。

李郁：水火不相爲用稱未濟，非不濟也，故有亨理。

于省吾：汔乞古通，祈乞同訓。言小狐求濟。虞讀幾如字失之。

胡樸安：男子處窮之道。既濟後當存未濟之懼也。

高亨：亨即享字。汔，涸也。小狐不能囚水。濡尾沒身之禍。此誤濟溺身之象。

李鏡池：小狐渡水，差點渡過時濕了尾巴。

徐世大：將到岸可能發生不及料之事，宜全力避免。

屈萬里：里語狐欲渡河，無如尾何。傳象方，猶事也。

張立文：水濡尾則全身汲水中，必將溺死，小狐無知也。

金景芳：處未濟時代可以亨，但要敬愼。

傅隸樸：待時而濟，初六坎下故稱小狐。對有濟世志而無才的惋惜。

徐志銳：未成功，繼續奮鬥，亨在其中。幼狐幾濟，凶多吉少，无攸利。

朱邦復：事未成，半途而廢，無利。

以上可見：小狐象及其德之形成：

坎稱小狐。（子夏）

坎爲水爲險爲隱伏，物在險穴居隱伏，往來水間者狐也。（王肅）

初六，六三見水涸以爲可濟，是小狐汔濟。（蘇軾）

小狐喻不度德量力，柔在下剛德衰若小狐之濡其尾。（張浚）

艮坎狐，小狐初爻。（朱震）

小，狐皆陰類。（項安世）

小狐所疑之象。（李衡引陸）

柔疑懦象。狐好疑。（楊簡）

史記引易狐涉水，濡其尾。言始易終難。（王應麟）

三四五坎狐，五柔故小狐。初六尾。（吳澄）

居下卦曰小狐。（來知德）

三陰三陽失位，以陰道成毀言……故擬之小狐濡尾。（王船山）

內坎爲狐。三五坎小狐。（毛奇齡）

三五互坎，體未全爲小狐。（李塨）

艮爲小狐謂四。艮爲尾謂二。（張惠言）

小狐濡尾則大狐不濟矣！（吳汝綸）

小狐專指初。既濟亂在終，未濟難在初。（馬其昶引喬萊）

狐有媚人求濟者。又謂金人爲狐，胡也。（曹爲霖）

小狐不能泅水。里語狐欲渡河無如尾何。（高亨，屈萬里）

濡尾必將溺死。（張立文）

初六坎下故曰小狐。對有濟世志而無才的惋惜。（傅隸樸）

幼狐經驗不足，幾濟，凶多吉少。（徐志銳）

坎狐，艮亦狐，（謂四）穴居往來水間亦是狐。五柔小狐，初爲小狐，三陰以成毀言故擬之小狐。內坎狐，三五坎小狐，三五互坎體未全爲小狐。未濟幾成狐之世界矣！不度德量力，陰類，多疑懦弱，對有志無才之惋惜。又濡尾必溺死。王肅謂往來水間者狐也。狐雖非水生水養，以穴居，往來皆陸路爲主，然値水亦多能游，蓋動物性也。王應麟稱本卦始易終難，馬其昶引謂未濟難在初。蓋始易者易其所難乎？稱難在初則易在終矣，易在終則不能愼終如始者，前功盡棄矣！稱終難者，其守成之不易也夫！

初六、濡其尾，吝。

象曰：濡其尾，亦不知極也。

王弼：最居險下，不可濟，應則溺身。陰處下非進亢遂志，困能反故不曰凶。量必困乃反頑亦甚矣，故曰吝。

孔正義：應如小狐渡川濡其尾也。始既濟上六濡首，此濡尾，已沒其身也。處下陰非進亢，困能反故不曰凶。不能豫昭事之幾，困反頑甚故曰吝。

程頤：柔下處險應四，居有應則志上，四非中正之才，不能援濟，濡尾不能濟，不度才力而進，終未能濟可羞吝也。

蘇軾：水火相射極乃致用，故濟必待其極汔，濟非其極也。

張浚：重坎下爲濡尾，初雖有剛陽之應，才弱志險，不足與有爲，進必速禍，爲吝大矣！

張根：此亦曳其輪而濡其尾者也。

朱震：卦後爲尾，坎水濡之。初柔，九二以剛在前阨之，柔不能動，吝也。猶欲濟力柔，水濡尾，終不出乎險矣！

項安世：諸爻皆未濟，故初濡尾，全體自可吝，非初罪。然初柔暗非能知終者，故以吝責之。知不足力不竟也。

李衡引子：柔濟險，初始涉，近淺猶濡，深遠必不濟。引陸：陰質險始，未能自濟，可退則退，尚蚤未入險，心吝而已。

楊萬里：弱於才者也，幾濟而濡其尾，憂其濡而不濟也，故吝。謂才小弱，終无成而不自知。吝者力不足之辭也。

朱熹：以陰居下，未濟之初，未能自進，其象占如此。

楊簡：初六濡其尾，是濡首，及身，以至尾。文過曰吝。初自以爲能濟，冒昧而往，其凶甚明。

吳澄：即象辭所謂小狐之濡其尾者。吝，占也。

梁寅：小狐汔濟，濡尾之吝其能免乎？

來知德：六才柔又无位，不量其才力冒險以進，吝道也。

王船山：柔弱在下，欲濟不能。初无求利之心，利亦違之，爲吝而已。

折中引張振淵曰：所謂小狐，正指此爻，新進喜事，急於求濟而反不能濟，可吝孰其焉！

李光地：初尾位，又有童稚小子之象，所謂小狐者也。柔當未濟，時未可而急進，不能濟必矣！

毛檢討：初未出中，與中遠，見摧于陽，居水裔求濟，尾則濡矣！

李塨：未濟先濡尾，以爲水弱可玩，茫茫洪波，不亦吝乎！

張惠言：（注）應在四故濡尾，失位故吝。四在否艮故爲尾，四濡尾故不應初。

姚配中：案在坎下故濡尾，失位故吝。又六爻失正，急當自化，濡尾不進，不知極之當反，終不化故曰亦不知極也。

吳汝綸：既濟濡尾，牛也，此則狐也。狐長尾謂初也。

馬通伯引張振淵曰：新進喜事，急於求濟而反不能，可吝孰甚。其昶案：既濟初離牛，曳車濡尾无咎。未濟初坎狐冒進，遽下尾致濡故吝。初上二爻失位不變之戒。

丁壽昌：坎爲狐，初爲尾，尾在坎水之下，故濡其尾，皆初六本爻之象。李資州謂四在五後稱尾，非也。

曹爲霖：誠齋傳初九強於才者，故无咎，初六弱於才者故吝，管仲三歸反坫，絳侯驕主色，初九濡尾也。

星野恆：陰柔居下，雖有正應而不能自進！猶獸濟水濡尾爲可羞吝也。蓋時不可，才陰柔，雖有人援引，豈能得志！

李郁：初尾在坎內故濡其尾，初動失應，不動失位故吝。

胡樸安：既濟濡尾在曳輪後，此爻濡其尾在曳輪之前，是未濟時故吝。

高亨：此指人渡水。非指狐渡水可知矣！人知渡水僅濡尾，其水不深，自可无禍，亦不易，故曰濡其尾吝。

李鏡池：濕了尾巴，倒霉。說明不濟。

徐世大：濕了他的尾巴，笑話。指一切戒愼之外不免發生事故，如屬小小節目，亦成爲笑柄。

屈萬里傳象極，終極也。不知極蓋即象傳「不續終」之志。

嚴靈峯帛書：濡其尾，（閵）。

張立文：閵假爲吝。此爻濡其尾，非指小狐。若指小狐則意重也，其指人涉水而打濕後衣裳而言。閵，有艱難。

金景芳：程傳獸之濟水，必揭其尾，尾濡則不能濟。不度力而進，可羞吝也。就是說居初要敬愼，急于前進，不是不能成功的。

傅隸樸：陽位柔居，弱質鉅任，想犯難往應四，結果一身俱沒，吝是恨惜辭。初六濡尾是不知濟難之略。

徐志銳：初六失位不中，正是幼狐不度才力貿然涉水，游未到彼岸，力不濟游不過去了。

朱邦復：不自量力，有吝。象：處險應四，四非才，不能濟象。

林漢仕案：卦名未濟，知其大原則以濟，言其未也。卦辭明謂「小狐汔濟。」高亨獨排衆議「非指狐渡水可知矣！指人渡水。」六十回卦孰非人事？舍引喻而歸本易爲君子謀，迨非作易者善譬之意也乎？劉向說苑善說篇：彈之狀如弓，以竹爲弦，則知之乎？是易之譬也，使卜者知之耳。高亨之言不知所謂喻也乎？狐以挾尾爲常態，狗以挾尾爲憤怒沮喪，有所警惕，緊張反撲之象，若夫瘋狗則習以垂尾示病態也！狐不論大小皆習以挾其尾縱橫活動，挾尾乃常態並穩定方向，狐性多疑，警覺性高從茲可見。今未濟，以小狐汔濟言其无攸利。汔，鄭幾也；干寶引涸也；孔穎達汔者將盡之名；程頤以汔當爲仡，壯勇狀；楊簡謂汔濟微濟也；王應麟云言始易終難；于省吾汔乞古通，幾祈古通，祈乞同訓，言小狐求濟也。虞讀幾如字失之。

幾濟也；涸濟也；壯勇以濟也；祈求濟也；皆有一往無前之意。王應麟之始易終難，星野恆之初小，狐陰類，用剛必敗，似皆只從眼前現象著墨，無視二四五之貞吉。初六之濡尾，蓋乃狐之常態下進行，渡河一往無前乎？獸多善水，惟狐性多疑，尾大而濡，平衡穩定之舵濡濕，則疑有物掣其後也，渡時狐本身必有所悔吝。易家謂濡尾爲沒身，不度力，急求濟反不能濟，結果一身俱沒，吝是恨辭。設狐濡尾爲溺水，一身俱沒，則九二之曳輪，六三之利涉大川，九四之貞吉，六五君子之光，上九之有孚飲酒。乃徒具其文，空无所指矣乎！爻有二三四五上，是知初之濡尾非溺沒其身，可羞吝也。狐尾大而濡，固是累贅，固有悔吝，及至水沒身矣，必奮力或前往，或回游退卻，觀乎悔吝之文，畏怯退縮多於奮力其濟也。是信心不足，易其所難之病乎？星野恆之小狐陰類，用剛必敗，王應麟之始易終難，迨指此乎？雖然易家之見，或從爻辭，爻位論其濡尾之所以吝，得輯而比較以明究竟：

初六，濡其尾，吝：

象：亦不知極也。（初无知，不知天高地厚也）

王弼：居險下不可濟，陰下量困乃反，頑甚！

孔正義：濡尾已沒其身，不能豫昭事之幾。

程頤：應四不能援，濡尾終未濟，可羞吝也。

蘇軾：濟必待極汔。（涸也）
張浚：初才弱志險，不足與有爲。
張根：此亦曳輪濡尾者也。
朱震：初柔，二剛陁之，柔不能動，吝也。
項安世：初知不足，力不竟，非初罪。
李衡引：近淺猶濡，尚蚤未入險，心吝而已！
楊萬里：憂其濡不濟也。吝者力不足之辭。
朱熹：初未能自取，象占如此。
楊簡：初冒昧往，其凶甚明。
吳澄：不遽濟而終可濟故无咎。
梁寅：濡尾之吝能免乎？
來知德：才柔又无位，不量力冒險進，吝道也。
王夫之：初无利心，利亦違之，爲吝而已。
折中引：新進喜事，急濟不濟，可吝孰甚焉。
李光地：童稚小狐，未可急進。
毛奇齡：初未出中，見摧于陽，求濟尾則濡矣！

李堪：以水弱可玩，不亦吝乎！
張惠言：應四故濡尾，失位故吝。
姚配中：坎下故濡尾，失位故吝。
吳汝綸：狐長尾謂初。
馬通伯：遽下尾故吝。
丁壽昌：坎狐初尾。李資州謂四在五後稱尾，非也。
曹爲霖：弱才故吝，管仲三歸反坫，絳侯驕主色，初九濡尾也。
星野恆：時不可，雖有援引，豈能得志！
李郁：初動失應，不動失位放吝。
胡樸安：未濟時故吝。
高亨：人渡水濡尾，水不深。
李鏡池：濕了尾巴，說明不濟。
徐世大：一切戒慎外不免發生事故。
屈萬里：終極即不續終之志。
張立文：非指小狐，指人打濕後衣裳。
金景芳：渡水必揭尾，尾濡則不濟。

傅隸樸：應四結果一身俱沒，吝是恨辭。

徐志銳：幼狐涉水，游未到岸，力不濟游不過去了。

朱邦復：不自量力，不能濟象。

吝之言未濟，可羞吝；（程頤）言九二以剛阨之，柔不能動，吝也；（朱震）心吝而已；（李衡引）以水溺可玩，不亦吝乎！（李塨）失位故吝；（張惠言）遽下尾故吝；（馬通伯）弱才故吝（曹爲霖）吝是恨惜辭；（傅隸樸）不自量力，有吝。（朱邦復）

卦本未濟，而程子以未濟爲初六可羞，猶稱孔子七十四卒爲可羞，孟子八十四卒爲可羞！生死是命，死生非由己，何羞之有？卦本未濟，何獨謂初之吝爲可羞？朱震謂剛扼之，柔不能動，吝也。若非前有九二，則卦變矣，卦變則非未濟，奈何未濟爻辭各有專屬，其結構如此也。九二乃初六之進程，前輩从卦各爻中，序其矛盾而生大業，無怪毛奇齡大發牢騷謂一往鶻突！李衡引陸謂尙蚤未入險，心吝而已。蓋是矣夫！由悔吝而回頭，回頭亦是岸，苟非必然，狐亦知命矣夫？狐尾大毛多，蓬鬆下垂，今濡濕必增其重而失平衡，本多疑者狐，顧後又瞻前，濡濕其尾尾重不掉本身即吝也，李衡引陸說似可參考。傅公隸樸之「結果一身俱沒，吝是恨惜辭。」似有參酌，蓋必非是也。

至於初尾耶？李謂四在五後尾耶？應四故需尾耶？以爻言爻，皆未離爻立說，應四者初也，是初爲尾者未變也。曹爲霖以管仲三歸反坫，絳侯驕主色爲初九濡尾也，其比譬似不當。星野恆之「蓋時不可」，初六之所以濡尾吝者，時不可也矣夫！

九二、曳其輪，貞吉。

象曰：九二貞吉，中以行正也。

姚信：坎爲曳爲輪。兩陰夾陽，輪之象也。二應五而隔四，止而據初，故曳其輪。處中而行故曰貞吉。（集解）

干寶：坎爲輪爲牛，牛曳輪，上承五命，猶東蕃諸侯共攻三監以康周道，故曰貞吉。

王弼：體剛履中應五，五應與而不自任。剛中之質，見任與拯救危難，經綸屯蹇者也。正不違中故曳其輪貞吉。

孔正義：處險難之內，體剛中之質應五，五委二令濟難，任重憂深，故曰曳其輪。言其勞也。

程頤：未濟者君道艱難之時也。方艱難時，賴才臣，尤爲盡恭順之道，故戒曳其輪則得正而吉也。倒曳其輪殺其勢，緩其進，戒剛過好犯上，戒盡臣道之正上下之道也。

蘇軾：九二君子以爲不可濟，曳其輪不進。傳象：外若不行中以行正也。

張浚：在坎險中有互離明德，六五離明應于上，不患道之不行，必曳其輪，蓋君子難進以守其貞。惟貞故利澤終加於天下，用以得吉。坎爲車輪，陰陷之爲曳。

張根：曳其輪而已！是以謂之中。

朱震：坎爲輪，二往五應艮手，曳其輪也。水欲下，火欲上，亦曳也。二剛中故戒緩進以盡恭順，中以行正則盡臣道矣。

項安世：自否五降二，疑位未正故加貞字守之。中以行正也。姚大老曰正當作直，二中而九直，說亦通。

李衡引于：坎輪離牛，牛曳離牛，牛曳輪，承五命故貞吉。引陸：既濟初思難故曳輪沾尾同在一爻；未濟初陰未能自濟故沾尾而退，二未出險，坎性下未能濟物曳輪反，不違中德，行正故吉。引代負重若車重行遲，拖曳其輪，用正治難得吉。

楊萬里：一人乘且曳也。其車重，其濟艱，自非剛健賢貞之才，居中正之位，受九五孚信之知，安能獨濟大難，以底於中正之吉乎！羽死，飛又死，孔明自將出祁山，身曳輪也，哀哉！

朱熹：二應五，居柔得中，能自止不進，得爲下之正也。

趙彥肅：與既濟之初同又中也。

楊簡：曳其輪，未濟也，勢未可濟，不敢欲速。貞正道也。九二雖無過亦無不及，中以行正，與時偕行故吉。

吳澄：三四五互坎爲輪，二在後爲曳輪，君子難進之象。

梁寅：二應文明之君，當濟險之任，乃識時俊傑，所以終吉也。

來知德：居柔得中，能自止不遽然而進，占如此，正而吉矣。

王船山：柔欲濟，二剛中止之，裁之不使得志，得正而吉矣。

折中引潘夢旂曰：二剛中，力足濟，然身在坎中，故曳其車輪，待時而動乃吉，不量時度力，勇於赴難，適以敗事矣！

李光地：九二時猶未可濟，二有中德能自止不進，是則吉矣！

毛檢討：互坎輪在前而泄而不進，陽居中行正，不急濟是以終濟，九二有焉。

李塨：求濟而曳其輪，剛中行正，亦吉矣。

張惠言：坎爲輪爲曳，未濟不正相應，故皆不取應爻，二應五而曳其輪。貞而得位故吉。

姚配中：案坎水就下，二不得升五故曳。坤元之位，中有伏陰，能自化之正，故貞吉也。能自之正亦足以榦事。未濟者，使之濟矣。又二得中化之正故中以行正。

吳汝綸：曳輪取牛象。既濟離初在牛後，未濟坎二離後爲輪，曳輪，言其勞也。既濟戒，未濟則勉。

馬通伯引代淵曰：負荷重，車行遲拖曳其輪。引呂大臨曰：剛中而應，志在出險，行之不止。案：中未有不正故曰中以行正，二五不以當位爲重，此通例也。

丁壽昌：中以行正，則非不行之謂。程傳緩其進，本義能自止不進。似與傳文中以行正。非不行之謂不合。姚信曰坎爲曳輪，兩陰夾陽，輪之象也。

曹爲霖：未濟時以曳輪爲貞吉。以熊廷弼經略遼東事，深慨朝廷不知九二曳輪之貞吉者也。

星野恆：陽剛上應五，疑犯上之嫌！然居柔得中，極其恭順，猶乘車見曳其輪，得貞正而吉也。

李郁：二剛故能曳，曳輪使行，二進爲五故曰貞吉。

胡樸安：既濟曳其輪在濡尾之前，此爻曳其輪在濡其尾之後，是未濟而正曳輪也。行正而吉。

高亨：此亦人渡水言。輪疑借為綸，飾之貴者。人渡水若曳綸，則所貴之綸不可濡污，此能保其所貴

象自為吉矣！

李鏡池：拉車過渡。貞吉說明既濟。

徐世大：拖著他的輪子，久則好。喻進行中事，或小有蹉跌，仍有成功希望。

嚴靈峯帛書：（抴）其（綸），貞。

張立文：抴假為曳。綸假為輪。曳引也，綸腰帶之穗。帛書無吉字，貞，正也。譯：涉水的人用手拽

著腰帶的垂穗，這是正道。

金景芳：曳其輪，不進的意思。如果不進，倒曳其輪則貞吉。

傅隸樸：剛資力足濟難，坎卦主，免臣節事弱主。輪代表國家。挽車子示任重道遠。九二剛處柔位，

故以貞吉戒。

徐志鋭：九二剛居陰位不正，得下體的中位，就能行中道，所以它不憑剛勇去冒險，守本位不妄動。

朱邦復：不躁進，正則吉。象曳輪不冒然而進象。

林漢仕案：初之所以悔吝，在不知不覺中進行而濡濕其尾，致其後似有物附之疑，行不得之慮，其進

有所疑矣，故而思退，否則悔吝矣乎。九二剛中應五，對內和順上下，剛中輔柔，懲前濕尾之躁，

察行不可，際不可，時乎不可之勢，柔體剛質，中且正，掣止其本當繼進之輪，止乎其不可止之遽

濟，吉在其中矣！

卦本未濟，猶未成就之人，未成就非代表失敗，而成就乃目標。未成，既成之差別，未成者仍須繼續努力，既成者則視守成之效論其績。臨淵羡魚，不如退而結網，結網之退，功豈遠乎？九二之曳輪，有所爲也，故卜吉，正吉皆通。茲輯易大家對本爻析說，以見指爲：

象謂九二中以行正。

姚信云坎輪，止據初故曳輪。

干寶：坎爲輪爲牛，牛曳輪，承五命康周道故貞吉。

王弼：正不違中，故曳其輪貞吉。

孔穎達：五委二，令濟難，任重憂深，曳輪言其勞也。

程頤：倒曳其輪，殺其勢，緩其進，戒剛過，好犯上。

蘇軾：九二君子，以爲不可濟，曳輪不進。

張浚：曳其輪，蓋君子難進以守其貞，貞故利澤加天下。

朱震：水欲下，火欲上亦曳也。中以行正則盡臣道。

項安世：疑位未正故加貞字守之。姚曰二中九直說亦通。

李衡引：負重若車重行遲，拖曳其輪，用正治難得吉。

楊萬里：一人乘且曳，車重濟艱，非剛才，中位，五信，安能獨濟大難，以底於中正之吉乎！

朱熹：二能自止不進，得爲下之正也。
楊簡：勢未可濟，不敢欲速，與時偕行，故吉。
吳澄：互坎爲輪，二在後爲曳輪，難進象。
梁寅：二乃識時俊傑，所以終吉也。
來知德：柔中能自止不遽取，占如此。
王船山：二剛中止柔濟，得正而吉矣！
折中引：二剛中，力足濟，待時而動乃吉。
李光地：二有中德能自止不進，是則吉矣！
毛奇齡：互坎輪在前泄不進，九二陽中正不急濟是以終濟。
李塨：剛中行正，亦吉矣。
張惠言：坎爲輪，二五應而曳其輪。貞得位故吉。
姚配中：二不得升五故曳，二得中，化之正故中以行正。
吳汝綸：二離後爲輪，曳輪言其勞也。未濟則勉。
馬通伯：中未有不正故中以行正。二五不以當位爲重。
丁壽昌：程傳緩進，本義止不進，似與傳文非不行不合。
曹爲霖：未濟時以曳輪爲貞吉。

星野恆：應五疑犯上，居柔得中，曳輪得貞正而吉也。

李郁：二剛故能曳，二進爲五故曰貞吉。

胡樸安：曳輪在濡尾之後，行正而吉。

高亨：輪疑借爲綸，飾之貴者，保不濡污自爲吉矣。

李鏡池：拉車過渡，貞吉說明既濟。

徐世大：喻進行中事，或小有蹉跌，仍有成功希望。

張立文：涉水的人用手拽腰帶垂穗，這是正道。

金景芳：曳其輪不進的意思。

傅隸樸：輪代表國家，挽車示任重道遠。勉臣節事弱主。

徐志銳：二得下體中位，不憑剛勇冒險。守本位不妄動。

朱邦復：不躁進。曳輪不冒然進象。

丁壽昌評程傳，朱本義之緩進，止不進與傳文不合，傳謂中以行正也。丁謂非不行之謂。緩進，止不進，丁意即不行。豈徐圖，緩進即不行耶？曹爲霖哀熊廷弼經略遼東之死，慨朝廷不知九二曳輪貞吉也，亦可以哀丁之與崇禎同心耳！李鏡池謂貞吉，說明既濟。猶之言建設大台灣，放眼祖國大陸，貞吉。即是台灣已建設成功？台灣已反攻大陸成功？緩進非不進，止不進乃行中策略運用，外部動作似靜止，而進行運作在醞釀中。故是貍貓之伏暫伏也，蛇之蜷曲縮頸，待伸也，程傳，本義之待時也，丁壽昌之評不合，吾見其義正合如此也。高亨，張立文之輪疑借爲綸，飾之貴者，涉拽腰垂穗，保不濡污，濟水之淺不及腰，是淤泥深耶？是鱷魚毒物障礙耶？否則，言其未濟似不通，拽腰垂穗若爲正道，已渡邪？抑祇擺姿態仍未渡？未渡，又何來貞吉？李鏡池之既濟，則六三之未濟，征凶，豈身既濟，腳仍留此岸？抑腳已濟，身首仍在待濟？

傅公隸樸之輪代表國家，挽車示任重道遠。坎爲輪爲牛，坎豈代表國家，治國可以牛力蠻幹？挽車即治國以力不依智。再說六五非弱主，柔能用剛，克剛，用之以專，信之以誠，魏徵諫太宗之謂「智者盡去謀，勇者竭其力，仁者播其惠，信者效其忠。文武爭馳。」國人皆可用也，況又爲相應之二五邪！孔穎達之謂曳輪言其勞，非專指勞力也明矣！勞心勞力也乎？

本文前輩大家論點皆英雄所見，如：

五委二令濟難；九二君子以爲不可濟；疑位未正故加貞字；非剛才，中位，五信安能獨濟大難；二自止不進，緩進戒剛過；二乃識時俊傑；二剛中止柔濟；二力足濟，待時而動；九二陽，中正不急濟，是以終濟；進行中事，或有小跌，仍有成功希望；二不憑剛勇冒險，守本位不妄動；不躁進，曳輪不貿然進象。九二懲初濡濕之躁，故審愼其行可，見可，際可，時可之機，暫伏暫止，退而結網也，爻許以貞吉，功豈唐捐乎？功豈其遠乎？至少，害之不能加諸我也。六二之曳其輪，貞吉，蓋如是乎？

六三、未濟，征凶，利涉大川。

象曰：未濟，征凶。位不當也。

荀爽：未濟者未成也。女在外男在內，婚姻未成，征上從四則凶，利下從坎故利涉大川矣。

干寶：吉凶者言乎其得失也。祿父反，管蔡亂，兵連三年，誅及骨肉，故曰未濟征凶。平克四國以濟大難故曰利涉大川，坎也。六居三不當位，猶周公臣而君，流言作矣。

王弼：陰質失位居險，不能自濟者也。不正力不能濟而求進，喪其身也故征凶。二能拯難，委二而行，何憂未濟？

孔穎達：六三陰質失位居險，不能自濟者也，欲自求濟必喪其身！二能拯難，委二則沒溺可免，故曰利涉大川。

張載：有強援於上，故利涉大川，非義躁進，凶之道也。

程頤：居陰无出險而行則凶。三陰柔不中正，不足以濟。然有可濟之道，出險之理，上有剛應，若能涉險往從則濟矣，故利涉大川也。然三柔，豈能出險而往，才不能也。

蘇軾：未濟有所待之辭也，蓋將畜其全力一用之於大難，六三見水涸幸易濟而驟用之，後有大川則其用廢矣，故曰征凶。二位不當至凶。

張浚：坎上又互坎，欲進，於未濟必陷難矣！六三柔，履不中，率是行，速禍敗人之事。賴上九剛明爲之應，涉坎應上出險，故利涉大川。凡此易之變也。

張根：下卦在險，二獨中獲吉。初不量力，三不當位，故其患如此也。

朱震：六柔不當位，未濟也。外援上九，乾首沒於坎中，淪胥以溺之，象雖正亦凶。故曰征凶。三四非應，三資其助，四近而協力，巽股出險，利涉大川矣。

項安世：方以謀濟爲急，未可有行。三志剛未得位，如人未濟岸而遽欲出行，其溺必矣！故以征則凶。姑用其剛出險故利涉大川。

李衡引子夏：力小失位，遠應何爲？附於二剛，險其濟也。引陸：未濟必有可濟之理，上九有濟物之功，從得濟。

楊萬里：陰柔當險極，位浮於才，獨行濟難，得不凶乎？然下有九二剛健，上有九四剛明，三能柔順親附，亦可因人成事，涉險濟難矣！

朱熹：陰不中正，征則凶。柔乘剛，將出坎有利涉之象。蓋行者可以水浮，不可陸走，或疑利字上當有不字。

趙彥肅：恐是不利涉大川。

楊簡：三才弱，時未可，彊往凶之道也。若在險中，則又以速濟爲利。征往，不可出位而往。三陽有動意，涉象。

吳澄：六三居險，尚在險中，未濟於險，未可陸行，才弱故行則凶。三變剛成乾，上卦變爲坎。乾健在後能進而前，故利涉，李氏曰濟者可水浮，不可陸走。

梁寅：柔不中正，有征行之志，凶道也。占蓋可免難，爲利，不可以有爲也。

來知德：柔才，德不足故征凶，上有陽剛之應，往賴則濟。坎變巽，木在水上，賴木以涉大川。

王船山：三進爻，力弱志剛，行其凶必矣！利涉大川者，當險極，無必全之道，吉凶非其所謀。易之言利皆合義。

折中引趙汝楳曰：三居未濟終，過此近濟，故特表以卦名也。引胡炳文：三居坎上，可以出險，柔明言未濟征凶。

李光地：陰柔不中正，可濟而不濟，不在時，見其失時也。故征則凶。險難之大者則反以未濟爲利，義與漸三利禦寇同。

毛檢討：此未可遽濟時也，但內坎川已逾險中，涉矣，前征雖凶，所利者此耳。位不當，處互兩坎間非當濟之位。

李塨：三尚坎窞，森林大川，實未濟也。三以柔處剛，不知其不當，一往征進，不其凶乎！變巽爲木爲風，因風揚帆乃利耳。

張惠言：三在兩坎之中故獨象。未濟三變正，四在震爲征，謂伐鬼方也。初二未變入大過故凶也。四下正初，五變二正上孚既濟，皆三之用，故利涉大川。

姚配中：案離上坎下，三未能之上，動則失見故征凶。利與四易位成蠱事，亂者復理故利涉大川。

吳汝綸：既征凶，又利涉，義自違反，疑征當爲貞，位不當故貞凶而利涉也。

馬通伯：卦名以不利涉川，三居水火之交故反利涉，火勝激水，曳輪而行，其象已具。

丁壽昌：王輔嗣以前經文本无脫字，本義疑利上當有不字。女外男內，婚姻未成。征上從四則凶，利下从坎故利涉大川。三變巽，坎水巽木，故利涉大川。往下从坎是也。

曹爲霖：盧容菴曰：如陳勝吳廣之徒。陰不中，菲材涼德，攘袂先天下豈有不凶者。舊說宜水不宜陸，賣卜陋談耳。余謂宋高宗即位南京，猶是未濟象也。

星野恆：以陰居陽，未出險，以此而征，豈免於凶，故云未濟征凶。然與上應，可以濟難，故云利涉大川。

李郁：三未出坎故未濟，失位欲征，上以柔終是凶道。變剛成巽，乘木濟險故曰利涉大川。

胡樸安：以未濟之道處既濟，久則必窮，窮不當位，往必有凶。窮則變，變則通，處之得道，利涉大川也。

高亨：未濟者渡水未能過也。如征伐遇此必敗。疑利上當有不字，此易言不利涉大川。既言未濟，不能言利涉大川。

李鏡池：渡不了河，出門不利，不濟；涉大川而利，即濟。這說明不濟與濟對立。

徐世大：未曾安排完畢，出門是有禍的，宜涉過大河。未濟言未成而大意。準備未緒遽往，乃云利涉大川，危險可知。

嚴靈峯：未濟，（正）凶，利涉大川。

張立文：未濟，渡水未遇。正假借爲征。利字上當有「不」字。譯：渡水未能過去，出兵征伐則凶，不利涉渡大川。

金景芳：征凶應不利，但卻說利涉大川，朱子疑利上當有不字。我看有道理，程朱都按利涉講，不免穿鑿附會，經傳傳抄，免不了有脫字。古人講此爻无可从的。

傅隸樸：柔居剛，才小志大，有上九爲應，如冒昧行動，必遭凶。征是行動，往應上九，相隔遙遠！若捨上九而比附九二，便於事有濟了，故曰利涉大川。

徐志銳：六三柔居陽位不得中，才質柔弱，不能取得涉險成功，故言未濟征凶。客觀條件具備主觀條件不具備也。

朱邦復：未濟之時，行事有凶，利於涉大川。象：坎變巽木，木在水上，有行大川象。又承四剛能涉大川象。

林漢仕案：未濟，征凶。此與九二曳輪，卜吉相應，蓋結網時也。濟前準備未足，貿然行動，未有不半途而壞事者，敗軍覆將，正見其計短行拙謀闕也，故爻文稱未濟，征凶。然下文之利涉大川，與上句發生柔盾，征凶乃戒渡，戒勿涉，突然轉變爲利涉大川，不祇利涉，且涉大川亦利，與初之止濡尾，二之曳輪勿進有天淵之別。至朱熹始疑利字上當有不字。趙彥肅謂恐不利涉大川。增字解經，雖通順，然不能爲解經常道。丁壽昌即譏爲經文本無脫字，更前王夫之謂易之言利，皆合義。而馬通伯，高亨，張立文，金景芳等皆从朱子之疑，說既言未濟，不能言利涉大川。朱邦復據象謂居未濟極，無可濟之理，樂天順命象。而朱邦復在六三爻辭中又謂有行大川象。承四剛則能涉大川象。前後有落差。

查嚴輯帛書易無不字，「利涉大川」如荀爽、干寶、王弼所傳易經爻辭，朱熹子加不字，謂不利涉，只緣一文理不順似有酌斟。未濟，言其未成就其濟渡到彼岸，然六五之有孚，君子之光，有人許以湯武、高帝之創業，康宣王、光武中興；有人謂漸濟。上九爻辭之兩有孚，更有人謂極則反既濟，未濟，上九之終濟，飲酒慶功，說者非一也。傅隸樸云六五成既濟，上九時君失位，飲不知節。則濟已久矣，庶有「守成亦難」之調彈太平沉溺安樂。又九四之伐鬼方，河之不濟，如之何伐鬼方，是故不可拘泥未濟之文，而斥「利涉大川」爲妄。濟之渡淤泥小溪，濟馬角度，溶子渡（皆在廣東蕉嶺）與濟長江大河、實有難易之別。況六五君子之光，已許爲湯武、高帝之創業、光武之中興邪？故是六三之未濟、征凶。乃繼初，二之戒，時段上亦有六三初期、中、後期之分，以一卦分六時段，每一時段亦有其時間前後之差別，故利涉，乃六三之後期，被服、糧餉，士氣皆足且可用之時也。利涉，乃跨出可征之第一步，如王夫之言，易之言利皆合義。然則利涉大川，乃合義、合宜利涉之客觀、主觀環境之時差也。夫如是，未濟，征凶。利涉大川。何義之有當，不當？儘管如是，易家之傳，仍得彙而見衆意之所向也，茲輯衆流如下：

象謂征凶，位不當也。

荀爽：征上從四凶，從下利涉大川。下從坎也。

干寶：位不當猶周公臣而君，平大難克四國故利涉。

王弼：不正力不能濟，委二而行，何憂未濟？

孔穎達：求濟必喪身，二能拯難故利涉。

張載：有強援於上故利涉，非義躁進，凶道也。

程頤：上有剛應，往從可濟，三柔不中正，不足濟。

蘇軾：見水涸易濟，後有大川故征凶。將畜力用於大難。

張浚：坎上坎，進必陷；應上九出險，故利涉大川。

張根：下卦在險，三不當位，其患如此。

朱震：象曰雖正而凶故征凶，三資四助，協出險，利涉矣！

項安世：未濟岸遠欲山行，溺必矣！用剛出險故利涉大川。

李衡引子夏：遠應何爲？附二險其濟。引陸：上九有濟物之功，從得濟。

楊萬里：獨行濟難，得不凶乎？親二、四因人成事，濟矣。

朱熹：陰不中，征則凶。乘剛將出坎利涉，疑利上有不字。

楊簡：才弱時未可，彊往凶道。三陽有動意，速濟爲利。

吳澄：未可陸行，行則凶，李氏曰可以水浮。

梁寅：柔不中有征意、凶道。占蓋免難爲利，不可有爲。
來知德：柔才德不足故征凶。上有陽剛之應，往賴則濟。
王夫之：力弱志剛，行必凶。易言利涉皆合義，吉凶非所謀。
折中引：柔明言未濟征凶。三濟終，過此近濟，可以出險。
李光地：可濟而不濟，失時故征凶。險大未濟爲利。
毛奇齡：未可遽濟時也，但內坎已逾險中，涉矣！
李塨：三坎窞，征進不其凶乎！變巽爲木風，因風揚帆乃利耳。
張惠言：初二未變入大過故凶。四下初孚既濟故利涉。
姚配中：三未能之上，動凶，利與四易位，亂復理故利涉。
吳汝綸：義自違反，疑征爲貞，位不當故貞凶而利涉。
馬通伯：卦名似不利涉川。三居水火之交故反利涉。
丁壽昌：王輔嗣以前經文无脫字。從四凶，從下坎故利涉。
曹爲霖：菲才涼德，攘袂先天下，豈不凶者，宜水陸，賣卜陋談耳。
星野恆：未出險，征豈免凶。其上應，可濟難。
李郁：失位欲征，上以柔終是凶道。變巽濟險故利涉大川。
胡樸安：窮不當位，征必凶。窮則變，變則通，利涉大川。

高亨：渡水未能過，征伐必敗。不利涉大川。上有不字。
李鏡池：渡不了河，不濟；涉大川而利，即濟。
徐世大：準備未緒遽往，乃云利涉大川，危險可知。
張立文：渡水未能過去，征伐則凶。不利涉渡大川。
金景芳：征不利，卻說利涉大川。朱子疑利上有不字，我看有道理。
傅隸樸：才小志大，冒昧行動必遭凶；捨上九，比附二便濟。
徐志銳：才弱不能涉險成功。客觀條件備主觀條件不具備。
朱邦復：未濟時行事凶。坎變巽有行大川象。又承四剛能涉。

象所畫定之「位不當」，古今無異辭，然不當位該何如？荀爽謂征上從四凶，從下利涉；張載則謂有強援於上故利涉，程頤亦以上有剛應，往從可濟。於是乎張浚之應上九出險利涉；朱震之三資四助出險利涉；李衡之附二，險其濟；上九有濟物之功。楊萬里之親二、四，因人成事，濟矣！六三之未濟，將乘剛出坎利涉邪？抑三，陽有動意速濟？應上九，往賴濟邪？抑四下初，孚既濟故利涉？又利涉果可以水浮，未可陸行？抑凡利皆合義，亦抑蓋免難爲利，險大未濟爲利？易家均極盡想象之能事。如東坡之謂水涸易濟，後有大川故征凶。項安世之未濟岸遽欲行，溺必矣。亦有以變巽爲木爲風者，五變或三四易位，張惠言之數變後四下初孚既濟故利涉。人言人殊，八仙過海，在各顯神通，六三之未濟邪？既濟邪？征凶，吳汝綸疑征爲貞，嚴輯帛書易作正凶，貞，正也，王弼最早提出「不正」，力不能濟，王之不正，乃位不正，吳之貞凶，豈正亦凶乎？吳之所謂「位不當故貞凶而利涉」同樣未能解決高亨之言「既言未濟，不能言利涉大川」之矛盾。朱子加「不」字謂不利涉大川，增字解經也。曹爲霖斥爲「薄才涼德，攘袂先天下」，至九四即提格爲殷高宗伐鬼方，六五更進爲湯武，高帝之創業，少康宣王，光武之中興事耶，六三大言「大丈夫當如是邪？」彼時六三「薄才涼德，攘袂先天下」？果如是，十劉邦早成齏粉矣！曹言之不可從也如是。

六三之言未濟，征凶者（正凶，貞凶），乃繼初，二之戒乎？故征凶，即正亦凶，動輒有咎也，動輒得失也。此六三前期事，至六三後期之利涉，如王夫之言合義，乃合時宜，利涉大川，出征以顯君子之光矣！千里之行，必有所始，此其所始邪？此其所始也。李鏡池之言涉大川而利，即濟，毛奇齡之謂內坎已適險中，涉矣！涉則涉矣，言濟，謂正濟渡中可也，若謂既濟則預言也，彼行動之始即判其終，蓋半仙乎？然其必濟故能有後半生之伐鬼方，有賞于大國，君子之光，有孚飲酒之光環也！

九四、貞吉，悔亡。震用伐鬼方，三年有賞于大國。

象曰：貞吉，悔亡，志行也。

孟喜：震，敬也。

王弼：出險難之上，居文明之初，體剛近尊，雖履非其位，志正則吉，悔亡矣。志得行，靡禁威，故震用伐鬼方，興衰之征也。始出難，德未盛故曰三年。五不奪物功，故以大國賞之。

孔穎達：履失位所以爲悔。出險難之外，居文明之初，以剛健之質，近至尊，志正則吉而悔亡。震怒伐鬼方，始出險德未盛不能即勝，故曰三年。五不奪物功，九四得百里大國之賞。

司馬光：四者卦體變革之際，故否睽未濟之象，皆云志行也。

張載：剛陽之德，迫近至尊，非正而吉，悔所招也。初處險中，叛而未一，奮動討伐，其勢必克，堪上之任，是以有賞。

程頤：陽剛居大臣位，上有虛中明順之主，戒貞固則吉而悔亡。震動極，伐鬼方爲義，力勤遠伐，三年然後成功，行大國之賞。四居柔故設此戒。

蘇軾：震主之威，苟不用於鬼方則无所行其志矣！震主者悔。貞於主而用於敵所以悔亡也。

張浚：剛德處近臣位，責任重大，必貞吉而後悔亡。四以除害爲貞。伐鬼方三年，緩圖欲全其生。除害撫民，仁義道備。離南方，亨嘉時爲大國，歷坎三爻應初爲三年。

鄭汝諧：未濟出險之明，亂始濟終，四伐鬼方爲功，求功出險，用師求濟必正吉，悔亡則四之志行矣！三年言必如是之勞乃可濟！剛陽初出險比五，未濟之責惟四獨任。

張根：已出險故。

朱震：九居四有悔，動正，正則吉而悔亡。動震威怒，坤鬼方，四怒伐之，自三至初三爻爲三年順克。艮山坎川坤土，田賞象。坤四國，陽大，有賞于大國。四柔故戒。

項安世：未濟喜剛，任天下之大役，弘濟世道。九四居柔，比九三爲有悔，必貞以勝之後无悔。加震字勉之。既濟九三，未濟九四故直稱高宗。役大才難。九三出離上爲三年，至上飲酒策勳，故言有賞于大國。

李衡引陸：四已出險。是將濟者，處非位，行未中，能貞吉然後悔无也。四陽失位，用威伐國，用得人故有功可賞。引昭：四初出險，文明之始，闇者未歸，震長男，大臣象，三年成功，初興之際也。引薛：名臣再造區宇，震用伐鬼方，不寧之謂也。

楊誠齋：九四志立才果，近君位重，動有大功必矣！宜吉而悔亡矣！未濟利動，必三年，戒其欲速，謹之至也。

朱熹：九居四不正而有悔。能勉而正則悔亡矣！然以不正之資，欲勉而正，非極其陽剛用力之久不能也，故爲伐鬼方三年而受賞之象。

趙彥肅：與既濟九三同。

楊簡：九陽，爲君子，爲正。六五有陰陽相得象。大國命我伐鬼方，四有遲疑象，故釋曰所悔者亡也。伐此乃濟。

吳澄：四陽比柔中五，故正主事則吉。得所比故悔无。二三四成震，謂勤奮如雷震。離戈兵伐下畫陽，爲鬼方，天子之伐也。三年天子兵勝，賞用兵有功者。天子指五。

梁寅：義兵故三年有賞，事得貞爲吉。

來知德：四不正有悔，勉貞則吉而悔亡矣。震懼，四多懼，四變中爻爲震。憂惕警懼而震則志可行，有以賞其志矣！

王夫之：以剛居柔，陰陽交持不失正，故不當位悔亡。震不寧。伐鬼方臨坎險，剛柔有節，興師不暴，功成受賞矣！大國謂主兵者，非五命，故賞非天子頒之。

折中引俞曰：震動使之驚畏也。詩時邁云：薄言震之，莫不震疊，與此震同。案三年克之是已克，三年間賞勞不絕。又三四非君位，蓋論時者不論其位。

李光地：四五皆濟之時也，然皆失正，故戒時雖可爲，不正有悔。四當外卦之初，非奮發則不濟，詩所謂奮伐荊楚是也。

毛奇齡：四以貞濟，此正守中將出時也。互震時當行賞，互坤爲大國，開國承家即賞，猶是三年，坎爲志，功成有賞故志行。

李塨：居互坎中將濟矣，貞則吉，悔可无也。爻變震以伐鬼方，三年征進，自有賞賚于大國。賞乃賞勞師旅也。

張惠言：（注）動正得位故吉而悔亡矣！變之震體師，坤鬼方，故震用伐鬼方。坤爲年爲大邦，陽稱賞，四在坤中體既濟離三故三年有賞于大邦。

姚配中：（注）虞翻曰動正得位故吉而悔亡矣。此謂自化之正。案：震動，北方鬼，與初易位，坎離不交，離戈兵，之坎伐鬼方，三爻三年有賞于大國。化之政故志行。

吳汝綸：文王自言伐昆夷事。大國謂殷，猶云京國，京亦大。震與祇同，敬也。文王自言專征伐之事，故云敬也。

馬通伯引沈該曰：既濟之憊明衰也，未濟之賞明進也。引俞琰曰：震動使畏也。引雷思曰：先自治後治人也。其昶案：四武功，五文德。吉凶禍福無不自己求之者。三言貞吉，其勸深矣！

丁壽昌：俞石澗曰震動使驚畏。又震，祇，振，敬通。蘇蒿坪曰四入明體可濟之時，以剛居上，故貞則吉而悔亡。案四變坤爲年爲大邦，故三年有賞于大國。

曹爲霖：殷高宗三十二年戊子伐鬼方，三年克之。誠齋傳曰未濟四聖喜伐鬼方之賞，利用動，戒其欲速，謹之至。小雅采芑詩誡後王樹威蠻夷也。

星野恆：陽居陰不得位宜有悔也。然上有文明中正之君，己居大臣位，行之以貞吉而悔亡。濟河而伐，時有可爲，剛德之動，曷爲無功哉！

李郁：四失位有悔，降初則貞吉悔亡，伐鬼方三年有賞，由四之初，自外歸內，此回師也，大國指內，鬼方指外，四返初回師而賞有功。九四之初得正。

胡樸安：貞吉即九二之貞吉，志行而悔亡。伐鬼方即既濟九三伐鬼方，一怒鬼方定。言三年有賞引古鑑今也。安於濟，往往不濟。

高亨：震疑人名。大國蓋殷。賞疑當作尙。殷高宗伐鬼方，命震率師，三年後克鬼方，高宗嘉震功而賞之，筮遇此爻，所占者吉，其悔可亡，故曰貞吉悔亡。

李鏡池：此卦从周人說。周人出征，打了三年，勝利了，得到大國殷的賞賜。打勝仗是吉，从屬于大國是悔。大國指殷。

徐世大：持久好，心活動就完。以此伐鬼邦，三年在大國受到賞賜。未濟進行中故勗以貞吉，戒以悔亡。

屈萬里：震動，言有警也。有賞，此蓋周人參戰，而有賞于殷。太玄經宋衷陸績注震，懼也。又震，蓋謂軍容之威武也。韋注國語中君之武震：威也。　國，虞作邦。

嚴靈峯：貞吉，悔亡。（　）（　）（　）（　）方，三年有（商）于大國。

張立文：占問則吉祥，困厄已消失。震這個人出兵征伐鬼方國，三年而勝，受到殷國的賞賜。商假借爲賞。

金景芳：折中按語伐鬼方與既濟同。震用伐鬼方是方伐，三年間賞勞師旅不絕，非謂事定論賞也。本義說四不正有悔，勉貞則悔亡矣。

傅隸僕：柔位陽居，失位本當悔。今九不居陽位，用剛濟難，用柔奉君，所以獲吉無悔。九四是濟難人選，帥積弱之師征討不服，天子論功行賞。

徐志鋭：九四剛健勇于濟，居陰不中，外強心怯，臨難退縮，故言貞吉悔亡。此句爲告誡之辭。立志前進不退縮。

朱邦復：正則吉，無悔。如欲大成，必先小忍。

林漢仕：貞，吉是大前提，悔亡是其結果，伐鬼方乃過程。所謂大逆大順，小逆小順；有時大逆後小順，小逆後大順。未濟之濡尾，曳輪，征凶之後卜吉，蓋物理循環乎？其結果悔亡，固是預料中事也。而其過程又未必全屬天定大逆大順，必明白經由爲國之大事，即戎立功，經三年霜露有成而後獲上國之賞，貞卜其吉且悔亡也。此由外圍之肯定始受內部重視，猶之台灣島民有特殊長才，久蟄伏基層，一經國外揭櫫，則島內聲價萬倍也。九四乃藉外力提昇其自身價值者乎？挾外自重又足爲人重者，九四也，故九四爻文即以貞吉肇始，以悔亡判定其結局。茲輯各易學大家宏論以見其義：

象以志行也批示其所以貞吉，悔亡之道理。謂九四伸其志也。

王弼云志正則吉，貞之爲言正也。又五以大國賞之。

孔正義：始出險不能即勝。五賞九四百里大國。

司馬光：卦體變革之際，故否睽未濟象。皆云志行也。

張載：初處險中，奮討必克。堪上之任，是以有賞。

程頤：戒貞固則吉而悔亡。力勤遠征三年，行大國之賞。

蘇軾：震主之威悔，貞於主而用於敵，所以悔亡也。

張浚：四以除害爲貞。歷坎三爻應初爲三年。

鄭汝諧：求功出險，用師求濟必正吉。悔亡，四志行矣！

張根：已出險故。

朱震：坤土田賞象，坤四國，陽大，有賞于大國。

項安世：未濟喜剛，役大才難，至上飲酒策勳，故言有賞于大國。

李衡引陸：四將濟者，處非位，行未中，能貞吉然後悔亡也。　引薛：伐鬼方不寧之謂也。

楊誠齋：未濟利動，必三年，戒其欲速，謹之至也。

朱熹：居不正有悔，勉正則悔亡矣！非用力之久不能也。

楊簡：大國命我伐鬼方，伐此乃濟。

吳澄：四比五故正主事則吉。勤奮如雷震，天子指五。

梁寅：義兵故三年有賞。

來知德：四不正勉貞則吉而悔亡。四變震懼則志可行。

王夫之：陰陽交持不失正故不當位悔亡。大國謂主兵者，非五命，故賞非天子頒之。

折中：震驚畏也，三年是已克，三年間勞賞不絕。

李光地：四五失正故戒不正有悔。四非奮發則不濟。詩所謂奮伐荊楚是也。

毛奇齡：四守中將出時也。互震行賞，互坤大國，坎志，功成有賞故志行。

李塨：互坎將濟矣！變震伐鬼方，自有賞賚于大國。

張惠言：動正得位故吉而悔亡矣！坤大邦，陽稱賞。

姚配中：化之正故志行。

吳汝綸：文王自言伐昆夷事。大國謂殷。震，敬也。
馬通伯：未濟之賞明進也。四武功，五文德，吉凶禍福無不自己求之者。三年貞吉，其勸深矣！
丁壽昌：四入明體可濟之時。變坤爲年爲大邦。
曹爲霖：殷高宗伐鬼方，三年克之。戒其欲速。
星野恆：濟河而伐，時有可爲，剛德之勤，曷爲無功哉！
李郁：四降初則貞吉悔亡，此自外歸內，大國指內，鬼方指外，九四之初得正。
胡樸安：貞吉即九二之貞吉。言三年賞，引古鑑今也。
高亨：震，疑人名。大國蓋殷。賞疑尙。殷高宗嘉震而賞之，筮吉，悔可亡。
李鏡池：周人出征，勝了，大國殷賞賜，从屬大國是悔。
徐世大：伐鬼邦三年，在大國受賞賜，勗貞吉，戒悔亡。
屈萬里：震警，周人參戰有賞于殷。又震懼，威武。
張立文：占問吉祥，困厄消失。商假借爲賞。
金景芳：方伐，三年勞師不絕，非事定論賞也。
傅隸樸：用剛濟難，用柔奉君，所以獲吉無悔。天子論功行賞。
徐志銳：剛勇外強，陰不中心怯，貞吉爲告誡之辭。
朱邦復：正則吉，無悔。欲大成必小忍。

案王弼之申象志行也，謂志正則吉。不如東坡先生之貞於主而用于敵。蓋志正未必合君王之志，志於恢復中原大業，志于爲百姓蒼生請命，志于爲萬世開太平，何如合轍君王私壑？「精忠全德」，宋高宗頒贈對象是秦檜，不祇美稱「精忠」而且「全德」！一任父王徽宗昏德公與皇上欽宗重昏侯之封，長夜夢魘，扣留金國，拉脅折死直搗黃龍府常勝大將兵飛，精忠岳飛成蒭狗，繆醜秦檜是高宗皇帝之親密戰友，決策元勳，精忠全德亦得壽終正寢，蔭庇子孫矣！天下無不是之君王，天下無不是之父母，豈有此理？然東坡先生之「貞於主」，蓋可行於一時，不若王弼之「志正剛吉」可行之於萬世也。易爲君子謀，小人用易亦得其謀用矣！

貞，王弼云志正，程子謂貞固，張浚以四除害爲貞，吳澄謂正主事，來知德謂四不正勉貞，張惠言謂動正，李郁云四降初則貞吉，之初得正。胡樸安謂即九二之貞吉。志正，貞固，除害，正主事，不正勉貞，動正，即九二之貞吉（行正而吉）。祇高亨言貞爲筮卜之筮，吉。由於貞吉乃爻之大前提，故謂正助主上爲吉，卜筮爲吉皆通，睽諸情理，似高亨之用筮吉較合程序之演進，蓋貞吉並未附帶任何條件也。故以四近脅，柔居剛，戒何如，皆推理之辭，九四之貞吉，悔无，物理循環蓋如斯也。

震之爲言震主，震百里，勤奮如雷震，四變震懼，震驚畏，震敬，震疑人名，震動震警震懼軍容威武。先決條件四必變始有震象，否則即以字面震釋威武。震敬即可，高亨以人名疑震，雖通，而解實爲震其人伐鬼方，易之爲史學矣！即史學亦殘闕無意義之史學，蓋無本也，無上下史實也，震亡伐鬼方，震之有賞于大國，與九四貞吉何涉？故震之爲言敬，震之爲言威武，則九四近君得操權柄，用於伐不與同中國，三年之久言其非易也，三年有成，獲上國封賞，不祇威外，亦榮耀已主而威於內矣！以往有所反對者，至此不得不面對事實而封口懾服。至三年之謂久，歷坎三爻應初爲三年。大國謂主兵者（非五命），百里大國，天子指五（天子論功行賞），互坤爲大國，大邦，殷，大國指內，殷高宗伐鬼方，四聖喜伐鬼方之賞。似亦不必指實，蓋諸侯之外，中央政命不行於地方蓋非一日矣！然得中央之賞，豈其榮譽多於實質之賜乎？而飮酒策勳，乃統一天子家邦事也。

伐鬼方謂不寧，謂伐荊楚，北方鬼（國）。與三年有成已克，論功行賞抑三年征討，賞勞師旅不絕，似三年已克爲尙。

語譯：九四，卜筮吉，無悔吝之事，由於征伐鬼方而威武天下，勞師動衆三年，因功邀上國之賞賜。

六五、貞吉。无悔。君子之光，有孚，吉。

象曰：君子之光，其暉吉也。

干寶：六居五，周公攝政之象，故曰貞吉无悔。制禮作樂，復子明辟天下，乃明其道，乃信其誠故君子光有孚吉矣！

王弼：柔居尊，未濟主，必正然後吉乃无悔。柔順文明居尊，付能而不自役，使武以文，御剛以柔，誠君子之光，付物以能不疑，物則竭力功斯克矣！

孔穎達：柔居尊，處文明之盛，未濟之主，正古无悔。柔順文明居尊應二，能付物不自役，有君子之光華矣。

司馬光：五雖未濟，以柔居中，又有文明之德，能任賢以濟難，故曰君子之光。光輝著明，爲物所信則吉從之矣。

程頤：文明之主，居剛應剛。處得中，虛心陽輔。柔居尊處至正至善得貞正故吉而无悔。五文明主故稱其光，君子德輝之盛，有孚也，柔而能貞，德之吉也，時可濟也。

蘇軾：九二其應，九四上九其鄰，將求用於我不暇，六五信是三者則三者爲盡力，我无爲此貞吉无悔君子之光也。

張浚：五明德至誠下賢而已。身日修、治日興，應二、四剛德承比，有孚于賢者象。君用柔，臣用剛，不貞則失君臣之常。六五離中，明足見有孚，吉宜哉！

張根：兼容並包，虛己吞任之謂。

朱震：文明主，柔居尊位，悔也。九二以剛濟柔故貞吉无悔。坎爲君子之光，謂九二，五應光明相燭，有孚也。已孚上下則吉。君剛正，臣必信无間，功濟天下无後患。

項安世：雖不當位，與二同心濟難者，人君因賢致光故有孚吉。五以二獲吉。暉爲光中之氣。柔中故无悔。二吉字，貞吉六五自謂；有孚吉謂九二也。

李衡引牧：離爲禮，五居明，應二比四，任賢委能，中能立信，有孚吉也。

楊萬里：爲濟難主，以陰柔之才，宜弱也，今以貞正而吉，孚誠又吉，光暉又吉。五離體，在天爲日，在地爲火。雖柔猶剛，養晦揜柔虛中以臨百官，正天下，備三吉其創業中興事耶！

朱熹：六居五亦非正。然文明之主，居中應剛，虛心求下之助，故得正而吉，且无悔又有光輝信實而不妄，吉也。

趙彥肅：卦體陽上陰下，未濟也。爻應五上二下，有濟之象焉，居離有光，孚二故吉。

楊簡：五得中，即正，即道。人心所咸服者，以其正故也。正故吉。雖小疵，亦無故無悔。孚猶暉也。

吳澄：柔中正主事吉。得中雖不當位而无悔。君子謂九二，離日照九二之光。正應孚六五，五光二，二上孚五所以吉也。

梁寅：險在下故戒貞則吉而无悔。五爲文明主，故有君子之光。其中德盛可知，孚然後可濟。

來知德：文明主，中應剛，未濟漸濟而自无悔矣！于身則光輝發越，于人則誠意相孚，吉不必言矣。

王船山：柔居剛，履中不求進，知止得正以吉，固无悔。虛中麗乎二陽，允爲君子之光，以位言；守成不徼功，主德言，希聖不躐等，孚於陽。凡言孚者，陰遇陰，陽合陽。此及上九以其位言，存乎人之善通耳。

折中案曰：其嘉靖殷邦之候乎？凡自晦而明，自亂而治者，其光輝必倍常，觀時雨後日光，焚餘之山色可見。引楊萬里謂日在夏，曀益熱，火在夜彌熾，六五文明之盛何疑！

李光地：居尊位而有中德，其實德發爲輝光，吉之道也。前文高宗之義推之，此所謂嘉靖殷邦者與！

毛奇齡：五離受日光，是君子之光也。離中興坎中交相孚，得中而濟者吉也。（自註用光在得薪，用才在識貞。）

李塨：柔得中者故曰貞吉，觀其位君子也，觀其德，離有暉而發光也，有孚及下，相濟共濟，豈不吉焉。

孫星衍：（釋文）暉字又作輝。

張惠言：上變坎爲悔，未濟柔中，嫌變有悔。

姚配中：虞翻曰之正則吉故貞吉无悔，動乾離光，故君子之光。孚謂二，變應己故有孚吉。案淮南子積薄爲厚，卑爲高，故君子日孳孳以成煇，小人日快快以至辱。

吳汝綸：孚，讀孚光，孚采也，象釋爲暉。光之采也。他陰多言柔，此獨取離文明爲象，言各有當也。

馬通伯引郭雍曰：上言貞吉，始吉；下言孚吉，終吉。能續終者也。引屈大均曰：五日中天，太陽實盛所至。案：五盛位，君子之光。日中爲光，光被四表，此明明德於天下也。

丁壽昌：暉，光也。輝字俗。五變乾爲君子，離日火，故光暉吉，離中虛似中孚故有孚，上離下坎，俱有孚象。

曹爲霖：誠齋傳曰以貞正吉，以孚誠吉，光輝吉又許无悔。備三吉盛福而无一毫之悔尤，其湯武高帝之創業，少康宣王光武之中興事耶！

星野恆：陰居陽疑不正有悔，然文明虛中與九二應，得貞正豈有悔哉！好賢有中而著外故云君子之光，有孚吉。

李郁：五應降二。得位中正。故曰貞吉无悔。離明在下，雖非大人而爲君子之光，九二來五相應故有孚吉。

胡樸安：即九四之貞吉悔无。重言以未濟之道處既濟而吉也。君子之德光暉也。光暉孚於民衆而吉也。

高亨：光疑借爲觥，罰爵也。孚讀爲罰。筮遇此爻，將有所罰，然受罰者，只是飲酒而已，乃吉也。

李鏡池：打勝仗，獲俘虜，是君子的光榮，大好事。說明濟。（承上爻伐鬼方後漢書西羌傳王季伐鬼方俘二十翟王）

徐世大：持久好，不要心活動，先生們的光寵俘奴是好的。蓋祭畢使俘奴得散福飲酒以爲光寵。卜吉堅定從事者意志，悔則動搖，成敗不可知矣！

嚴靈峯帛書：（　）五，貞吉，悔（亡），君子之光。有（復），吉。

張立文：（六）五，占問則吉，困厄已過去。通行本作无悔。有復，復假借爲孚。即俘。君子明德彰於外，有所俘獲，則吉祥。

金景芳引程傳說：五文明主，柔而能貞，德之吉也，下云吉以功也，光而有孚，時可濟也。這裡兩吉講得很好。

傅隸樸：未濟主，以柔行剛，虛己以聽，居中守正，所以貞吉無悔。離日五爲離主，萬民所仰，是爲君子之光。言能孚民望故吉。

徐志銳：六五柔爻陽位得中，又九二來助，比九四與上九，共同出險重見光明。六五撥雲見天，君子德更光輝日新。

朱邦復：正則吉，無悔，以誠信待人，吉。象：六五居中，以信服人，象君子之光。

林漢仕案：六五，貞吉，无悔。即九四，貞吉，悔亡之延長。未濟九四時段卜吉，悔亡；六五亦卜吉，无悔也。九四之貞吉，悔亡，乃大逆後小順，蓋物理之循環如斯；六五之貞吉，悔无，其大逆後大順乎？重言貞吉，悔无，說明未濟時段，九四之經營，成果豐碩，輝光永續，福祚緜延，六五繼續享經過艱辛奮鬥成果，上天冥冥中已判定六五時段貞吉，无悔吝事也。繼九四之吉，其吉也，堅固無疑。又何況六五乃人生最成熟、權力、財務、健康，皆處巔峯狀態期耶？視前輩易學大家各抒六五貞吉條件加以限制，似必要而又多餘者乎？王弼之必正然後吉，程頤之居尊，至正至善得貞正故吉无悔，口氣較王緩和，而其吉无悔仍須嚴加挑剔，蘇軾以貞爲信，信其應，其鄰，得其死力而後吉。「正」乃泛指身正行端外，可以涵蓋一切政事，蘇軾縮小其範圍，以貞信爲用是三者得吉。以下各大家不出是以發揮其所以吉之由來，如與九二同心，五下二上，任賢而已，五虛中離明，文明主，五得中即正即道，楊萬里許爲創業中興事，李光地推爲嘉靖興邦者，曹爲霖即以湯武，高帝之創業康宣王光武中興事許五。五其濟耶？五未濟也，五爲濟難主，既爲濟難主，則仍在患難中也，故司馬光言「五雖未濟……」趙彥肅之「有濟象。」來知德之「未濟漸濟……」則知前此預測「功濟天下无後患。」之朱震推埋太早，縮地、縮時拉近距離之大膽預言也。民國以后以貞爲卜、爲占卜，前賢之寓寄易爲君子謀，寓風諫之興，一切平易下來，六五何嘗正？朱子謂：「六居五亦非正」，項安世謂「不當位」，朱熹云「柔居尊，悔也。」星野恆：「陰居陽疑不正有悔。」可奈何楊簡：「五得中即正，即道。」吳澄之「得中雖不當位而无悔！」毛奇齡之「得中而濟者吉也。」九四亦何嘗正，履非其位（王弼），剛德迫近至尊，非正而吉（張載）。九居四有悔，動正，正則吉而悔亡（朱震）。楊簡硬扭九四爲正，爲君子，楊云：「九陽，爲君子，爲正。」楊簡違背傳統解易也。來知德謂「四不正有悔。」則又回歸勉正悔亡矣！李光地之「四五皆濟時，然皆失正，戒不正有悔。」是傳統釋易也。漢仕前謂貞吉是大前提，悔亡是其結果，伐鬼方爲過程。此六五貞吉，无悔。乃九四之續杯，不必加條件交換，干寶謂周公攝政象，曹爲霖謂湯武、高帝之創業；少康、宣王、光武之中興。上列諸主，其本身做人條件與爲政方針，曷嘗有先加限制而后始有創業、中興之偉蹟？易爲卜筮書，自毋須預言約束與恩典。由正而吉固是常理，然不正而吉者豈即天理之所不容？又何況「正」之標準有時因人而異也。秦檜、万俟卨，張浚之壽終正寢，高宗皇帝何曾獲萬世臭名？民族情感敵不過皇恩重賂，即使後世皇恩已渺，有多少人感同身受？王莽謙恭下士時，若非短命王朝，又另有一番說辭增美其事，立場不同而已，孰正孰不正？六五即天命吉，无悔也。所謂君子之光，以六五位言，使人役物而不自役，文武自然爭馳，不祇賢者爲役，即不肖者亦兢兢己業不敢稍懈，蓋六五其文明主乎？六五角色：六居五。柔居尊。文明主。居剛應剛。柔中正、得中不當位。履中不求進。居尊位有中德。五離受日光。五日中天盛位、光被四表。變坎嫌變有悔。孚二變應己故有孚吉。陰居陽疑不正，降二得位中正。文明主柔而能貞，六五柔爻陽位得中，撥雲見天。如何使之成君子之光？好賢任能，離日照九二之光。虛中麗二陽。五變乾爲君子，離日光輝發越，光暉孚於民衆。

高亨以光字疑借爲洒杯觥，孚讀爲罰，意謂罰酒，並飲作樂也。 李鏡池以孚爲俘虜。 吳汝綸以孚爲采，光采也，光之又光，吉也。

六五承九四之貞吉，天時、地利、人和、六五更趨成熟，不祇貞吉，无悔大前提下亨有順境，即六五現今文明離光，亦有孚信於天地萬物衆生，而吉祥如意也。其爲大信乎？不造作，一任自然，日之方中方仄邪，過昃沉溺，則濡首之害豈其遠乎？讀易有益於治世者蓋此乎！

上九、有孚于飲酒，无咎。濡其首，有孚失是。

象曰：飲酒濡首。亦不知節也。

王弼：極則反既濟，既濟任當而己逸焉，故有孚于飲酒无咎也。苟耽於樂甚則失節，由於有孚失於是矣！

孔穎達：居極反於既濟，既濟則所任者當，信无疑，故得自逸飲酒而已！不知節則濡首之難還復及之！信任得人不憂事廢故失於是，故曰有孚失是也。

張載：飲酒而至濡首，不節之甚也，其必失此樂也。

程頤：上剛極，明極，不爲躁而爲決。明燭理，剛斷義，居未濟之極，无可濟之理，當樂天順命而已，飲酒自樂也。耽過禮至濡首，亦非能安其處，有孚自信于中，失其宜也。人處患難，知其无可奈何放意不反者，豈安於義命者哉！

蘇軾：失是，失時。至是不濟，終不濟也。六五將用我，我飲酒待其會，故无咎。濡其首者可濟之時也，若不赴則信我者失是時矣！未濟可濟者惟是也。

張浚：有孚飲酒，養德待時之義。濡首則躭身養，豈仁者之心哉！上九剛德離上，明足見幾，知時未可爲而誠於自著，聖人勉之。互坎承上爲濡其首，坎爲酒食。

鄭汝諧：未濟終，生生不窮之理在。上九終必濟，故有孚于飲酒。孚信，樂安也。循理守正以俟天理行吾志焉。

張根：卦外，孚于酒以全身可也。有既濟之象焉。濡首則已甚矣！

朱震：上孚三，三震坎爲酒。上反三成兌口，有孚于酒也。三之上正，无咎也。上反三乾首濡于酒中，從樂耽肆，亦不知節矣！晉魏士逃于麴糵，无濟時之志，戒不深乎！

項安世：未濟有終濟之理，上九濡首爲人事之失。上九自離入坎，首向下入於酒，濡首之象。彼濡我併我入險，上之舉動豈可有失，此君子所以謹辨物居方之事也。兩有孚，以三上兩爻言之。

李衡引石：上九剛明，內有孚也，終反既濟，故得飲酒自樂，若不知節，復濡其首，則雖孚必失於此，此戒解。

楊萬里：至六五度既濟矣，上九逸樂之時，燕群臣嘉賓，推孚誠待下故有孚飲酒，无咎。然治亂同門，戒飲酒濡首不知節也。濡首，酒也。禹惡旨酒功大於平洚水。

朱熹：剛明居極，時將可以有為，自信自養以俟命，无咎之道也。若縱不反，如狐涉水濡首，過於自信而失其義矣！

趙彥肅：出險故孚，于飲酒不節故失也。

楊簡：飲酒者，獲濟而樂也。孚必也，信也。必濟而无咎。若居樂亡憂，縱肆至濡首，則信其必失之。六十四卦終未濟，明事變之無窮。

吳澄：上三應，三坎酒，故有孚于飲酒。因正應孚信，故无咎。上首下三飲，三坎水得濡上首。飲而沈湎過度，上下皆失其正者。失其是也。

梁寅：无位自樂可也！樂天知命，有光有孚，自明而誠之謂歟！可以无咎。不在其位，若信有為而輕身犯難，如狐之汔濟濡首，自信者失其當然矣！

來知德：易言酒皆坎也。六未濟主，負剛明之才，无位，惟有孚于五，宴樂而已！所孚者是矣。若之三正應，孚三則落于以陷中，有孚飲酒不見矣，安得无咎？

王船山：上九剛居柔，與三相得不拒求濟之情，固非咎也。居高无位，失其所守，將為六三所染而濡首。其有孚正其所以失乎是，是者當其可之謂。

折中引劉牧：剛居上，窮則通矣！　引石介：上九剛明之德，內有孚也，此戒之辭也。　引邱富國：

飲酒可也，若耽至濡首，昔孚今失是矣。　引李簡：終復以濡首戒，懼以終始，其要无咎，此之謂易之道也。

李光地：時將濟，內孚信，則飲宴佚之可以无咎！然戒懼之心不可忘，苟溺焉反失矣！象與既濟上爻相發。

毛奇齡：狃于必濟仍未濟，故卦未終爻亦未然之意。如是可續終耳！坎罇酒，離鼓歌，有孚飲酒何咎乎！乾首加坎上，若埋坎酒中，溺于川可救，溺于酒不可救，所云有孚者失于是矣！必濟不知節，不可自恃如此。

李塨：狃以濟仍未濟也。剛柔相應，孚也。五有孚，上亦有孚，即孚于飲酒，共拯坎陷，自无咎。乃上九飲太過，至濡首，酒濡其首，不知節矣，其孚也不大失乎是哉！

張惠言：（注）坎爲孚謂四。終變之正故无咎。乾爲首，五動，首在酒中，失位故濡首，六位失正故失是，謂紂沈湎酒失天下也。案有孚謂四。干寶侯果皆以殷亡卦，古有是說故引爲比。

吳汝綸：孚，驗也。濟難之才，可必之于燕逸時也。至濡首則其失也。爻本无咎，爲失以戒之也，以未濟爲終也。

馬其昶：上離，體互坎，水中有火，酒象也。引李簡曰：濡首戒懼，其要无咎。引包彬曰：獨言无咎，可見易爲寡過之書。案：上九飲至策勳，有孚承六五言。若濡首則化而失正。此易書之作，風商辛，戒萬世也。

丁壽昌引蘇蒿坪曰：五互坎，故上有飲酒濡首之象。濡首指飲酒言，非取象于狐涉水。古人飲酒有酗酒，牛飲，阮籍之豕飲，可謂濡首矣！名爵，其鳴節節足足，致戒知節也。

曹爲霖：治亂同門，憂樂同根，戒飲酒不知節也，濡首非水，酒也，禹惡旨酒功大於平洚水。南宋汪立信曰天下勢十去八九，宴樂不爲虞，酣歌深宮，欲折衝不亦難乎！思菴葉氏曰安危利菑，樂其所以亡，焉得無失哉！

星野恆：以剛明之才，至誠安命，樂以忘憂，可以无咎，故云有孚于飲酒无咎，若耽肆過度至濡首必失道！時不可爲，飲酒自適，樂夫天命，所以全性命於亂世也。

李郁：水火相射故有孚。坎酒食故有孚于飲酒。上首，坎來濡其首，首尾不見當知此義矣！離復爲坎，未濟復爲既濟，此于斷續絕之義有違忤故曰亦不知節也。

胡樸安：君子光暉，孚于民衆，飲酒自樂。雖无咎，然未能愼終於始而濡其首也，有孚以是失也。寓警戒之意焉。

高亨：孚罰，筮遇此爻，將罰飲酒，固不爲吝，故无咎。涉水幾遭滅頂，涉不得其道，上必加罰以警之。有罰失正，是，止也。

李鏡池：于猶而。是借爲題，頭。捉到俘虜，飲酒慶祝，沒問題。但飲酒過度，醉得一塌糊塗，把頭澆濕了，雖然抓到俘虜，但反而被俘虜乘機殺了頭，說明濟轉不濟。

徐世大：俘奴在飲酒，莫怪；連頭都沾濕了，俘奴錯。俘奴飲酒不節致濡首，使將成之光寵因而中止，可悲！

屈萬里：是，集解引虞翻曰是，正也。

嚴靈峯帛書：（尙）九，有（復），于飲酒，无咎，濡其首，有（復），失是。

張立文：有所俘獲，飲酒慶功，沒有災患。酒醉把頭打濕，雖有所俘獲，但失去了正道。失是，是，正也。

金景芳引石介說：上九剛明之德，內有孚，終反既濟，故得飲酒自樂，樂不知節，復濡首，則雖有孚必失于此。此戒辭也。

傅隸樸：六五成既濟，國家太平，上九是這時君主，推誠信於杯酒之中，君臣共享太平樂。上九失位，以長夜飲沉湎酒色不知節，失去民望。足證未濟爲警誡既濟設的。

徐志銳：經過艱苦奮鬥成功，天下太平故有信心慶太平。如果沉溺安樂，飲酒，濡首不知節制，轉化失敗又來臨。

朱邦復：未濟之極，樂天知命，無咎。若無節制，則無孚信，失其宜也。象：居未濟極無可濟理，樂天順命象。

林漢仕案：濡尾與濡首不同。濡尾者穩定方向之舵失靈，尾大不掉，疑雲重重不得釋也。狐濡潤濕其首，甩甩頭，無礙其既定方針也。注意所謂濡，乃指濕潤而非溺沉，（有謂濡酒也）。未濟乃卦名，非如前輩易家有主張極則反既濟（王弼），上九終必濟（鄭汝諧），或謂有終濟之理（項安世），程子則謂「無可濟之理」。九四之伐鬼方，六五之君子之光。設未濟，設濡首，仍在河上徘徊既濟未濟之爭，未濟九四功業其眞耶？其夢耶？六五之君子之光徒具虛文耶！又有謂飲酒者獲濟而樂（楊簡）。苟全性命於亂世。（星野恆）夫如是，上九能力之不足，智能之低下可知也，安樂公可堪比擬。所謂有孚于飲酒，蓋述九四、六五之餘緒乎？九四依物理循環獲大順乎天，又經努力拓展事業而邀賞乎上，故六五順承卜吉无悔之大運，本身又爲文明主，于身光輝發越，所謂居尊，有中德，貞信，故其貞吉，无悔乃承九四之續杯，天命如此不必交換條件。役人任賢，天時、地利、人和皆一任自然不必造作也。日其方中方仄矣夫！其人治也夫。故上九之有孚于飲酒，其人存則政存，又孚于飲酒者，無關乎「養德待時」。尤其無關乎「飲酒者，獲濟而樂也。」「苟全性命于亂世」，及所謂：「飲至策勳」也。「殷亡卦」也。宴樂酣歌，飲酒自適，如斯而已！其謂上九仍可坐享昇平富足，興衆樂樂也。有（又）孚即可證明非獨樂樂。孚信，孚罰，捉到俘奴皆與衆同聲相應同氣相求，上九不能自棄於衆，拒與衆樂樂而自閉深宮，和三五佞給近幸耽麴糵沉湎于飲也。故又孚于飲酒，衆樂樂也，所以无咎。濡其首則幸佞近習之獨樂樂，濡首有謂飲不知節，有謂濡首非水，酒也。君王不祇孚於衆，亦孚于近習佞給。有孚於近幸佞給，失是。失者言其凶，繫辭云吉凶者言乎其失得。是者有孚也。有孚近幸佞給小人，作長夜飲，造酒爲池懸肉爲林，詔去禮與之同樂，能自羞愧左右淫緬，讚晏子進說「人而无禮，不若遄死」之景公，並非代而有之。是酒可策勳慶賞，可以治國；亦可以亂國，亡國，大禹之所以惡旨酒也。逃于麴糵，酒之另一用途也。今又孚于飲酒，治國也，宴樂酬勞百僚與衆樂樂也；好作長夜飲，去禮防而樂婦人靡樂旨酒者，失此有孚之意，前此厚植之基將流失崩散，此獨夫之樂也，上九豈其從艱苦中出身成長，而寖淫於長期佚樂之中者乎？其戒也是聽，或可寡其過矣！然易所以爲卜筮之書者，述其明知此險，偏向險中行者乎？濡其首者，甩甩頭不礙大事，端看後續動作以定其吉凶。茲輯古今賢者釋上九爻辭意如后：

象點出飲酒不知節所以濡首也。其後學者即从飲而沉湎過度，溺酒不可救著力，所謂風商辛，戒萬世，發揮耽肆樂其所以亡者酒也以勉來茲，突顯聖者禹惡旨酒大於平洚水。不知酒與女人同功；女子可幫汝育裔嗣，除煩惱，照顧起居，怡情悅目；女子亦可一顧傾人城，再顧傾人國，所謂禍水殃害百世。今衹以一面之見，斥女子爲毒過蛇蝎，戒天下男子絕淫思，其可邪？其不可邪？即可與一時，亦不能行遠也。告子所謂食色性也乎？飲不知節與策勳賜飲同門，即所謂治亂同門，偏序一方則不得其正也。又何況濡首非溺首邪！故酒並非敗亂人心，亡人家國之毒物，飲不知節是病！

王弼故以已逸，有孚于飲爲无咎；耽樂甚失節爲失是。孔穎達謂任不得人而事廢也。

張載：謂必失此樂。

程子以无可濟之理，當樂天順命。耽過禮，失其宜也。

蘇軾：以失是爲失時。其意爲飲酒待用，可濟不赴則失是時。

張浚：飲酒養德待時。坎爲酒食。

鄭汝諧：樂安循理俟天埋。

張根：孚酒全身可也，濡首則已甚。

朱震：從樂耽肆不知節，无濟時之志。

項安世：濡首爲人事之失。二有孚以三上兩爻言。

李衡引：飲酒自樂，若不知節，雖孚必失於此。

楊萬里：燕嘉賓故有孚飲酒，然治亂同門，戒不知節也。

朱熹：自養以俟命，若過於自信，縱，失其義矣。

楊簡：獲濟樂，孚信飲酒，縱肆則信必失。

吳澄：三上正應孚信故无咎，上下三飲而沉湎，上下皆失正。

梁寅：无位自樂可也，若信有爲而輕身犯難，失其當然矣！

來知德：未濟主，孚五，宴樂而已。若之三正應則落坎中，安得无咎。

王船山：與三相得非咎也，爲三所染而濡首則失當其可。

折中引：上窮則通。飲至濡首，昔孚今失是矣！

李光地：飲宴俟時可无咎，苟溺反失笑。

毛奇齡：溺川可救，溺酒不可救，有孚者失于是矣！

李塨：剛柔相應，孚也，五上有孚飲酒，乃上太過至濡首，不知節矣！

張惠言：六失正故失是，謂紂沈湎失天下也。案有孚謂四。

吳汝綸：孚驗也。爻本无咎，爲失以戒之也。

馬其昶：水中有火，酒象。上九策動承六五言，化而失正。風商辛，戒萬世也。

丁壽昌引：互坎飲酒濡首象，濡首指飲酒言。

曹爲霖：濡首非水，酒也。安危利菑，樂其所以亡，焉得無失哉！

星野恆：飲酒自適，樂夫天命，所以全性命於亂世也。

李郁：于斷續繼絕之義有所違忤，故曰不知節。

胡樸安：孚衆自樂，未能愼終於始而濡首，寓戒意焉。

高亨：孚罰。罰飲。涉水幾遭滅頂。罰失正。是，正也。

李鏡池：于而，是借爲題，頭。捉俘慶飲，醉反被殺頭，濟轉不濟。

徐世大：俘奴飲不節致沾濕頭，光寵因止，可悲。

張立文：俘獲慶功，酒醉頭濕，失是失正也。

金景芳：終反既濟，飲酒自樂，不知節必失于此。

傅隸樸：上九是君主，推誠信於杯酒中。上九失位失民望，以長夜飲。證未濟爲警戒既濟設的。

徐志鋭：奮鬥成功慶太平，沉溺安樂，轉化失敗又來臨。

程子以上九无可濟之理，當樂天順命。蓋即飲酒養德待時，自養俟命也，亦即星野恆之所謂苟全性命於亂世也。上九曾有震用伐鬼方之雄，居君子之光，貞吉之文明主，今雖後浪推前浪，位老大之位，當不必畏縮權勢而自喪其志，借酒佯狂以苟全性命！蓋人雖老大，功業仍在，跟班僚屬仍在，權勢仍在握也。來知德稱上九爲未濟主，孔穎達謂任不得人而事廢。上九何曾須借酒裝瘋？何嘗須飲以待用？蘇軾之失是爲失時解不切也明矣！

又謂三上正應故无咎。（吳澄）若上之三正應則落坎中爲咎。（來知德）李塨稱五上有孚飲酒，張惠言案有孚謂四。剛柔相應是孚，上九所孚者九四一路來所率百辟群庶也，斷斷於斯，上九果然因醉頭爲俘殺？濟輔不濟？抑上九獲濟樂而縱肆信失？傅隸樸稱上九是君主，失位，失民望，以長夜飲，證未濟爲警戒既濟而設。徐志銳解釋最爲允中，功成溺樂，轉化失敗又來臨，此上九未濟卦之謂邪？此未濟卦上九爻辭之謂也。孟子所謂生於憂患者矣夫！久要已志忘平生之言矣！

易傳廣玩參考書目

十三經註疏　藝文印書館
廿六史　鼎文書局
資治通鑑　明倫出版社
廿二史箚記　廣文書局
老子・莊子集成　成文書局
論・孟集成　成文書局
文選筆記。言膠　廣文書局
茶香室經說　廣文書局
虛字集釋　世一書局
經學源流考　廣文書局
歷代職官表　國史研究室
竹簡兵法　河洛圖書出版社
經義述聞　廣文書局
經史答問　廣文書局
史記會注考證　文史哲出版社
述學　廣文書局
國故論衡　廣文書局
國學發微　廣文書局
甲骨文字集釋　中央研究院史語所
韓非子集釋　河洛圖書出版社
日知錄　明倫出版社
十賀齋養新錄　中華書局

通俗篇　廣文書局
文始　廣文書局
中國哲學史　廣文書局
韓昌黎文集　廣文書局
王荊公詩　廣文書局
中國史學家評傳　古籍出版社
僞書通考　張心澂著　明倫出版社
太平廣記　文史哲出版社
宋稗類鈔　廣文書局
中國目錄學史　商務印書館
訓詁學史綱　華聯出版社
十三經索引　南嶽出版社
筆記小說大觀　新興書局
經典寶藏白話版　佛光山印
崔東壁遺書　河洛出版社
讀經示要　廣文書局
太玄經　商務印書館
觀堂集林　河洛圖書出版社
古籀彙編　商務印書館
古書疑義舉例　泰順書局
左傳會箋　廣文書局
周易疏義英文本
魏晉六朝小說筆記　廣文書局
十八家詩鈔　廣文書局
易集解　廣文書局
漢魏21家易注　廣文書局
皇極易祕本　武陵出版社
易程傳　商務印書館
司馬光易傳　上海古籍出版社
蘇易傳　廣文書局
義海撮要　廣文書局
東谷易　廣文書局

吳園易　廣文書局
紫巖易　廣文書局
復齋易　廣文書局
周易玩辭　廣文書局
朱子易本義　廣文書局
楊氏易傳　廣文書局
誠齋易　三才書局
漢上易　廣文書局
易參義　廣文書局
來氏易　民樂書局
大易集義　廣文書局
船山易　廣文書局
周易通論　廣文書局
周易折中　眞善美出版社
仲氏易　廣文書局
周易傳注　廣文書局
易學十書　廣文書局
易學三書　廣文書局
易說　廣文書局
易通　廣文書局
易圖明辨　廣文書局
周易經翼　五洲出版社
周易會通　河洛出版社
易古義　力行書局
易精華　新文豐出版公司
周易釋文例　廣文書局
周易古史觀　新文豐出版公司
姚氏易　廣文書局
周易正言　廣文書局
周易史鏡　新文豐出版公司
周易話解　弘道文化事業公司
周易探源　中教出版社

周易解故　廣雅書局
易經新證　藝文書局
易楔　廣文書局
斷易大全　竹林書局
火珠林　麻衣道者著
周易古經說　華正書局
周易闡微　徐世大
先秦周子易說通考　文史哲出版社
周易理解　中華書局
易數淺說　黎凱旋
京房易傳箋　影印本
周易大義　中華書局
孫氏易　廣文書局
學易文字百篇　雜誌社
周易鄭氏學　文史哲出版社
漫談周易　文史哲出版社
周易補註　天津書店
學易新探　黎明書局
周易帛書　學生書局
易學哲學史　北京大學出版社
周易祕文　浙江古籍出版社
周易大傳新注　齊魯書社
易學大辭典　華夏出版社
易學源流　國立編譯館
今人讀易　湖南出版社
馬王堆易帛書　文史哲出版社
周易講座　吉林大學出版社
易卦淺釋　貴州出版社
易卦爻辭故事
神秘八卦　廣西出版社
點校易經　北京大學出版社
尊聞室賸稿　中華書局

林漢仕著作簡目

易傳著作

易傳評詁　七十二年十一月初版　文史哲出版社印行
乾坤傳識　七十七年十二月初版　文史哲出版社印行
否泰輯眞　八十年十一月初版　文史哲出版社印行
易傳綜理　八十一年五月初版　文史哲出版社印行
易經傳傳　八十三年十月初版　文史哲出版社印行
易傳滙眞　八十七年十二月初版　文史哲出版社印行
易傳廣玩　八十八年十一月初版　文史哲出版社印行

其他著作

孟子探微（原名孟子的故事）附益孟子諏微　六十七年七月再版　文史哲出版社印行
重文彙集　七十八年二月再版　文史哲出版社印行
錦繡河山見聞　八十五年十月初版　文史哲出版社印行